AF326107

DE LA COMPTABILITÉ

DANS

LES LYCÉES ET COLLÉGES

DE L'EMPIRE FRANÇAIS.

Douai. — Imprimerie Adam d'Aubers.

DE LA
COMPTABILITÉ

DANS LES LYCÉES

ET LES COLLÉGES COMMUNAUX

DE L'EMPIRE FRANÇAIS,

OU

RECUEIL DES LOIS, STATUTS, DÉCRETS, ORDONNANCES,
RÈGLEMENTS, ETC., RELATIFS A L'ADMINISTRATION
ÉCONOMIQUE DES LYCÉES ET DES COLLÉGES COMMUNAUX.

Par R. GAILLARD,

Commis d'Economat au Lycée impérial de Douai.

———•———

PARIS.

LIBRAIRIE DE L. HACHETTE ET Cie,

Rue Pierre-Sarrazin, n° 14

(Près l'Ecole de Médecine.)

1856.

PRÉFACE.

Composé pour mon instruction particulière, cet ouvrage n'était pas d'abord destiné à l'impression ; mais l'approbation bienveillante qu'il a reçue de M. *Roustan*, Inspecteur général des Etudes pour les sciences, et de M. *Guillemin*, Recteur de l'Académie de Douai, m'a imposé l'obligation de le faire paraître, en me persuadant qu'il pourra être de quelque secours à tous ceux qui s'occupent de la comptabilité des Lycées et des Colléges communaux.

Je me suis attaché surtout à reproduire fidèlement, et dans une classification convenable, les lois, règlements, circulaires, etc. ; je n'y ai rien ajouté, rien retranché. Cependant, plus d'une fois, j'aurais désiré pouvoir compléter certaines parties, pouvoir les commenter ; mais j'ai craint de faire fausse route, et je me suis constamment rappelé, qu'après moins d'une année passée comme Commis d'Economat, j'avais d'abord à apprendre avant de vouloir enseigner.

J'espère que tel qu'il est, cet ouvrage ne sera pas sans utilité ; je l'espère d'autant plus que j'ai été constamment guidé dans mon travail par des personnes compétentes dont je me plais à faire connaître ici les noms, par M. *Soulié*, Econome, et M. *Bédos de Celles*, 1er Commis d'Economat, tous deux au Lycée de Douai. L'expérience que ces Messieurs ont acquise, par de longues années passées dans l'administration, m'a été d'un bien puissant secours, et a plus d'une fois dirigé ma marche hésitante au milieu du dédale de règlements sur la comptabilité des Lycées et des Colléges.

J'aurai voulu joindre à cet ouvrage un atlas contenant le modèle de chacune des pièces de comptabilité ; mais il sera facile d'y suppléer, ces pièces se trouvent toutes rédigées avec le plus grand soin et d'après les derniers règlements chez Monsieur Dupont, qui s'est fait une spécialité de ce genre d'impressions.

Cet ouvrage en appelle un second qui sera la pratique du premier et lui servira de développement ; je le ferai paraître lorsque j'aurai complété les notes que je recueille chaque jour dans cette intention.

Avant de terminer, j'ai à faire appel à la bienveillance de ceux qui se serviront de ce livre : je désirerais qu'ils me fissent connaître leurs observations et la solution de certaines questions qui, n'ayant été soulevées que pour quelques établissements, n'ont pas donné lieu à une circulaire générale.

Je n'ajouterai rien qui fasse connaître la marche que j'ai suivie dans la rédaction de cet ouvrage ; les lecteurs auxquels il s'adresse ne sont pas de ceux qui jugent d'un livre par la Préface.

Douai, 10 juin 1855.

R. GAILLARD.

INTRODUCTION.

Il a été formé sous le nom d'Université impériale un Corps chargé de l'enseignement et de l'éducation publique dans tout l'Empire français.

A la tête de ce Corps se trouve le Grand-Maître de l'Université, dont les fonctions sont exercées par le Ministre de l'Instruction publique, nommé et révocable par l'Empereur.

A côté du Grand-Maître se trouve le Conseil impérial de l'Instruction publique, qui juge toutes les questions relatives à la police, à la comptabilité et à l'administration générale de l'Instruction publique.

La France est divisée, par la loi du 14 juin 1854, sous le rapport universitaire, en 16 circonscriptions appelées Académies. (Art. 1.)

Chaque Académie est administrée par un Recteur, assisté d'autant d'Inspecteurs d'Académie qu'il y a de départements dans la circonscription. (Art. 2).

Il y a au chef-lieu de chaque Académie un Conseil académique. Ce Conseil donne son avis sur toutes les questions d'administration, de finances, qui intéressent les Lycées et autres établissements de l'Etat. (Art. 3.)

Sous l'autorité du Recteur, l'Inspecteur d'Académie dirige l'administration des Colléges et des Lycées. (Art. 9.)

Le décret du 1er mai 1802, art. 9, crée pour l'enseignement des Lettres et des Sciences des établissements appelés Lycées.

Les Lycées sont fondés et entretenus par l'État avec le concours des départements et des villes. (Art. 72, loi du 15 mars 1850.)

Les Colléges communaux sont fondés et entretenus par les communes; ils peuvent être subventionnés par l'Etat. (Ibid.)

A la tête de chaque Lycée se trouve un Proviseur, ayant immédiatement sous lui un Censeur et un Econome. (Art. 13, Décr. du 1er mai 1802.)

En dehors de l'Administration, les autres fonctionnaires sont : l'Aumônier, les Professeurs, les Maîtres-Répétiteurs, les Employés et les gens de service.

INTRODUCTION.

Il a été formé sous le nom d'Université impériale un Corps chargé de l'enseignement et de l'éducation publique dans tout l'Empire français.

A la tête de ce Corps se trouve le Grand-Maître de l'Université, dont les fonctions sont exercées par le Ministre de l'Instruction publique, nommé et révocable par l'Empereur.

A côté du Grand-Maître se trouve le Conseil impérial de l'Instruction publique, qui juge toutes les questions relatives à la police, à la comptabilité et à l'administration générale de l'Instruction publique.

La France est divisée, par la loi du 14 juin 1854, sous le rapport universitaire, en 16 circonscriptions appelées Académies. (Art. 1.)

Chaque Académie est administrée par un Recteur, assisté d'autant d'Inspecteurs d'Académie qu'il y a de départements dans la circonscription. (Art. 2).

Il y a au chef-lieu de chaque Académie un Conseil académique. Ce Conseil donne son avis sur toutes les questions d'administration, de finances, qui intéressent les Lycées et autres établissements de l'Etat. (Art. 3.)

Sous l'autorité du Recteur, l'Inspecteur d'Académie dirige l'administration des Colléges et des Lycées. (Art. 9.)

Le décret du 1er mai 1802, art. 9, crée pour l'enseignement des Lettres et des Sciences des établissements appelés Lycées.

Les Lycées sont fondés et entretenus par l'État avec le concours des départements et des villes. (Art. 72, loi du 15 mars 1850.)

Les Colléges communaux sont fondés et entretenus par les communes; ils peuvent être subventionnés par l'Etat. (Ibid.)

A la tête de chaque Lycée se trouve un Proviseur, ayant immédiatement sous lui un Censeur et un Econome. (Art. 13, Décr. du 1er mai 1802.)

En dehors de l'Administration, les autres fonctionnaires sont : l'Aumônier, les Professeurs, les Maîtres-Répétiteurs, les Employés et les gens de service.

I[ÈRE] PARTIE.

ADMINISTRATION, BATIMENTS,
MOBILIER.

1ʳᵉ PARTIE.

1°. RAPPORTS DE CERTAINS FONCTIONNAIRES PUBLICS, DU CONSEIL ACADÉMIQUE ET DU BUREAU D'ADMINISTRATION AVEC L'ADMINISTRATION ÉCONOMIQUE DES LYCÉES.

2°. BATIMENTS DES LYCÉES.

3°. ENTRETIEN ET RÉPARATIONS DES BATIMENTS.

4°. MOBILIER.

1ʳᵉ SECTION.

RAPPORTS DE CERTAINS FONCTIONNAIRES PUBLICS, DU CONSEIL ACADÉMIQUE ET DU BUREAU D'ADMINISTRATION AVEC L'ADMINISTRATION ÉCONOMIQUE DES LYCÉES.

Recteur.

Les Recteurs reçoivent les ordres du Grand-Maître, les transmettent aux établissements de leur ressort et rendent compte de leur exécution. Ils correspondent avec le Grand-Maître pour lui faire connaître les besoins des établissements de leur ressort, et tout ce qui a rapport au bon ordre et au bien de l'enseignement. (Art. 10, Règl., 10 octobre 1809.)

Ils reçoivent les plaintes et réclamations particulières, et les portent aux Conseils académiques quand elles sont de leur ressort. Ils transmettent au Ministre celles qui concernent le Conseil de l'Université. (Art. 5 , ibid.)

Le Recteur dirige, assisté au besoin des Inspecteurs d'Académie, les établissements d'instruction secondaire. (Art. 19, Décr. , 22 août 1854.)

Il reçoit, avec l'avis des Inspecteurs d'Académie, les rapports des Proviseurs des Lycées et des Principaux des Colléges communaux; il les résume dans le rapport mensuel qu'il adresse au Ministre. (Ibid.)

Il donne son avis au Ministre sur les comptes administratifs et sur les budgets des Lycées et des Colléges. (Ibid.)

Lorsqu'il est en tournée, il réunit, s'il y a lieu, les Bureaux d'administration placés près des Lycées et des Colléges communaux. (Ibid.)

Il fait rendre compte par les Proviseurs des Lycées de l'état de ces établissements; il en dirige l'administration, surtout sous le rapport de la sévérité dans la discipline et de l'économie dans les dépenses. (Art. 97, Décr. , 17 mars 1808.)

Il fait inspecter et surveiller par les Inspecteurs les Lycées, et il fait lui-même des visites le plus souvent qu'il lui sera possible (art. 98, ibid.), au moins quatre fois par an. (Art. 18, Règl., 10 octobre 1809.]

C'est par lui que les Lycées et les autres établissements d'instruction publique correspondent avec le Grand-Maître ; néanmoins ceux qui ont des réclamations particulières ou des plaintes à former, peuvent les adresser directement. (Art. 6, ibid.)

Les Facultés des Sciences et des Lettres établies près des Lycées n'ont point d'autorité sur ces établissements, et les Proviseurs, pour ce qui concerne leurs Lycées, correspondent directement avec le Recteur, ou, dans les Lycées éloignés du chef-lieu, avec l'Inspecteur d'Académie. (Art. 11, ibid.)

Les Recteurs cotent, paraphent et closent, tous les trimestres, les registres des comptables des établissements de leur ressort ; les registres des établissements inférieurs aux Facultés, éloignés du chef-lieu, pourront être cotés, paraphés et clos par un Inspecteur délégué par le Recteur. (Art. 13 et 14, ibid.)

Ils vérifient tous les trois mois les caisses des Lycées et les écritures des Econorues. Ils peuvent faire faire cette vérification par un Inspecteur d'Académie ou par un autre délégué. (Art. 31, Règl., 13 octobre 1829.)

Ils font connaître le résultat de cette vérification par un rapport qu'ils adressent au Ministre. (Art. 32, ibid.)

Ils constatent dans un rapport si le Proviseur a vérifié la caisse et arrêté les écritures aux époques déterminées. (Art. 33, ibid.)

Le 20 du dernier mois de chaque trimestre, les Recteurs délèguent les membres du Bureau d'administration chargés d'assister avec le Proviseur à l'inventaire des objets en magasin, qui doit être fait à la fin de chaque trimestre par l'Econome. (Art. 35, ibid.)

Conseil académique.

Il sera établi au chef-lieu de chaque Académie un Conseil qui sera présidé par le Recteur. (Art. 85, Décr., 17 mars 1808.)

Il se réunit deux fois par an, au mois de juin et au mois de novembre, sur la convocation du Recteur. (Art. 4, Décr., 22 août 1854.)

Il peut être convoqué en session extraordinaire par le Ministre de l'Instruction publique. (Ibid.)

Dans l'une et l'autre session, il délibère sur les questions d'administration, de finances et de discipline qui intéressent les Colléges communaux, les Lycées et les établissements d'instruction supérieure. (Art. 4, ibid.)

Le Conseil est composé :

1° Du Recteur, président ;

2° Des Inspecteurs de la circonscription ;

3° Des Doyens des Facultés ;

4° De sept membres choisis tous les trois ans par le Ministre de l'Instruction publique : un parmi les Evêques et Archevêques de la circonscription ; deux parmi les Membres du clergé catholique ou parmi les Ministres des cultes non catholiques reconnus ; deux dans la Magistrature ; deux parmi les Fonctionnaires publics ou autres personnes notables de la circonscription. (Art. 4, idem.)

Bureau d'administration.

Le Bureau d'administration placé près des Lycées devra être composé de l'Inspecteur d'Académie en résidence dans la localité, du Proviseur et de cinq membres choisis dans les catégories de fonctionnaires indiqués par la loi du 15 mars 1850 pour la composition des Conseils académiques. (Circul., 24 novembre 1854.)

Les Conseils académiques ne se réunissant que deux fois par an, ne peuvent pas, par conséquent, s'occuper des affaires courantes des Lycées, des bureaux d'administration seront placés même près des Lycées qui existent aux chefs-lieux académiques. (Id)

En l'absence du Recteur, l'Inspecteur d'Académie préside, s'il y a lieu, les bureaux d'administration. (Art. 22, Décr., 22 août 1854.)

Le Recteur en tournée réunit, s'il y a lieu, les bureaux d'administration placés près des Lycées et des Colléges communaux. (Art. 19, Décr., 22 août 1854.)

Les membres qui ne font pas partie de droit du Bureau sont nommés tous les trois ans, par le Ministre de l'Instruction publique, sur la présentation du Recteur. (Circul., 24 novembre 1854.)

Le Bureau d'administration surveille et contrôle l'administration des Lycées; il vérifie, par des visites fréquentes, faites par ses délégués, si l'ordre et la régularité règnent dans tous les services, si la maison est convenablement tenue, si le bien-être des élèves est assuré. (Id.)

Des Commissaires, pris dans le sein du Bureau, assistent avec le Proviseur à l'inventaire trimestriel des approvisionnements de toute nature qui existent dans les magasins du Lycée, et consignent sur l'inventaire le résultat du contrôle. (Id.)

Le Bureau examine le projet de budget du Lycée présenté par le Proviseur, et y mentionne ses propositions ; il exprime son avis sur l'opportunité et la nécessité de toutes les demandes de crédits supplémentaires et extraordinaires formées par le Proviseur. Il vérifie en outre le compte d'administration de ce fonctionnaire, ainsi que toutes les pièces de dépense qui s'y rattachent, et fait connaître son opinion sur le résultat de la gestion. Lorsqu'à la suite de l'examen du compte d'administration, le Bureau entre en délibération, le Proviseur n'assiste pas à la séance. (Idem.)

Il est tenu procès-verbal de la séance sur un registre particulier, qui doit être coté et paraphé par le président. (Art. 8, Stat., 19 septembre 1809.)

Inspecteurs généraux et extraordinaires.

Le Grand-Maître fait surveiller directement les Académies et tous les établissements dont elles se composent par des Inspecteurs généraux qu'il envoie selon qu'il le croit nécessaire, et qu'il peut charger, selon les cas, d'examiner les établissements inférieurs aussi bien que les supérieurs. (Art. 91, Décr., 17 mars 1808.)

Les Recteurs, les Doyens des Facultés, les Proviseurs, et en général tous les Employés quelconques, sont tenus de donner aux Inspecteurs extraordinaires et aux Inspecteurs généraux, en mission dans leur arrondissement, tous les renseignements que ces Inspecteurs leur demanderont. (Règl., 10 octobre 1809.)

Inspecteurs d'Académie.

L'Inspecteur d'Académie dirige, sous l'autorité du Recteur, l'administration des Colléges et des Lycées de son département. (Art. 9, Loi, 14 juin 1854.)

Il est membre du Bureau d'administration et le préside en l'absence du Recteur. (Circul., 24 novembre 1854.)

Ils cotent, paraphent et closent, par délégation du Recteur, les registres des établissements inférieurs aux Facultés éloignés du chef-lieu. (Art. 13, Décr., 14 juin 1809.)

Inspecteurs des Domaines.

Les Inspecteurs des Domaines ont le droit de prendre communication du livre-journal de caisse, des livres à souche, des mémoires ou factures au-dessus de 10 fr. et des mandats délivrés par le Proviseur. (Arr., 22 mai 1837.)

Préfets et Sous-Préfets.

Les Préfets et Sous-Préfets par délégation ont le droit de surveiller les Lycées et Colléges, d'examiner si les décrets sur le régime de ces établissements sont observés, si les mœurs et la santé des élèves sont convenablement soignées. (Art. 33 et 34, Décr., 15 novembre 1811.)

Ils peuvent être accompagnés dans leurs visites du Maire de la ville. (Art. 37, idem.)

Les Proviseurs, Principaux et Chefs des divers

établissements leur donneront tous les documents propres à les éclairer dans leurs recherches. (Art. 38, idem.)

Les Préfets pourront recevoir, exiger au besoin les renseignements des Professeurs, Maîtres, Employés de l'établissement et des pères de famille. (Art. 39 , idem.)

Mais ils ne pourront rien ordonner, rien changer à l'ordre administratif des Lycées et des Colléges, ni rien prescrire. Ils seront néanmoins tenus d'adresser au Ministre les informations qu'ils auront recueillies, et ils les accompagneront de leurs observations. (Art. 40 , idem.)

Ils pourront déléguer les Sous-Préfets pour les visites des Colléges et Lycées placés hors de leur chef-lieu. (Art. 36 , idem.)

Le Préfet confère, sous la confirmation du Ministre de l'Instruction publique, les bourses départementales et communales ; ces dernières d'après une liste dressée par les Conseils municipaux. (Inst., 16 février 1852.)

Proviseur.

Le Proviseur est le chef du Lycée ; il exerce sa surveillance sur toutes les parties du service ; il décide tous les cas urgents et imprévus, sauf à en rendre compte au Bureau d'administration. (Art. 9 , Arr. , 10 juin 1803.)

Le Proviseur est administrateur, et, comme tel, il est responsable de la gestion économique ; il est le surveillant direct de la comptabilité. (Art. 2 , Instr. gén. , 1er novembre 1812.)

Le Proviseur ordonnance et règle les dépenses , mais seulement jusqu'à concurrence des fonds affectés à chaque chapitre (art. 4 , ibid.) , et à la charge par lui de se conformer aux dispositions prescrites par les règlements pour les dépenses des Lycées. (Art. 8 , Arr. , 13 octobre 1829 , et art. 188 , Règl. , 16 décembre 1841.)

Il est seul chargé de la correspondance du Lycée avec le Recteur , tant en ce qui concerne ce fonctionnaire que pour ce qui est relatif à l'administration centrale. (Art. 4 , Inst. gén. , 1er novembre 1812.)

Il tient le registre de correspondance. (Art. 58, id.)

Le Proviseur vérifie tous les huit jours la caisse de l'Econome. (Art. 26 , Arr. , 13 octobre 1829.)

Chaque mois il arrête les livres-souche , le livre-journal de caisse , les sommiers , le livre de consommation journalière , vérifie le registre de magasin ; il assiste à l'inventaire qui doit être fait le dernier jour de chaque trimestre et signe le procès-verbal avec les commissaires délégués par le Recteur.

Il veille à ce que les pièces à envoyer le soient dans les délais prescrits par les règlements. (Art. 27 , 28 , 29 et 30 , Arr. , 13 octobre 1829.)

Il suit des dispositions ci-dessus que le Proviseur est le véritable chef de l'Administration ; qu'il ordonne et régularise toutes les opérations financières de l'Etablissement. (Art. 5 , Inst. , 1er novembre 1812.)

La séparation bien distincte des devoirs respectifs des Proviseurs et des Economes ne doit point empêcher que toutes les mesures ne soient prises de concert ; il est même indispensable pour le bien du service que la plus parfaite harmonie règne entre ces deux fonctionnaires. (Art. 5, id.)

Les dépenses extraordinaires et toutes celles comprises dans les menues dépenses qui auraient été ordonnées mal à propos par les Proviseurs, pourront être mises à leur charge en vertu d'une délibération du Conseil de l'Université. (Art. 7, id.)

Les dépenses ordinaires ne pourront tomber à la charge des Proviseurs lorsqu'il n'y aura pas eu prévarication de leur part ; néanmoins, les abus qui existeraient dans cette partie de leur gestion et qui résulteraient du défaut de soin ou de surveillance, entraîneraient soit la privation de leur traitement supplémentaire, soit des punitions plus graves, s'il y a lieu. (Art. 8, id.)

Censeur.

Le Censeur surveille la conduite, les mœurs et le travail des élèves. (Art. 13, A., 10 juin 1803.)

Il a la surveillance de la Bibliothèque. (Déc., 19 septembre 1809.)

Le Censeur forme, d'après le registre d'entrées et de sorties des élèves, l'état des élèves présents, entrés ou sortis pendant le mois (art. 133, Inst. g., 1812), et tous les 15 jours, l'état numérique et comparatif des élèves présents les 1er et 15 de chaque mois. (Circ., 8 octobre 1854.)

Le registre d'entrées et de sorties des élèves sert de contrôle au registre de recettes. (Art. 82 , Statut, 19 septembre 1809.) C'est pourquoi il prend le nom de registre de contrôle des élèves. (Inst. g. , 1er novembre 1812, art. 75.)

Le Censeur est responsable de toutes les sommes dues par les élèves externes. (Cir. , 10 novembre 1827 ; 20 octobre 1840 , et 10 novembre 1847.)

Il examine tous les trois mois, dans le plus grand détail , toutes les parties du vestiaire, et il provoque, par un rapport écrit , le renouvellement de celles qui seraient hors de service. (Art. 30 , Inst. , 1er novembre 1812.)

Aumônier.

L'Aumônier est chargé de l'instruction des élèves dans la Religion. (Art. 18 , R. , 4 septembre 1821.)

Il a le même rang que le Censeur. (Art. 19 , ibid.)

Il loge dans le Lycée , et autant que possible près de l'infirmerie , qu'il doit visiter tous les jours. (Art. 20 , id.)

Il est dépositaire et conservateur des vases sacrés , des ornements et autres objets à l'usage de la chapelle du Lycée. (Art. 21 , id.)

Économe.

1° *Ses fonctions.* — Les fonctions d'ordonnateur et d'administrateur sont incompatibles avec celles de comptable. (Art. 329, R., 11 novembre 1826.)

Tout agent chargé du maniement des deniers

provenant des revenus de l'Université est constitué comptable par le seul fait de la remise desdits fonds sur sa quittance et sur son récépissé. (Art. 330, id.)

Aucune manutention de ces deniers ne peut être exercée, aucune caisse de l'Université ne peut être gérée que par un agent placé sous les ordres du Ministre et responsable de sa gestion envers le Conseil et la Cour des comptes. (Art. 331, idem.)

Sont agents-comptables, les Economes des Lycées. (Art. 333, idem.)

Nul ne peut être nommé Econome dans un Lycée qu'après avoir exercé pendant trois ans au moins les fonctions de premier Commis d'économat. (Art. 2, Ord., 1er décembre 1837.)

L'Econome est un des officiers les plus importants de l'Administration ; il en est en quelque sorte l'œil et la main, et il doit être exempt de tout reproche et même de tout soupçon. Il ne doit pas perdre de vue que de son plus ou moins d'intelligence, d'application ou d'exactitude, il peut résulter pour l'établissement des bénéfices ou des préjudices considérables ; que dans une administration aussi immense, il ne doit négliger aucun détail et qu'il doit employer la totalité de son temps aux fonctions dont il est chargé. (Ext. du Règl. du 19 juillet 1781.)

L'Econome est comptable des recettes ; il répond de la validité des paiements, de la qualité, de la quotité et de l'emploi des fournitures ; il est chargé de la caisse, de la tenue des registres, comptes-courants, livres auxiliaires, de la rédaction des états et bordereaux, ainsi que de celle des comptes trimestriels et annuels. Le mobilier ainsi que le magasin, et, les approvisionnements de toute nature sont entièrement à sa garde. (Art. 3., Inst. gén., 1812.)

Il exécute toutes les opérations financières sous la surveillance du Proviseur. (Art. 5, idem.)

Le service des Economes ne se borne pas aux écritures et aux opérations de comptabilité ; ils doivent discuter avec soin les marchés , présider aux livraisons des fournitures et aux distributions , surveiller les domestiques , veiller à ce que toutes les parties de la maison soient dans un état de propreté convenable , et, en évitant toute dépense et toute consommation inutile , ne rien négliger de ce qui peut contribuer au bien-être des élèves. (Cir., 10 fév. 1838.)

Pendant le repas , il sera tenu de faire la ronde dans les différents réfectoires, afin de s'assurer que le service se fait avec exactitude et propreté. (Art. 91, tit. XII , Règl. , 4 déc. 1769 , et art. 70 , Stat. , 19 sept. 1809.)

Les dépenses exécutées sans l'autorisation du Proviseur ne seront point admises dans les comptes et resteront de droit à la charge des Economes, ainsi que les sommes qui pourraient se trouver en moins dans la caisse. (Art. 6, Inst., 1er nov. 1812.)

L'Econome est tenu de faire , sous sa responsabilité personnelle , toutes les diligences nécessaires pour la perception des revenus , legs , donations et autres ressources affectées au service du Lycée ; de faire faire contre les débiteurs en retard de payer , et à la requête du Proviseur, les exploits, significations, poursuites et commandements nécessaires; d'avertir l'Administration de l'expiration des baux; d'empêcher les prescriptions; de veiller à la conservation des domaines, droits, priviléges et hypothèques; de requérir, à cet effet, l'inscription au bureau des hypothèques de tous les titres qui en sont susceptibles; enfin de tenir registre de ces inscriptions et autres poursuites et diligences. (Art. 240, R., 16 décembre 1841.)

2° *Cautionnement.* — Les Economes sont agents-comptables, et doivent par conséquent un cautionnement. (Art. 1er, Décret, 31 octobre 1849.)

Sont dispensés du cautionnement, ceux dont les recettes n'excèdent pas 5,000 fr. (Art. 2.)

Le cautionnement de l'Econome est fixé au cinq pour cent de l'ensemble des recettes de la dernière année expirée et ne peut être inférieur à 8,000 fr. (Art. 2, idem.)

Il sera fixé par l'arrêté de nomination, et la quotité en sera révisée à chaque mutation; il ne sera pas tenu compte des coupures de recettes qui ne correspondront pas à une fraction de cautionnement de 500 fr. Les cautionnements seront versés en numéraire dans les caisses du Trésor. (Art. 4, idem.)

Les récépissés de cautionnement seront transmis au Ministre des Finances par M. le Ministre de l'Instruction publique, en exécution de l'arrêté du 24 germinal an VIII. (Art. 5, idem.)

Il sera versé à la caisse du Trésor public, qui en paie l'intérêt à raison de 3 p. 0/0.

Le certificat d'inscription du cautionnement est délivré par le Ministre des Finances sur la production du récépissé qui constate le versement.

Le récépissé est transmis au Ministre de l'Instruction publique par l'intermédiaire du Recteur, et l'administration centrale provoque les mesures à prendre pour la délivrance du certificat d'inscription, qui est ensuite envoyé au Recteur pour être remis à l'Econome.

Les intérêts des cautionnements échoient au 1er janvier et sont payés annuellement au titulaire dans le chef-lieu du département ou de la sous-préfecture de leur résidence, sur la présentation du certificat d'inscription; à Paris, les titulaires seront payés au Trésor public. (Art. 17, Arr., 23 juillet 1841.)

Les cautionnements sont solidairement affectés aux diverses gestions dont un même comptable se trouve chargé cumulativement. (Ord., 17 septembre 1837.)

Mais lorsqu'un Econome est transféré d'un Lycée dans un autre, il doit faire appliquer son cautionnement à sa nouvelle gestion, et le compléter, s'il y a lieu, dans le délai de deux mois.

L'Econome transmettra alors au Ministre, par l'intermédiaire du Recteur de l'Académie où est situé le nouveau Lycée auquel il est attaché :

1° Le certificat d'inscription de son ancien cautionnement; à son défaut, une déclaration de perte dûment légalisée;

2.

2° Un certificat de non-opposition, délivré par le greffier, et visé par le Président du Tribunal de 1re instance où il résidait. Il y est joint, s'il y a lieu, le récépissé qui constate le versement du complément de son cautionnement. Si le cautionnement est grevé du privilége de second ordre, l'Econome doit produire en outre le consentement de son bailleur de fonds.

Ce consentement est donné au dos du certificat de privilége ; la signature du bailleur de fonds est certifiée véritable par le Maire de la commune, et celle du Maire par le Préfet ou le Sous-Préfet. (Inst., 16 octobre 1854.)

L'administration centrale provoque auprès du Ministre des Finances les mesures à prendre pour la nouvelle affectation du cautionnement. (Art. 20, Arr., 23 juillet 1841.)

Quand un Econome désire faire annuler le privilége de second ordre qui grève son cautionnement, il doit produire :

1° Une main-levée notariée, souscrite par son bailleur de fonds ;

2° Le certificat de privilége de second ordre.

Les pièces sont transmises au Ministre de l'Instruction publique par le Recteur.

L'Administration centrale provoque auprès du Ministre des Finances les mesures nécessaires pour l'annulation du privilége de second ordre. (Art. 19, Régl., 16 octobre 1854.)

Lorsqu'un Econome a cessé ses fonctions, qu'il a rendu son compte de clerc-à-maître à son successeur, et qu'il a produit ses comptes de deniers et de matières jusqu'au dernier jour de sa gestion, il peut, sur sa demande, et conformément à l'ordonnance du 23 mai 1825, obtenir la restitution des deux tiers de son cautionnement, s'il a d'ailleurs été reconnu par un examen provisoire que ses comptes sont réguliers et qu'il n'existe aucun débet à sa charge. (Art. 20, idem.)

Le remboursement du dernier tiers du cautionnement est autorisé par le Ministre de l'Instruction publique, sur la demande du comptable, après que la Cour des comptes a rendu un arrêt de quitus et de décharge définitive de sa gestion.

Avis de la décision du Ministre de l'Instruction publique est donnée au Ministre des Finances, qui prescrit des mesures afin que le remboursement du dernier tiers du cautionnement soit effectué.

Les remboursements de capitaux de cautionnements ne sont autorisés que dans les départements où les titulaires ont exercé en dernier lieu. (Art. 21, idem.)

3°. *Délégation du pouvoir des Economes.* — L'Econome est chargé seul, sous sa responsabilité, des recouvrements et des paiements qui sont effectués pour le compte des Lycées ; il faut donc, si le besoin l'exige, qu'il confère ses pouvoirs en règle lorsqu'il charge des opérations de la caisse un des employés de l'Economat, et que cet employé signe les quittances et autres pièces de comptabilité en énonçant préalablement le titre qui l'autorise ainsi que sa qualité. (Cir., 23 janv. 1847.)

La procuration délivrée par l'Econome sera sur papier timbré et légalisée par le Proviseur. La pièce originale sera déposée dans le bureau de l'Economat pour être produite à qui de droit, et une copie certifiée par le Proviseur, sera transmise à l'Administration centrale. Les délégués termineront ainsi les pièces qu'ils auront à signer :

Par délégation de M. l'Econome,

Le 1er commis d'Economat, ou l'employé délégué,

(Cir., idem.)

Commis d'Economat.

Les premiers Commis d'Economat ne peuvent être choisis que parmi les membres de l'Université. (Ord. 1er décembre 1837, art. 1.)

Les premiers Commis d'Economat sont comme tous les autres fonctionnaires et employés de l'Université nommés par le Ministre sur la présentation annuelle des Inspecteurs généraux et des Recteurs. (Art. 2, id.)

Les candidats joindront à leur demande :

1° Un état sur lequel ils inscriront :

Leurs nom et prénoms ;

La date et le lieu de leur naissance ;

Les grades dont ils sont pourvus ;

La date et la durée de leurs services.

Ils déclareront au bas de l'état s'ils peuvent fournir le cautionnement auquel ils sont assujettis.

2° Un tableau d'opérations de comptabilité, afin

qu'on puisse juger s'ils sont en état de tenir les écritures des Lycées.

Ces pièces seront annexées à l'état de présentation et l'on donnera à la colonne d'observations des renseignements très détaillés sur chaque candidat. (Cir., 10 février 1838.)

Les premiers Commis d'Economat auront droit à la pension, et leur traitement sera soumis à la retenue pour le fonds de retraite. (Arr., 23 avril 1839.)

Professeurs.

(Voir logements.)

Maîtres-Répétiteurs.

Le nombre des Maîtres-Répétiteurs dans les Lycées sera fixé de manière qu'il y en ait un au moins pour 25 élèves. (Ord., 29 mars 1829, art. 13.)

Ils ont droit au logement, au chauffage, à l'éclairage et au linge. (Voir Dépenses, chapitre V.)

Médecin, Chirurgien.

Le Médecin et le Chirurgien sont tenus de faire tous les jours une visite au moins à l'infirmerie (art. 126, Arr, 10 juin 1803), et d'en rendre compte au Proviseur. (Art. 103, St., 19 septembre 1809.)

La nomination du Médecin et du Chirurgien des Lycées, faite par le Proviseur, doit être soumise à l'approbation du Ministre. (Arr., 30 décembre 1831.)

Le Médecin et le Chirurgien examineront tous les trois mois les élèves du Lycée. (Art. 104, St., 19 septembre 1809.)

Domestiques.

Le nombre des gens de service est déterminé par le Conseil académique sur la proposition du Proviseur. (Art. 64 , Stat. , 4 septembre 1821.)

Il y aura un domestique spécial pour surveiller les lieux d'aisance. (Art. 106 , St. , 28 septembre 1814.)

Chaque domestique sera soumis au Maître-Répétiteur de sa division (art. 55 , Arr. , 10 juin 1803), dans tout ce qui concerne les élèves. (Art. 51 , St. , 19 septembre 1809)

Ils couchent dans les dortoirs ; ils y ont une chambre particulière. (Art. 70 , St. , 4 septembre 1821.)

Ils sont soumis à la surveillance spéciale de l'Econome qui rend compte de leur conduite au Proviseur. (Art. 65 , idem.)

Il y a sous les ordres de l'Econome un domestique particulier accepté par le Proviseur sur la présentation de l'Econome qui peut le renvoyer à volonté. (Art. 48 , St., 19 sept. 1809.)

Un domestique se tient toujours , pendant les récréations , auprès du parloir pour appeler les élèves qui sont demandés. (Art. 70, St., 4 sept. 1821.)

Un domestique sera chargé à tour de rôle de veiller et de parcourir les cours , les escaliers , les corridors, afin de prévenir les désordres et les incendies. (Inst., 1er nov. 1812, art. 148.)

Tous les domestiques assisteront au service divin les dimanches et fêtes, ainsi qu'aux instructions générales, autant que le service pourra le permettre. (Règl., 4 déc. 1769.)

Ils n'auront ni entretien, ni familiarité avec les élèves en quelque lieu et en quelque circonstance que ce soit; ils ne se chargeront pour eux d'aucune commission au-dedans sans la permission du Maître d'études, au-dehors sans une permission expresse du Censeur. (Art. 68 et 69, St., 4 sept. 1821.)

Il ne doit y avoir dans chaque Lycée que le nombre de maîtres, d'employés et de domestiques strictement nécessaire pour le service; on le déterminera en raison des quartiers et d'après l'étendue et la disposition du local, sans suivre à la lettre la proportion indiquée par le Règlement, qui n'est que facultative. (Art. 42, Inst., 1er nov. 1812.)

Les gages des domestiques sont fixés par le Bureau d'administration. (Art. 57, 10 juin 1803.)

IIe SECTION.

BATIMENTS DES LYCÉES.

Disposition générale. — Les bâtiments d'un Lycée doivent être vastes, bien aérés, convenablement placés pour la facilité des communications et éloignés de tout établissement insalubre, dangereux et bruyant. Ils doivent être situés de telle sorte que les maisons voisines n'aient ni jour, ni vue sur les cours des Lycées.

Les bâtiments seront disposés pour recevoir 150 pensionnaires au moins et le nombre d'externes que comportera la population de la ville.

Les élèves internes seront partagés en trois sections : section des petits, des moyens et des grands. Il est nécessaire que dans la distribution particulière des bâtiments tout soit préparé pour que cette division des âges soit assurée. En conséquence, chaque section aura ses salles d'études, ses dortoirs, son réfectoire, sa cour plantée d'arbres, sa salle de récréation pour le mauvais temps. Une des trois salles de récréation pourra servir à la distribution des prix.

Indépendamment des trois cours de récréation, qui doivent avoir 27 à 30 mètres chacune de longueur et de largeur, deux autres cours sont nécessaires, l'une pour l'infirmerie et la promenade des convalescents (les appareils gymnastiques peuvent y être établis), l'autre pour le service des cuisines et avec les hangars nécessaires à l'approvisionnement du bois.

Une sixième cour, dite cour de classes, sera placée près de l'entrée principale du Lycée. Une entrée particulière sera réservée aux externes. (Arr., 30 mai 1843.)

Rez-de-chaussée. — La chapelle sera située au rez-de-chaussée, dans une des parties les plus retirées et les plus éloignées de tout bruit extérieur. Elle sera disposée de telle sorte que les trois divisions y trouvent place sans se confondre, et que, de tous les points, les assistants puissent facilement suivre les exercices religieux.

Toutes les classes, à l'exception de la classe de physique, auront leur entrée particulière sur la cour

des classes. Elles doivent être au nombre réclamé par les divisions et subdivisions de l'enseignement. L'élévation de chacune de ces classes sera de cinq mètres au moins. Le plancher sera élevé au-dessus du niveau de la cour de deux décimètres. Les élèves, placés sur des gradins en face du Professeur, auront devant eux des tables en chêne de 67 centimètres de largeur, supportées par des tiges en fer.

Les salles d'études seront placées au rez-de-chaussée, autant que possible près des cours affectées à chaque section. Comme elles seront disposées pour recevoir 25 élèves au moins et 30 élèves au plus, il doit y en avoir six pour un Lycée de 150 internes. Elles seront chauffées en hiver, ainsi que les classes, par des calorifères, au moyen desquels la température sera toujours égale et l'air toujours renouvelé. Elles doivent avoir cinq mètres de hauteur au moins.

Dans les autres parties du rez-de-chaussée on établira :

1° Le logement du portier à côté de l'entrée principale ; il sera disposé de telle sorte qu'aucune des personnes qui entrent et qui sortent ne puisse se soustraire à la surveillance du gardien ;

2° Le parloir le plus près possible de la porte d'entrée ; il doit être planchéié ;

3° La cuisine, la laverie, la crédence et ses accessoires ;

4° La salle de bains de pieds et de bains entiers ; elle doit être près de la cuisine, afin que l'eau du bain soit chauffée par le fourneau économique qui y sera construit ;

5º Les trois réfectoires ; ces trois pièces doivent être planchéiées au-dessous des tables ;

6º La buanderie ;

7º Deux ou trois salles pour les arts d'agrément ;

8º La cordonnerie.

Des latrines seront établies près des trois cours de récréations avec toutes les précautions nécessaires pour la surveillance et la salubrité. (Arr., 30 mai 1843.)

Etages supérieurs. — On placera dans des étages supérieurs :

1º L'appartement du Proviseur composé de deux chambres à coucher, d'un cabinet de travail, d'un salon suffisant pour la réunion des fonctionnaires, d'une salle à manger, d'une cuisine et de deux ou trois pièces de service ;

2º L'appartement du Censeur, composé d'une chambre à coucher, d'un cabinet, d'un petit salon, d'une salle à manger et d'une cuisine ;

Ces deux appartements doivent être placés de manière que le Proviseur et le Censeur aient vue dans les cours des élèves.

3º L'appartement de l'Aumônier, dans le voisinage de l'infirmerie, composé de deux pièces et d'une cuisine ;

4º L'appartement de l'Econome, composé de quatre pièces ;

5º Le cabinet de l'Econome et de son Commis. Il

faut qu'on y puisse arriver sans traverser les cours fréquentées par les élèves ;

6° Les cabinets de physique et d'histoire naturelle, le laboratoire de chimie et la classe de physique ;

Le cabinet de physique doit être situé au midi et à l'est et à proximité de la classe. Il est indispensable qu'il soit planchéïé et plafonné.

7° La lingerie , l'ouvroir et les logements qui doivent en dépendre. La lingerie doit être planchéïée , plafonnée et placée autant que possible dans le voisinage de l'infirmerie ;

8° L'infirmerie ; elle doit être placée dans un lieu très aéré et d'un accès facile. Elle se compose d'un dortoir de 8 lits , de deux pièces pour le service des malades qui doivent être isolés; d'une salle de pansement, d'une pièce avec fourneau ; d'une salle d'études pour les convalescents servant en même temps de salle à manger ; d'un logement pour les garde-malades. L'infirmerie doit avoir une issue sur la cour plantée d'arbres , destinée à la promenade des convalescents ;

9° Les salles de dessin et d'écriture ;

10° La bibliothèque planchéïée et plafonnée ;

11° Une pièce pour la papeterie et les livres classiques ;

12° Six dortoirs planchéïés et plafonnés et pouvant contenir 25 lits à un mètre de distance l'un de l'autre; six chambres de maîtres ayant vue sur les dortoirs. Les dortoirs devront avoir au moins six mètres de hauteur ; ils seront disposés de manière à ce que l'air puisse s'y renouveler facilement ;

13° A la suite du dortoir , une pièce disposée de manière à recevoir un lavabo de 15 robinets ;

14° Six vestiaires ;

15° Quatre chambres pour les deux Maîtres élémentaires , le Maître surnuméraire et le Commis de l'Econome ;

16° Quatre salles d'arrêts séparées par un corridor où doit se tenir le surveillant ;

17° Des latrines à proximité des dortoirs.

Combles.—Chambres pour les dépensier, cuisinier, aide de cuisine, etc. Magasins, étendage. (Arr. id.)

Logement dans les Lycées et Collèges.

Les Proviseurs , Censeurs et Economes logeront toujours dans la maison même du Lycée ; ils pourront ainsi exercer plus facilement une police exacte sur toutes les parties de leurs services respectifs. (Art. 39, In., 1er nov. 1812.)

Leur absence pour les affaire du dehors ne sera jamais que momentanée et combinée de manière qu'elle n'ait pas lieu en même temps. (Art. 40 , ib.)

Les Proviseurs, Censeurs et Economes pourront seuls habiter avec leurs familles dans l'enceinte des Lycées. (Art. 1 , Arr. 17 avr. 1838.)

Tous les autres logements disponibles dans l'enceinte des Lycées seront exclusivement réservés pour les Professeurs célibataires attachés à l'établissement. (Art. 2 , id.)

Le Ministre , sur la proposition du Recteur, fixera la destination des logements vacants. (Art. 4 , id.)

En principe général, l'Université ne doit aucun logement, ni par conséquent aucune indemnité pour ceux qui ne partageraient pas cet avantage. (Art. 41, 1er novembre 1812.)

En accordant le logement aux Professeurs, il n'est rien accordé au-delà; les réparations locatives, les meubles, le chauffage, l'éclairage, le linge, ne sont point à la charge de l'Etablissement. (Circul., 1er janv. 1826.)

Les Professeurs ne pourront employer les domestiques de l'Etablissement, si ce n'est pour la table commune. (Circul., idem.)

Il n'est point fourni de linge par les Lycées, draps de lit, ni serviettes aux Proviseurs, Censeurs, Aumôniers, Economes de ces Etablissements. (Circ., 6 janvier 1851). Il ne doit être fourni de linge par les Lycées que pour l'usage des élèves, des maîtres, des agents inférieurs et pour les services généraux. (Arr., 23 septembre 1842.)

Le logement est accordé lorsque la grandeur des bâtiments le permettra sans gêner le service et sans rien prendre sur ce qui doit, avant tout, être réservé aux élèves. (Art. 41, Inst., 1er novembre 1812.)

IIIe SECTION.

ENTRETIEN ET RÉPARATIONS DES BATIMENTS.

Les bâtiments des Lycées et Colléges ainsi que ceux des Académies seront entretenus annuellement aux frais des villes où ils sont établis; en conséquence, les communes porteront chaque année à leur budget, pour être vérifié, réglé et alloué par l'autorité compétente, la somme nécessaire à l'entretien et aux réparations de ces établissements, selon les états qui en seront fournis. (Art. 23 D. 17 septembre 1808.)

Voici la nomenclature des travaux divers qui sont à la charge de la ville de Paris dans les Lycées. (Approuvé pour tous les Lycées le 11 mai 1839.)

Objets à entretenir et à réparer par les villes et les établissements universitaires.

VILLES.	ÉTABLISSEMENTS.
	1º. MAÇONNERIE.
Les murs, voûtes, massifs, pans de bois et cloisons de toute espèce.	Les enduits, rejointoments ou récrépissements au bas des murs, pans de bois et cloisons, dans la hauteur d'un mètre et demi au-dessus du sol, toutes les fois que les dégradations seront occasionnées par l'usage des lieux.
Les fosses d'aisance, puits, puisards, les tuyaux de descente des latrines.	
Les souches de cheminée.	
Les aires, plafonds, scellements des lambourdes sous les parquets et planchers, pour des parties de quatre mètres de superficie au moins.	Le rétablissement des âtres et contre-cœurs des cheminées, celui des fourneaux et de leurs accessoires, les collets de marché des escaliers, les éviers, les appuis des croisées.
Les perrons, descentes de caves, montées d'escaliers, seuils.	
Les décorations d'architecture extérieures et intérieures.	Les dépose, repose et le calfeutrement des pierres

VILLES.

Il est bien entendu que les bandeaux, tablettes et balustrades sont compris dans les décorations.

ÉTABLISSEMENTS.

après vidange.

Le remplacement des marches des descentes de caves, montées d'escaliers, seuils et dalles du sol ou de revêtement en pierre, lorsque ces objets seront cassés par une autre cause que la vétusté, le cassement, ou qu'ils le seront par des accidents provenant du fait de l'établissement universitaire.

Les siéges et chausses d'aisance.

2°. CHARPENTE ET COUVERTURES.

Tous les travaux de rétablissement à neuf et d'entretien.

Dans les travaux de couverture, sont compris ceux relatifs aux châssis et lanternes de combles, aux cheneaux, aux tuyaux de descente destinés aux eaux pluviales, et aux parties de plomberie et de zinglerie.

Les hangars, équipes de réservoirs, mangeoires, râteliers, barrières et objets accessoires qui s'y rapportent.

3°. CARRELAGE, DALLAGE ET PAVAGE.

Les travaux de carrelage, de dallage et de pavage à faire à neuf ou en remaniement sur des

Les travaux de carrelage, de dallage et de pavage à faire à neuf ou en remaniement sur des

VILLES.	ÉTABLISSEMENTS.

parties de 4 mètres de superficie au moins.

parties de 4 mètres de superficie au plus.

4°. SERRURERIE.

Tous les gros fers dits à bâtiments.

Les rampes d'escaliers et leurs pilastres, les barreaux, grilles ouvrantes ou dormantes, balcons et barres d'appui.

Les paratonnerres et leurs conducteurs.

Les chaînes et barres liant les bornes en pierre, les chasse-roues en fer ou en fonte.

Les supports des lanternes d'éclairage.

Les tuyaux de descente des eaux pluviales, des eaux ménagères et des latrines.

Les ferrures et fermetures des châssis de comble, fixes ou à tabatière, et leurs grillages.

Toutes les fermetures de croisées, persiennes, volets et châssis, telles qu'espagnolettes, poignées, supports et gâches, loqueteaux de tirage, crochets, arrêts, chaînettes, tourniquets, battements fléaux, lacets, panneton. barres de fermeture, crémaillères, mentonnets et bascules.

Les fermetures de portes, telles que serrures, becs de canne, cadenas, verroux de sûreté, targettes, verroux à ressort ou à bascule, gâches, crampons, entrées, ressorts, boutons de tirage, boutons à boîtes d'horloge, battants de loquets, mentonnets, barres d'arcs-boutants, vertivelles, pentures, gonds, fiches, pommelles, charnières.

Les grillages des croisées de porte et cloisons vitrées.

Les tirages et cordons

VILLES.   ÉTABLISSEMENTS.

de sonnette , de porte de grille ou d'intérieur , comprenant les mouvements , bascules et tous accessoires.

Les fers des mangeoires, râteliers et stalles

Les réchauds et leurs grilles.

Les crémaillères et les plaques de cheminée.

Les armatures de pompe et de puits.

Les tuyaux de descente des eaux ménagères en cas de casse par la gelée ou d'accidents provenant du fait de l'établissement universitaire.

5°. MENUISERIE.

Les croisées , porte-croisées , persiennes et porte-persiennes , les châssis et portes vitrées, châssis de comble et à tabatière.

Les portes pleines ou à cadre et leurs bâtis , chambranles et contre-chambranles , les volets intérieurs et extérieurs et leurs caissons.

Les lambris d'appui ou de hauteur , les revête-

Les jalousies , les lames de persiennes détériorées.

Les tablettes dans les armoires, les porte-manteaux.

Les réparations , les parquets et les planchers, pour des parties de quatre mètres au plus de superficie et les râclages et replanissages.

Les planches et battants de rives des portes,

VILLES.

ments , les ébrasements de portes et croisées , les faces d'armoires , les plinthes , les cymaises , cadres et encadrements.

Les planchers, les parquets et leurs lambourdes au-dessous , mais pour des parties de quatre mètres au moins de superficie.

Les cloisons pleines en planches ou celles à claire-voie ; les huisseries, bâtis, entre-toises , poteaux de remplissage et coulisses.

ÉTABLISSEMENTS.

côté des fermetures ; les emboîtures et traverses du bas des portes.

Les panneaux cassés dans les lambris, dans les volets , ébrasement ou dans les portes.

Les jeux aux portes , aux croisées , châssis, persiennes et volets.

Réparations des chambranles , contre-chambranles , encadrements , moulures , corniches , ou autres objets qui seraient endommagés par l'usage des lieux.

Les auvents, les mangeoires, râteliers, stalles et barrières ; les réservoirs , les guérites et les pissotières.

Les siéges de garderobes , les lunettes et tampons de latrines.

6°. VITRERIE ET PEINTURE.

La vitrerie des croisées, portes et châssis rétablis à neuf , et le nettoyage annuel des châssis et lanternes de comble.

La peinture des portes, croisées, persiennes, volets , châssis , lambris ,

Les réparations générales et d'entretien des vitres cassées par une autre cause que force majeure.

Le nettoyage annuel de toute la vitrerie (en exceptant les châssis de

VILLES.

grilles, barreaux, balcons, barres d'appui, barrières, porte-lanternes, chaînes et barres liant les bornes, etc., etc., mais dans l'intérêt seulement de leur conservation.

7°. PLOMBERIE ET ZINGLERIE.

L'entretien des chéneaux, terrasses et terrassons, et de tous les plomb, zinc ou cuivre employés sur les combles.

- Les gouttières des combles, leurs tuyaux, les tuyaux de descente des chéneaux et autres, et leurs cuvettes,

ÉTABLISSEMENTS.

comble fixes ou à tabatières, et les lanternes de comble.)

Les peintures de renouvellement et celles de nettoyage, les peintures d'embellissement des localités intérieures.

Les tentures et papiers de tentures.

Les mises en couleur des parquets et carreaux.

Les dégorgements des tuyaux de descente d'eau, des éviers ; ceux des tuyaux de latrines et de gargouilles.

Les crapaudines et collets des éviers.

Les remplacements de cuvettes, de siéges d'aisance ainsi que de leurs accessoires.

Le renouvellement des cordes à puits et des seaux.

Les cuvettes, leurs mécanismes et leurs embranchements.

Les réservoirs et les tuyaux d'arrivée et de distribution, souterrains ou apparents, ainsi que tous les accessoires tels

VILLES.   ÉTABLISSEMENTS.

que robinets, bondes, soupapes, flottants, etc.

Les corps de pompe et leurs armatures.

Les poulies de puits et leurs chappes.

8°. FUMISTERIE.

Tous les travaux extérieurs de fumisterie nécessaires pour l'habitation des localités destinées aux élèves, au Proviseur, au Censeur et à l'Econome.

Le remplacement de tous les objets à l'intérieur des cheminées, refection des contre-cœurs et âtres.

Tous les travaux de fumisterie, excepté les travaux extérieurs, qui sont nécessaires pour l'habitation des localités destinées aux élèves, au Proviseur, au Censeur et à l'Econome.

Le ramonage des cheminées sera fait par les soins de la ville, mais le remboursement du prix lui sera fait par l'établissement universitaire.

Ces travaux seront exécutés par le fumiste de la ville, mais aux frais de l'établissement universitaire.

9°. VIDANGE.

La vidange des fosses d'aisance en maçonnerie

et des fosses mobiles ino-
dores.

Le curage des puits et
puisards, celui des égouts.

Toutes les réparations non prévues dans les deux
états ci-dessus, seront à la charge de la ville ou de
l'établissement universitaire, suivant qu'elles pourront être assimilées aux objets compris dans l'un ou
l'autre de ces deux états.

La ville supportera les réparations de toute espèce
qui proviendraient des vices de construction à sa
charge ou d'accidents indépendants du fait des établissements universitaires.

Les établissements universitaires supporteront de
leur côté les réparations qui seraient occasionnées
par la destruction provenant de leur fait, de celui de
leurs agents, ou des individus employés par eux.
(Approuvé le 11 mai 1839.)

Le décret du 9 avril 1811, consacré par une décision du Conseil d'Etat du 16 décembre 1830, par un
arrêté de la Cour de cassation du 17 mars 1836, et
par la loi du 17 juillet 1837, impose aux villes l'obligation d'acquitter la contribution foncière, de sup-
porter les grosses et menues réparations. (Cir.,
27 février 1841.)

Le règlement du 1er juin 1838, approuvé par ordonnance royale du 6 novembre 1839, determinant
les charges respectives de l'Université et de la ville
de Paris, pour l'entretien et la réparation des bâtiments affectés au service des Etablissements univer-

sitaires de la capitale, servira de guide aux Recteurs, Doyens et Proviseurs dans les discussions auxquelles pourront donner lieu à l'avenir les réparations et l'entretien des bâtiments des Académies, des Facultés et des Lycées. (Cir., 27 février 1841.)

IVe. SECTION.

MOBILIER.

Les villes sont chargées des frais du premier établissement, mais les Lycées pourvoient sur leurs propres fonds à l'entretien et au remplacement des objets qui composent le mobilier. (Art. 50, inst. g. 1er nov. 1812.)

Lors de l'organisation d'un Lycée, on constate par procès-verbal la remise du mobilier et l'état dans lequel il se trouve ; ce procès-verbal est signé par le Maire de la ville d'une part et de l'autre par le Proviseur et l'Econome qui en devient responsable. (Art. 51, id.)

Lorsqu'il est nécessaire de renouveler tout ou partie du mobilier, l'Econome dresse un état des objets réformés et de ceux à fournir, le Proviseur reçoit les soumissions tant pour la vente des objets mobiliers reconnus hors de service que pour la fourniture des objets neufs devant les remplacer. Il transmet toutes les pièces au Recteur qui provoque une délibération du Conseil académique à ce sujet. (Art. 52, id.)

Ces ventes de mobilier réformé et les achats pour le remplacement doivent former autant d'articles sé-

parés dans les comptes soit de recettes soit de dépenses. (Art. 54 , id.)

Suit l'état du mobilier à fournir pour l'établissement d'un Lycée. (Arrêté du 30 mai 1843.)

Horloge. 1,800
Chapelle. — Vases sacrés , ornements et mobilier de la chapelle 3,000
*Classes, salles d'études, classes de dessin et
  d'écriture, cabinet de physique, bibliothèque, etc., etc.* — Gradins , tables , chaises
  et poêles pour les classes , à 750 fr. , pour
  11 classes 8,260
Tables , bancs , poêles pour salles d'étude ,
  tables pour les maîtres. 2,700
Bancs, cadres, chevalets, poêle, modèles pour
  la salle de dessin 1,000
Bancs, poêles et tables pour la salle d'écriture. 450
Cartes murales pour les classes et tableaux
  chronologiques. 2,200
Instruments pour le cabinet de physique. . 10,000
Appareils , réactifs et objets divers pour le
  laboratoire de chimie. 3,000
Tables et armoires vitrées. 1,500
Collections pour l'histoire naturelle. . . . 2,000
Bibliothèque 8,000
Gymnastique. — Appareils divers pour les
  exercices, sable, etc., etc. 2,400
Réfectoire. — Vingt-quatre tables de marbre
  pour les réfectoires , à 33 fr. 75 c. le mè-

tre carré; supports pour lesdites tables. . . . 2,672

Porcelaine de table pour le service de 200
    personnes 860

Trois chaires avec leurs marche-pieds pour
    trois réfectoires. 150

Cent cinquante rouleaux pour serviettes,
    à 0,30 c. 45

Trois poèles avec les tuyaux pour les trois
    réfectoires, à 120 fr. l'un. 360

Six lampes à suspension et à abat-jour pour
    l'éclairage des trois réfectoires. . . . 150

Réverbères et lampes pour l'éclairage des
    corridors , salles d'études et dortoirs. . 300

Ameublement du bureau de l'Econome et de
    son Commis. 400

Cuisine , crédence , offices. — Fourneau éco-
    nomique chauffant aussi un réservoir d'eau
    de 500 litres pour le service des bains. . 1,580

Une marmite , deux bassines , bouilloire et
    réservoir en cuivre. 982

Casseroles, tamis, couteaux, tables, coupe-
    rets, fontaines, mannes et autres ustensiles 800

Cuve à laver la vaisselle , rayons , chaises
    lampes 450

Rayons , grande balance à plateaux , table ;
    couteau à bascule , mannes pour la distri-
    bution du pain , chaises et lampe pour la
    crédence. 450

Cave. — Jarres , barriques et objets divers
    pour les magasins d'approvisionnements . 100

Chantiers pour les caves. 100

Dortoirs. — 150 lits en fer pour les élèves ,
  à 50 fr. 7,500

50 lits en fer pour les maîtres , les domestiques et l'infirmerie. 2,500

200 matelas à 40 fr. 8,000

400 couvertures à 18 fr. 7,200

200 sommiers en crin à 40 fr. 8,000

200 traversins à 10 fr. 2,000

200 tables de nuit, formant siége, à 11 fr. 2,200

200 tapis de pieds à 3 fr. 600

Chambres des Maîtres. — Tables , chaises,
  commodes, etc., pour les chambres des
  Maîtres. 1,200

Rideaux et tringles pour les lits des garçons
  au dortoir, à 15 fr. , pour six dortoirs. . 90

Lavabos à la suite de chaque dortoir, à 454 f.
  chaque, pour six dortoirs 2,724

Deux cents vases de nuit, à 1 fr. 200

Salle des bains. — Six baignoires en cuivre,
  à 120 fr. 720

Trente bains de pieds, à 20 fr. 600

Six paires de robinets à col de cygne. . . 168

Cinquante mètres de tuyaux en cuivre pour
  les bains de pieds et pour les bains entiers,
  à 10 fr. 500

Soixante nœuds de soudure , à 2 fr. . . . 120

Un robinet pour vider les bains de pieds. . 12

Une soupape pour remplir les bains de pieds. 6

Un banc en chêne ciré, avec dossier à jour,

3.

pour les bains de pieds. 250

Emballage , transport et voyage de l'ouvrier.   350

Lingerie. — Table pour l'atelier des lingères,
  chaises, poêle, lampes. 260

Cases pour les trousseaux, escaliers mobiles,
  rideaux. 1,884

Grande table pour recevoir le linge, grande
  armoire. 365

Vestiaire. — Cases à souliers et porte-manteaux. 250

Buanderie. — Fourneaux, cuves, chevalets.   300

Cellules et arrêts. — Tables et chaises pour
  les élèves et pour le surveillant. . . . 100

Logement des fonctionnaires. — Mobilier pour
  la salle de réception, pour les appartements
  du Proviseur, Censeur, Aumônier, Econome, pour les lingères et garde-malades. 9,000

Service des Maîtres. — Vingt couverts d'argent, à 40 fr., et cuillers à potage pour la
  table commune et pour les Maîtres. . . 860

Service de l'infirmerie. — Quatre-vingts paires de draps, à 40 fr., pour l'infirmerie,
  les Maîtres et les domestiques. . . . 2,400

Deux cents serviettes, à 1 f. 50, pour l'infirmerie, les Maîtres et les domestiques. . . 300

Oreillers, taies d'oreillers, robes de chambre,
  bassinoires, bassins, rideaux, poêles, fourneaux, fauteuils de malades et ustensiles
  pour l'infirmerie. 4,000

Parloir. — Banquettes, chaises, rideaux et
poêle pour le parloir. 500
Portier. — Tables, chaises et poêles pour les
logements des portiers. 200
Dépenses imprévues. 2.113

Total général. . . 120,000

Tous les objets ci-dessus dont on indique, comme renseignements, les prix approximatifs, et dont l'acquisition sera faite par la ville, devront être de bonne et due qualité, et ne seront définitivement acceptés qu'après un procès-verbal, dressé contradictoirement par un délégué de l'autorité locale et un délégué de l'Université. (Arr., 30 mai 1843.)

FIN DE LA PREMIÈRE PARTIE.

2ᴇ. PARTIE.

〰〰〰

RECETTES.

2ᵉ. PARTIE.

RECETTES.

1°. DIVISION DES RECETTES ET JUSTIFICATION DE CHA-
CUNE D'ELLES.
2°. RECOUVREMENT DES RECETTES.
3°. POURSUITES A EXERCER.

Iʳᵉ SECTION.

DIVISION DES RECETTES ET JUSTIFICATION DE CHACUNE D'ELLES.

Dans les livres et les comptes, les recettes se divisent selon leur nature et l'exercice auquel elles
appartiennent en différentes parties appelées *chapitres*.
Ces chapitres sont au nombre de sept qui sont :

1° *Recettes sur le Trésor.*
2° *Recettes sur les départements et les communes.*
3° *Recettes sur les familles.*
4° *Recettes sur divers.*
5° *Recettes extraordinaires.*
6° *Revenus en nature.*
7° *Recettes sur les exercices clos.*

Chapitre Ier. — Recettes sur le Trésor.

Ce chapitre comprend :

1° SUBVENTION POUR LES DÉPENSES FIXES.

2° PENSION DES BOURSIERS IMPÉRIAUX.

3° SUBVENTION POUR LE SUPPLÉMENT A L'ÉVENTUEL.

1° *Subvention pour les dépenses fixes.*

Les subventions aux Lycées ainsi qu'aux autres établissements sont autorisées par le Budget ou résultent de décisions motivées de M. le Ministre. (Art. 32 R. 16 décembre 1844.)

Justification — La pièce à produire pour la justification de cette recette est l'extrait certifié par le Proviseur, de la lettre ministérielle portant notification de l'ordonnance de répartition du crédit alloué au budget de l'Etat pour subventions aux Lycées. (Nomencl. spéciale, 16 décembre 1841.)

2° *Pension des boursiers impériaux.*

Règlement sur les bourses.—Créées pour récompenser les services rendus au pays, soulager honorablement le malheur, et procurer aux Lycées des ressources indispensables, sinon pour assurer leur existence, du moins pour rendre leur prospérité indépendante des difficultés locales et des vicissitudes auxquelles sont exposés tous les établissements d'Instruction publique, les bourses impériales sont réparties entre les Lycées et divisées en demi-bourses, trois quarts de bourse, et bourses entières (Ord., art. 1. 16 janv. 1847.)

Les bourses impériales des Lycées sont données par l'Empereur, sur la proposition du Ministre de l'Instruction publique à raison des services des parents. (Inst. 16 fév. 1852.)

Durée des bourses. — Les boursiers départementaux, des communes et de l'Etat, restent en possession de leurs bourses jusqu'à l'âge de 18 ans accomplis. (Art. 24 D. 29 juillet 1849.)

S'ils atteignent l'âge de 18 ans avant l'expiration de l'année classique, leurs bourses sont prorogées de droit jusqu'à la fin de ladite année. (Art. 24 idem.)

Une prolongation d'études de 2 ans peut être accordée, d'année en année et pour 2 ans au plus, aux boursiers par le Conseil municipal, le Conseil général ou par le Ministre, selon la nature de la bourse, sur le rapport favorable des chefs d'établissement et sur l'avis conforme du Conseil académique. (Art. 24 idem.) *Voir Tableau d'honneur.*

Tout boursier communal, départemental ou impérial est censé avoir renoncé à sa bourse, s'il n'est pas entré dans l'établissement à l'époque qui lui est assignée et s'il en est sorti sans une permission régulière. (Art. 28 idem.)

Toutefois, l'exclusion n'est définitive que 15 jours après l'invitation adressée officiellement à ses parents de l'y amener ou de l'y faire rentrer. (Art. 28 idem.)

Les familles des élèves qui approchent du terme de la jouissance en seront prévenues à l'avance par le Proviseur, avant le commencement de l'année scolaire. (Cir. 3 mai 1839.)

Prix de la pension. — Le prix de la pension des boursiers impériaux dans les Lycées est fixé uniformément pour tous les boursiers, ainsi qu'il suit :

Lycées de Paris. . . . . 900 fr.

Lycées des départements.
- 1re catég. 800
- 2e catég. 700
- 3e catég. 600
- 4e catég. 500

(Arrêté 8 octobre 1854.)

La portion du prix, restant à la charge des familles, sera payée pour les élèves jouissant d'une demi-bourse et de trois quarts de bourse conformément à l'article 2 du décret de 16 avril 1853. (Voir page 64.)

Justification. — On justifie cette recette : 1° par les états mensuels de présence certifiés par le Proviseur ; 2° par le tableau récapitulatif des décomptes établis sur ces états. (Nomencl. spéciale, 16 décembre 1841.)

3° Supplément à l'éventuel des Professeurs.

L'État doit le supplément à l'éventuel lorsque le montant des sommes disponibles pour l'éventuel est inférieur à la somme de 600 francs. (Voir pour l'éventuel les pièces trimestrielles, 5e partie.)

Justification. — On justifie cette recette par l'extrait, certifié par le Proviseur, de la lettre ministérielle portant notification de l'arrêté de répartition du crédit alloué au budget de l'État à titre de supplément à l'éventuel. (Nom. spéc., 16 décembre 1841.)

Nota. — Si les Professeurs ont été en congé, et si, par suite, la somme à recevoir s'est trouvée inférieure à la somme accordée, il faut indiquer sommairement, sur la copie de la lettre d'avis, les causes et le montant de la différence. (Nomencl. spéciale, idem.)

Chapitre II. — Recettes sur les communes et les départements.

Ce chapitre comprend :

1° LES RECETTES POUR LES BOURSES DÉPARTEMEN-TALES.

2° LES RECETTES POUR LES BOURSES COMMUNALES.

3° LES RECETTES POUR SUBVENTION ACCORDÉE PAR LES VILLES POUR DISTRIBUTION DES PRIX.

1° *Bourses départementales*; 2° *Bourses communales.*

Règlement sur les bourses. — Le Préfet confère , sous la confirmation de M. le Ministre de l'Instruction publique , les bourses départementales et communales; ces dernières d'après une liste dressée par les conseils municipaux. (Inst. 16 février 1852.)

Les bourses départementales et communales sont soumises aux mêmes règlements que les bourses impériales , sauf les exceptions relatées dans ce chapitre. (Cir. 18 décembre 1847.)

Les bourses communales vacantes doivent être payées intégralement par la ville pour tout le temps qu'elles sont restées vacantes. (Règl. 1 novembre 1812 et 25 novembre 1849.)

Les villes qui entretiennent des bourses dans les Lycées et les Colléges pourront exercer des retenues sur celles qui deviendraient vacantes dans les cas spécifiés ci-après, savoir :

1°. Sur les bourses entières et à trois quarts auxquelles il est pourvu par voie de promotion , toutes les fois qu'elles n'auront pas été remplies dans les trois mois qui suivront la vacance; dans ce cas , la retenue aura lieu depuis la vacance jusqu'au jour de la nomination.

2°. Sur les demi-bourses ou autres auxquelles les villes nomment directement : 1° Lorsque dans les quarante jours d'une vacance il n'en aura pas été donné avis officiel à l'autorité municipale; 2° Lorsque l'arrêté d'admission n'aura pas été pris dans les trois mois qui suivront l'envoi de la délibération du conseil municipal. Dans le premier cas , la retenue aura lieu à dater de la vacance jusque et y compris le quarantième jour après la dénonciation de cette vacance par le Proviseur ou le Principal du Collége, dans le deuxième cas , à dater de trois mois après l'envoi de la délibération du conseil municipal jusqu'au jour de l'arrêté d'admission. (Ord. 30 août 1830.)

Le prix des bourses , qu'elles soient fondées par les départements , les communes ou les particuliers , sera égal au prix de la pension réglé par l'article 2 du décret du 16 avril 1853. (Circulaire 10 septembre 1853. (Voir page 64.)

Pour les bourses occupées au moment de cette circulaire, les prix anciens sont maintenus jusqu'à l'expiration de la jouissance desdites bourses , mais les familles auront à payer, pour le complément qui leur incombe, le prix désigné par le décret du 16 avril 1853. (Id.)

Il n'est rien innové, d'après l'article 3, paragraphe III du même décret, relativement au prix des bourses déjà fondées par des particuliers. (Idem.)

Lorsqu'une bourse communale est vacante, le Proviseur et le Principal en donneront immédiatement avis au Maire de la ville fondatrice, qui sera prévenu, en outre, trois semaines avant les époques fixées, du jour où le concours aura lieu. (Ord. , 25 décembre 1819.)

Justification. — Extrait, certifié par le Proviseur, de l'ordonnance qui détermine le nombre des bourses que la commune doit entretenir au Lycée. — Pour les bourses qui ont été occupées, états mensuels de présence, certifiés par le Proviseur, et tableau récapitulatif des décomptes établis dans ces états. (Nomencl. spéc., 16 décembre 1841.)

3° *Subvention accordée par les villes pour distribution de prix.*

Justification. — On justifie cette recette par l'extrait, certifié par le Proviseur, de la délibération du Conseil municipal, dûment approuvée, qui alloue la subvention. (Nomencl. spéc., 16 décembre 1841.)

Chapitre III. — Recettes sur les familles.

Ce chapitre comprend :

1° COMPLÉMENT DE LA PENSION DES BOURSIERS IMPÉRIAUX.
2°   idem.   DÉPARTEMENTAUX.
3°   idem.   COMMUNAUX.
4° BOURSES PAR FONDATIONS PARTICULIÈRES.
5° COMPLÉMENT DE PENSION DES BOURSIERS PAR FONDATIONS PARTICULIÈRES.
6° PENSION DES PENSIONNAIRES ET DEMI PENSIONNAIRES LIBRES.
7° FRAIS D'ÉTUDES DES EXTERNES SUIVANT L'ENSEIGNEMENT CLASSIQUE.
8° FRAIS D'ÉTUDES DES EXTERNES SUIVANT LES COURS PRÉPARATOIRES AU COMMERCE ET A L'INDUSTRIE.
9° FRAIS D'ÉTUDES DES EXTERNES SUIVANT LES COURS PRÉPARATOIRES A LA DIVISION ÉLÉMENTAIRE.
10° SUPPLÉMENT DE FRAIS D'ÉTUDES DES EXTERNES ADMIS AUX CONFÉRENCES, RÉPÉTITIONS ET EXAMENS.
11° SUPPLÉMENT DE FRAIS D'ÉTUDES DES EXTERNES ADMIS DANS LES SALLES D'ÉTUDES.
12° PRIX DES TROUSSEAUX ET PARTIES DE TROUSSEAUX FOURNIS PAR LE LYCÉE.
13° FRAIS DUS POUR LES LEÇONS D'ART ET D'AGRÉMENT DONNÉES AU COMPTE DES FAMILLES.
14° SOMMES A RECEVOIR DU TRÉSOR POUR DÉGRÈVEMENTS DE PENSION ET DE TROUSSEAUX ACCORDÉS A DES FAMILLES QUI AVAIENT ACQUITTÉ LES FRAIS A LEUR CHARGE.
15° SOMMES A RECEVOIR POUR ABONNEMENT AUX DRAPS ET SERVIETTES.

1°, 2°, 3°, 5°. Complément de pension des boursiers impériaux, départementaux et communaux et par fondations particulières.

Le complément de la pension, restant à la charge

des familles, sera payé par les élèves jouissant d'une demi-bourse et d'un quart de bourse conformément au décret du 16 avril 1853, art. 2. (Arrêté. 8 octobre 1853. Voir page 64.)

Tout boursier dont la partie de pension à sa charge n'aura pas été payée pendant plus d'un trimestre sera déchu de ses droits par le Ministre sur le rapport du Recteur après mise en demeure signifiée à la famille ou au tuteur de l'élève, sans préjudice du recours à exercer contre la famille ou le tuteur d'après les règles du droit commun. (Art. 29 Déc. 25 juillet 1849.)

4°. *Bourses par fondations particulières.* (Voir page 60.)

6°, 7°, 10°. *Pension des pensionnaires et demi-pensionnaires libres ; frais d'études des externes suivant l'enseignement classique ; supplément de frais d'études des externes admis aux conférences, répétitions et examens.*

Tous les Lycées sont de même ordre. (Art. 1er. Décret 16 avril 1853.)

Le prix de la pension, de l'externat, des conférences, répétitions et examens, est fixé de la manière suivante dans les Lycées ci-après désignés : (Art. 2 idem.)

DIVISIONS.	PRIX de la PENSION.	FRAIS d'études des externes.	Supplément dû par les externes pour conférences, répétitions et examens.
LYCÉES DE PARIS.			
Division élementaire.	950	120	60
— de grammaire	1050	150	75
— supérieure.	1150	200	100
Mathématiques spéc^{les}.	1500	250	125
LYCÉES DES DÉPARTEMENTS.			
(1re. CATÉGORIE). — Lycées de Bordeaux, Lyon, Marseille, Metz, Nantes, Rouen, Strasbourg, Toulouse, Versailles.			
Division élémentaire.	750	100	50
— de grammaire	800	120	60
— supérieure.	850	160	80
Mathém. spéciales.	900	200	100
(2e. CATÉGORIE.) — Lycées d'Amiens, Angers, Besançon, Bourges, Brest, Caen, Dijon, Douai, Grenoble, Lille, Montpellier, Nancy, Orléans, Poitiers, Reims, Rennes, La Rochelle, Saint-Omer, Tours.			
Division élémentaire.	650	80	40
— de grammaire.	700	100	50
— supérieure.	750	120	60
Mathém. spéciales.	800	150	75
(3e. CATÉGORIE.) — Lycées d'Angoulême, d'Avignon, Bar-le-Duc, Clermont, Colmar, Laval, Limoges, Mâcon, Le Mans, Napoléon-Vendée, Nîmes, Pau, Saint-Etienne, Tournon, Sens, Vendôme, Tarbes (externes), Evreux, Saint-Quentin, Troyes (Aube).			
Division élémentaire.	550	60	30
— de grammaire	600	80	40
— supérieure.	650	100	50
(4e. CATÉGORIE.) — Lycées d'Alençon, Auch, Bastia, Carcassonne, Cahors, Coutances, Chaumont, Châteauroux, Moulins, Napoléon-Ville, Périgueux, Le Puy, Rodez, Saint-Brieuc, Agen, Bourg.			
Division élémentaire.	450	50	25
— de grammaire.	500	70	35
— supérieure.	550	90	45

Dans le prix total de la pension pour les boursiers comme pour les pensionnaires se trouvent compris les livres classiques. (Idem.)

Les élèves externes du cours de mathématiques spéciales qui voudront participer aux manipulations paieront un supplément de 60 francs, s'ils ne suivent pas les conférences, et de 30 fr., si, au contraire, ils les suivent. (Arrêt. 7 avril 1855.)

Une collection d'appareils pour manipulations pourra être confiée aux élèves externes de mathématiques spéciales, par groupe de deux élèves, moyennant une rétribution de 6 francs. (Cir. 12 avril 1855.)

Demi-pensionnaires. — La rétribution des demi-pensionnaires est fixée ainsi :

	Lycées de Paris.	Lycées des départements.			
		1re c.	2e cat.	3e cat.	4e cat.
Division élémentaire. .	500	400	350	300	275
id. de grammaire .	550	425	375	350	300
id. supérieure. . .	600	450	400	375	325
Mathématiques spéciales.	800	500	450	»	»

Lycée d'Alger. — Le prix de la pension des élèves internes, boursiers ou pensionnaires libres est fixé à 800 francs, y compris les livres classiques. (Art. 3, Déc. 21 sept. 1848).

8° *Frais d'études et de pension des élèves suivant les cours préparatoires au commerce et à l'industrie.*

Les élèves du cours de commerce et d'industrie

paieront le prix d'externat et la pension comme les enfants de la division de grammaire. (Inst. 30 avril 1853.)

9° *Frais d'études et de pension des élèves du cours préparatoire à la division élémentaire.*

Les très jeunes enfants admis dans les classes primaires préparatoires à la division élémentaire paieront le même prix de pension et d'externat que ceux de la division élémentaire. (Inst. 30 avril 1853.)

11° *Supplément de frais d'études des externes admis dans les salles d'études.*

La réunion dans une même salle d'enfants de différents âges présentant des inconvénients, les Proviseurs devront prendre des mesures pour qu'une place particulière dans les salles d'études des internes soit réservée aux externes surveillés et qu'ils soient répartis de la même manière que les élèves internes. La surveillance doit être organisée de telle sorte que la discipline et le bon ordre n'aient point à souffrir de la présence de ces enfants dans les salles d'études. (Cir. 31 décembre 1853.)

La rétribution supplémentaire des externes surveillés est fixée ainsi :

Lycées de Paris. . . . . 80 fr.

Lycées des départements.
$\left\{\begin{array}{l} \text{1}^\text{re}\text{ catég. . . 80} \\ \text{2}^\text{e}\text{ catég. . . 70} \\ \text{3}^\text{e}\text{ catég. . . 60} \\ \text{4}^\text{e}\text{ catég. . . 50} \end{array}\right.$

(Inst. 30 avril 1853.)

Justification. — On justifie les recettes faites pour les 11 premiers articles de ce chapitre par les états mensuels de présence, certifiés par le Proviseur, et par le tableau récapitulatif des décomptes établis sur ces états. (Nomenclat. spéciale, 16 décembre 1841.)

12. *Prix des trousseaux et parties de trousseaux fournis par le Lycée.*

Le prix des trousseaux fournis par les établissements est de

600 francs pour les Lycées de Paris;

500 francs pour les Lycées des départements.

Le montant pourra en être acquitté en trois termes:

Le 1er avec le 1er trimestre de la pension;

Le 2me avec le 2me trimestre de la pension;

Le 3me avec le 3me trimestre de la pension.

(Inst., 30 avril 1853.)

Indemnité de trousseau pour transfèrement. — Lorsqu'un élève sera autorisé à passer d'un Lycée dans un autre, son trousseau sera envoyé directement d'un Lycée à l'autre sans passer par les mains des parents, et les parents devront payer au Lycée où l'élève sera transféré une indemnité fixée à 100 francs. (Arrêté. 26 juillet 1820)

Lorsque l'élève sera envoyé dans un des Lycées de Paris, l'indemnité de trousseau que sa famille aura à payer sera de 200 francs, attendu que dans ces Lyeées le trousseau est plus considérable que dans les Lycées situés dans les départements. (Idem.)

La famille sera en outre chargée de rembourser les frais occasionnés par le transport des effets, et tes frais sont évalués indistinctement à 10 francs.

Cette indemnité est la même pour tous les enfants, et, avant d'effectuer le transfèrement, les parents sauront combien il doit leur en coûter ; de sorte qu'en acceptant la faveur qui leur sera faite, ils prendront réellement l'engagement de payer l'indemnité. (Idem.)

L'indemnité de trousseau ne pourra jamais aller au-delà de la somme qui est fixée. Mais dans le cas ou les parents croiront avoir à payer un peu plus qu'il ne serait rigoureusement nécessaire pour réparer et compléter le trousseau et adresseraient des représentations à ce sujet, la commission pourrait faire remise, à ces familles, de la différence qui se trouverait entre le montant de l'indemnité fixe et la somme rigoureusement nécessaire pour compléter ou réparer le trousseau. Cette appréciation est faite par le Proviseur seul, sans l'intervention des parents. (Idem.)

Justification. — On justifie les recettes sur cet article par l'état, certifié par le Proviseur, des sommes dues par les familles pour ces fournitures. (Nomenclat. spéciale, 16 décembre 1841)

13° *Frais dus par les familles pour leçons d'art et d'agrément.*

Toute somme versée à la caisse du Lycée ou remise à l'Econome, à raison de ses fonctions ou à quelque titre que ce soit, doit être inscrite à sa date au livre-journal de caisse et donner lieu à la délivrance d'une quittance à souche. (*Cette règle n'a pas d'exception.*)

Aussi les recettes pour leçons d'art et d'agrément

et les menus plaisirs doivent être portées dans les comptes au chapitre III. (Circ., 31 décembre 1848.)

Justification.—Tableau récapitulatif des états de présence si tous les frais ont été payés par tous les élèves et compris dans les décomptes mensuels de ces états.—Dans le cas contraire, état, certifié par le Proviseur, des sommes dues par les familles. (Nomencl. spéciale. 16 décembre 1841.)

14° *Sommes à recevoir du Trésor pour dégrèvements de pension et de trousseaux accordés à des familles.*

Le prix du trousseau pour les boursiers impériaux quand l'Etat prend tout ou partie de la dépense à sa charge est fixé à 400 fr. pour les Lycées des départements et à 500 fr. pour les Lycées de Paris.

La portion du prix restant à la charge des familles sera payée d'après la circulaire du 30 avril 1853. (Arrêté. 21 février 1855. Voir ce chapitre-ci page 67.)

Justification.—Etat, certifié par le Proviseur, rappelant les décisions qui ont prononcé les dégrèvements, les noms des élèves qui les ont obtenus et leur quotité. (Nomencl. spéciale. 16 décembre 1841.)

15° *Sommes à recevoir pour abonnement aux draps et serviettes.*

Les sommes à recevoir, réglées par le bureau d'administration, varient selon chaque Lycée.

Chapitre IV.—Recettes diverses.

Ce chapitre comprend :

1° PENSION DES COMMENSAUX DE LA TABLE COMMUNE.

2° FERMAGE DES BIENS RURAUX.

3° LOYERS DES BATIMENTS.

4° RENTES SUR L'ÉTAT.

5° INTÉRÊTS DU FONDS COMMUN D'ASSURANCE CONTRE L'INCENDIE.

6° RETENUES POUR ABSENCES DES PROFESSEURS SUR LEUR TRAITEMENT.

1° Pension des commensaux de la table commune.

La table commune sera rétablie pour les Professeurs dans chaque Lycée. Cette table sera servie dans une salle particulière, de la même manière et aux mêmes heures que celle des élèves ou immédiatement après. (Arrêté. 17 avril 1838. Art. 3.)

Sous aucun prétexte et dans aucune circonstance, une personne étrangère au Lycée ne pourra être admise ni invitée à la table commune ; il ne sera obtempéré à aucune demande de service extraordinaire dans aucun cas. (Art. 4.)

La table commune est présidée par le plus élevé en grade des membres présents. (Art. 5.)

Nul ne pourra être servi chez soi. (Art. 6.)

Les Lycées en déficit n'ont pas de table commune. (Cir. 30 juin 1838 et 14 septembre 1841.)

Le prix de la table commune est fixé ainsi qu'il suit :

    600 fr. pour les Lycées de Paris.
    550   pour le Lycée de Versailles.
    500   pour les Lycées de 1re classe.
    450   pour les Lycées de 2e classe.
    400   pour les Lycées de 3e classe.
          (Circulaire. 17 décembre 1838.)

Les fonctionnaires et professeurs doivent payer en totalité la retenue fixée pour cet objet, quel que soit le nombre de leurs repas et sans en défalquer leur absence pendant les vacances. (Art. 18. Inst. gén. 1er novembre 1812.)

La nourriture ne peut être allouée en argent à aucune personne de l'établissement, même en cas de maladie. (Art. 19 idem.)

Justification. — Etat, certifié par le Proviseur, faisant connaître le nombre des commensaux, le laps de temps pendant lequel chacun d'eux a pris ses repas à la table commune, le prix de la pension, la somme due et le total de la recette à faire. (Nomenc. spéciale. 16 décembre 1841.)

2° *Fermage des biens ruraux.* 3° *Loyers des bâtiments.*

Lorsque quelques parties des dépendances des Lycées peuvent être mises en location, le Proviseur passe des baux à ferme et en règle les conditions. Les baux ne sont valables et définitifs qu'après avoir été approuvés par le Conseil académique. (Art. 195. Règl. 16 décembre 1841.)

Les fermiers et locataires paient 6 mois d'avance et fournissent une valable caution. La durée du bail ne peut être de plus de neuf ans. (Art. 23. St. 11 novembre 1826.)

Justification. — État, certifié par le Proviseur, des baux ou conventions indiquant la nature des propriétés affermées ou des bâtiments loués, le prix de la location, la durée du bail, l'époque de l'entrée en jouissance. — Copie et extrait des baux ; si cette pièce a déjà été fournie, indiquer le compte auquel elle est annexée. (Nomencl. spéc. 15 décembre 1841.)

4° Rentes sur l'Etat.

Les excédants des recettes d'un Lycée sur ses dépenses, pourront être employées en acquisition soit de meubles, soit de rentes sur l'Etat, inscrites au profit de l'établissement et en son nom, après que, dans ce dernier cas, il aura obtenu une autorisation à cet effet. (Art. 25. Ord. 12 mars 1817.)

Les placements à la caisse des dépôts et consignations n'étant que des placements provisoires, lorsqu'il aura été reconnu que des dépenses projetées ne doivent pas avoir lieu ou qu'elles ne pourront s'effectuer qu'après un long ajournement, on proposera d'employer en achat de rentes les sommes mises en réserve. (Circ. 6 juillet 1842.)

Le Proviseur provoque les acquisitions de rentes et d'immeubles à faire sur les fonds des Lycées. Le Conseil académique est consulté.

Les demandes ayant pour objet des acquisitions ou des aliénations de rentes et d'immeubles sont examinées par le Conseil impérial et autorisées par ordonnance impériale, sur la proposition du Ministre. (Art. 193. Règl. 16 décembre 1841.)

Pour l'encaissement des rentes, voir chapitre VI des recettes, n° 1.

Justification. — Etat, certifié par le Proviseur, des inscriptions de rentes que le Lycée a acquises, faisant connaître la date de l'ordonnance qui a autorisé l'achat, la date de l'inscription, celle de l'entrée en jouissance et le montant annuel des arrérages à recevoir. Produire en outre, pour les rentes achetées pendant l'année, la copie certifiée des inscriptions. (Nomencl. spéciale, 16 décembre 1841.)

5° *Intérêts du fonds commun d'assurance contre l'incendie.*

Il sera établi un fonds de réserve exclusivement destiné à assurer aux Lycées les indemnités pour la partie des dommages qui serait légalement à leur charge par suite d'incendie. (Art. 1er, Ord., 29 juillet 1829.)

Ce fonds commun est fixé à 150,000 francs; il sera complété en cinq ans par un prélèvement annuel de 30,000 francs sur les recettes des Lycées. (Art. 2, idem.)

Chaque Lycée y contribuera, en versant au commencement de chaque année, et jusqu'à ce que le fonds soit complété, la somme déterminée par le tableau ci-annexé. (Art. 3, idem.)

Les versements seront effectués dans les Caisses académiques et la comptabilité centrale les fera verser dans la Caisse des dépôts et consignations. (Art. 4, idem.)

Lorsque ce fonds commun aura été complété, il sera tenu compte des intérêts à chaque Lycée, au prorata de la somme pour laquelle il aura contribué au fonds commun. (Art. 5, idem.)

Si un incendie éclate dans un Lycée, les pertes à

sa charge seront constatées; les procès-verbaux, dressés à cet effet, seront soumis au Conseil académique, qui donnera son avis sur l'indemnité à accorder; l'indemnité sera définitivement fixée par le Conseil de l'Université. (Art. 6, idem.)

La somme allouée sera restituée au fonds de réserve par la retenue des intérêts de l'année, et, en cas d'insuffisance, au moyen de versements effectués par les Lycées dans une proportion indiquée, mais ces versements n'excèderont pas 30,000 fr. pour chaque année. (Idem.)

Pour l'encaissement des intérêts du fonds commun contre l'incendie, voir Recettes, chapitre VI, page 77.

Justification. — Extrait, certifié par le Proviseur, de la lettre ministérielle portant notification de l'arrêté de répartition des intérêts du fonds commun d'assurance contre l'incendie. (Nomencl. spéciale, 16 décembre 1841.)

6° *Retenues pour absences des Professeurs sur leur traitement.*

Le montant des retenues figurera dans les comptes au chapitre IV des recettes. (Circul., 28 mars 1854.)

Le remplacement est fait par les Maîtres-Répétiteurs sans indemnité spéciale. (Idem.)

Les retenues à exercer sur les traitements des Professeurs et Maîtres-Répétiteurs chargés de classes dans les Lycées, sont fixées ainsi pour chaque jour pendant lequel ces fonctionnaires n'auront pas fait *tout* ou *partie* de leur service. Elles sont égales à un jour du traitement fixe du Professeur ou Maître rem-

placé, fractions négligées, conformément au tarif suivant :

Traitement de 3,000,	retenue par jour,	8 »»
— 2,500,	—	6 50
— 2,000,	—	5 50
— 1,800,	—	5 »»
— 1,700,	—	4 50
— 1,600,	—	4 »»
— 1,400,	—	3 50
— 1,200,	—	3 »»
— 1,000,	—	2 50

(Arrêt., 14 mars 1854.)

Chapitre V. — Recettes extraordinaires.

Ce chapitre comprend toutes les recettes faites par l'Économe et qui ne se rattachent à aucun des quatre chapitres précédents. Circ., 12 mars 1847.)

Il comprend :

1° INTÉRÊTS DES FONDS PLACÉS A LA CAISSE DES DÉPOTS ET CONSIGNATIONS.

2° PRODUIT DE LA VENTE D'OBJETS RÉCOLTÉS.

3° PRODUIT DE LA VENTE D'OBJETS MOBILIERS ET DE VIEUX MATÉRIAUX HORS D'USAGE.

4° PRODUIT DE LA VENTE DES EAUX GRASSES ET DE LA DESSERTE.

5° REMBOURSEMENT DE FRAIS JUDICIAIRES.

6° REMBOURSEMENTS POUR FRAIS DE QUITTANCES TIMBRÉES.

7° REMBOURSEMENTS POUR DÉGRADATIONS ET OBJETS PERDUS.

8° REMBOURSEMENT DE CAPITAUX PLACÉS.

9° VENTE DE RENTES ET D'IMMEUBLES.

1° *Intérêts des fonds placés à la Caisse des dépôts et consignations.*

Les Proviseurs sont autorisés à faire déposer à la Caisse des dépôts et consignations, à titre *de dépôts volontaires*, les sommes existant dans les caisses de l'établissement, qu'il jugeront n'être pas nécessaires pour les besoins du service courant. (Art. 1er, Arrêt., 14 juin 1842.)

Les dépôts sont effectués par les Economes sur un mandat ou ordre de dépôt signé par le Proviseur, pour les Lycées de Paris à la Caisse centrale des dépôts et consignations ; et, pour les Lycées des départements, à la Caisse des receveurs généraux qui sont préposés à ladite caisse. (Art. 2, idem.)

Les retraits seront opérés sur une demande écrite du Proviseur ; les Economes donneront quittance du remboursement (sur cette même demande autorisant les retraits de fonds) (Arrêt du 31 mars 1843), jusqu'à concurrence des sommes retirées, et feront mentionner par les préposés de la Caisse, au dos du récépissé de dépôt, sur lequel le retrait portera, chaque à-compte remboursé, afin que le récépissé ne puisse plus être produit en compte que pour le solde des fonds déposés. (Art. 3, idem)

L'administration supérieure n'aura plus à intervenir dans les opérations relatives aux dépôts et aux retraits de fonds ; elles s'exécuteront sous la responsabilité des Economes, qui se concerteront à cet égard avec les Proviseurs. (Circul., 6 juillet 1842.)

Les dépôts seront considérés comme conversion

de valeurs ; les récépissés de dépôts delivrés en échange des sommes versées figureront comme *valeur* dans *les caisses* des Lycées ; il en sera fait mention spéciale dans les procès-verbaux de caisse ; les Economes ne décriront pas dans les comptes les opérations auxquelles les dépôts et les retraits donneront lieu ; les intérêts des sommes déposées seront seuls portés en recette. (Art. 4, Arrêt., 14 juin 1852.)

Il est tenu compte des intérêts à raison de 3 p. 0/0 de toute somme qui est restée déposée 30 jours. (Circ., 6 juillet 1842.)

Les intérêts des sommes déposées, liquidés au 31 décembre de chaque année, ne seront pas capitalisés ; ils seront inscrits comme intérêts au crédit du compte ouvert à chaque Lycée. (Art. 1er, Arr., 31 mars 1843.)

Pour que les Lycées jouissent de l'intérêt des sommes déposées, on devra autant que possible laisser un intervalle de 30 jours entre les dépôts et les retraits de fonds. (Circ., 6 juillet 1842.)

Leur encaissement exige la délivrance d'une quittance à souche accompagnée d'un mandat ou d'une demande écrite du Proviseur autorisant le retrait des fonds. Ils doivent être portés en recettes au chapitre V d'une manière distincte. (Circul. minist., 6 juillet 1842, et Circul. du Directeur de la Caisse des dépôts et consignations, 15 mai 1844.)

Justification.—Copie, certifié par le Proviseur, du décompte des intérêts dûment arrêtés. (Nomenc. spéc. 16 déc. 1841.)

2° *Produit de la vente d'objets récoltés.*

Justification.—Copie, certifié par le Proviseur, des marchés de vente. (Nomencl. spéciale. 16 nécembre 1841.)

3° *Produit de la vente d'objets mobiliers et de vieux matériaux hors d'usage.*

Le Proviseur provoque les ventes des objets mobiliers hors d'usage.

Les demandes relatives aux ventes d'objets mobiliers, accompagnées de l'état des objets à vendre, sont examinées au Conseil de l'Université ; les ventes sont autorisées par le Ministre. (Art. 194. Régl. 16 décembre 1841.)

Justification. — Copies, certifiées par le Proviseur, 1° des décisions qui ont autorisé les ventes ; 2° des procès-verbaux de ventes, lorsqu'elles ont été faites aux enchères publiques ; 3° marchés passés avec les acquéreurs, lorsque les ventes sont été faites de gré à gré. (Nomencl. spéc. 16 décembre 1841.)

4° *Produit de la vente de la desserte et des eaux grasses.*

Justification. — Comme pour les recettes analogues.

5° *Remboursements de frais judiciaires.*

Justification. — État, certifié par le Proviseur, faisant connaître les noms des débiteurs, la nature et le montant des frais judiciaires à rembourser au Lycée. (Nomencl. spéciale. 16 décembre 1841.)

6° *Remboursement pour frais de quittances timbrées.*

Les droits de timbre sont portés en recettes au chapitre Recettes extraordinaires. (Circ. 26 mai 1837.)

Justification. — État, certifié par le Proviseur, faisant connaître le nombre des quittances délivrées et le montant des sommes remboursées par les familles. (Nomenc. spéciale. 16 décembre 1841.)

7° *Remboursements pour dégradations et objets perdus.*

Justification.—Etat , certifié par le Proviseur , faisant connaître le nom des débiteurs , la nature et le prix des objets perdus , le montant des remboursements à faire au Lycée (Nomencl. spéciale. 16 décembre 1841.)

8° *Remboursement de capitaux placés.*

Justification.—Etat , certifié par le Proviseur , faisant connaître la date des décisions qui ont autorisé les placements , le montant des sommes placées , les époques et la quotité des remboursements. (Nomencl. spéciale. 16 décembre 1841.)

9° *Vente de rentes et d'immeubles.*

Le Proviseur provoque les aliénations de rentes et d'immeubles. Les demandes d'aliénation sont examinées en Conseil de l'Université et les aliénations sont autorisées par ordonnance impériale sur la proposition du Ministre. (Art. 194. Régl. 16 décembre 1841.)

Justification.—Copie, certifiée par le Proviseer, 1° de l'ordonnance impériale qui autorise la vente; 2° de l'acte de vente ou du bordereau de l'agent de change qui a opéré le transfert. (Nomenc. spéciale. 16 décembre 1841.)

REMARQUES SUR LE CHAPITRE V.

Plusieurs de ces recettes ne sont pas extraordinaires en réalité , mais seulement des recettes accidentelles au moyen desquelles l'établissement rentre dans des avances faites par lui. (C. 12 mai 1847.)

On classe dans ce chapitre le produit des ventes d'effets hors de service, de vieux matériaux, etc., etc. On doit faire autant d'articles isolés qu'il y a d'espèces différentes de ventes , pour qu'on puisse toujours reconnaître l'origine de ces ressources spéciales. (Id.)

Il ne doit pas être fait recette des sommes non payées à titre de traitement ; une somme non payée ne peut être considérée comme une recette. (Idem.)

Il faut se borner à faire dépense des sommes réellement acquittées, ce qui dispense d'inscrire dans les comptes un article fictif de recettes. (Idem.)

Voir le compte d'administration au chapitre V.

Chapitre VI.—Revenus en nature

OU PRODUIT DES OBJETS RÉCOLTÉS ET CONSOMMÉS DANS L'ÉTABLISSEMENT.

Ce chapitre n'est porté sur le sommier et au compte de deniers que pour mémoire.

Il appartient seulement aux comptes de matiéres (chapitre Ier ou autres, s'il y a lieu), et au compte d'administration.

Justification.—Note estimative des objets, d'après les prix courants, certifiée par le Proviseur. (Nomencl. spéciale. 16 décembre 1841.)

Chapitre VII. — Recettes sur les exercices clos.

Ce chapitre se divise en 2 sections :

1re *section.*

Cette première section comprend les recettes résultant de droits constatés *postérieurement* à la clôture de l'exercice précédent. Ces recettes sont des faits nouveaux, qui se produisent pour la première fois et qui doivent nécessairement prendre place parmi les éléments dont se forme la situation du nouvel exercice. (Cir. 25 novembre 1841.)

Elle comprend les droits constatés *postérieurement* à la clôture du dernier exercice ou des ressources nouvelles dont l'origine remonte à des exercices clos. (Cir. 12 mars 1847.) Voir compte d'administration, chapitre VII.

Justification. — Mêmes justifications que pour les recettes analogues comprises dans les six premiers chapitres. (Nom. spéciale. 16 décembre 1841.)

2ᵉ *section*.

La deuxième section comprend les recettes, résultant de droits constatés *antérieurement* à la clôture de l'exercice précédent, qui figuraient sous le titre de créances dans la situation de cet exercice. (Cir. 25 novembre 1841.)

Ce sont des droits assurés pendant la durée de l'exercice clos, mais dont le recouvrement a été effectué pendant l'exercice dont on rend compte. (Cir. 12 mars 1847.) Voir compte d'administration, chapitre VII.

———

Remarque sur les dégrèvements.. — Les dégrèvements portant sur des frais acquittés pour l'exercice antérieur, ne sont pas portés au chapitre III, mais au chapitre VII de la recette, à la 1ʳᵉ section quand les dégrèvements ne sont pas constatés et à la 2ᵉ s'ils ont été constatés. (Cir. 12 mars 1847.)

Justification de la 2ᵉ section — Expédition des chapitres additionnels au budget de l'exercice auquel les créances arriérées ont été reportées. (Cette expédition reste déposée au ministère pour être produite à l'appui du compte de deniers, à l'époque où les chapitres additionnels sont définitivement arrêtés.) (Nomencl. spéciale. 16 décembre 1841.)

2°. SECTION.

RECOUVREMENT DES RECETTES.

1° *Recettes sur le Trésor.* — Toutes les ressources allouées aux Lycées sur les fonds du Trésor sont ordonnancées au nom des Economes, savoir :

1° Les subventions sont ordonnancées au commencement de chaque trimestre, conformément à la répartition arrêtée par le Ministre ;

2° Le supplément à l'éventuel des Censeurs et des Professeurs ;

3° Les bourses et parties de bourses impériales, par à-compte au commencement de chaque trimestre, et pour solde à la fin de l'année, d'après les états de présence et de liquidation arrêtés par le Proviseur et visés par le Préfet ;

4° Les dégrèvements au fur et à mesure des décisions du Ministre par lesquelles ils sont prononcés définitivement ;

5° Les remises par trimestre, sur les états de décompte certifiés par les Recteurs. (Art. 185, Règlem. 16 décembre 1841.)

Les recettes sur le Trésor sont perçues par le Lycée sur les ordonnances du trésorier. L'avis de l'envoi et les ordonnances sont adressés au Proviseur ; mais les ordonnances sont expédiées au nom de l'Econome, qui en donne récépissé. (Art. 72 et 73, Stat. 19 septembre 1809.)

Le récépissé exigé pour quittance des comptables pourvus de registres à souche ou à talon n'étant pas à la disposition de l'ordonnateur, quand il délivre son ordonnance ou son mandat, n'est produit qu'au moment du paiement. (Nomencl. générale. 16 décembre 1841.)

Les portions de pension payables par le Gouvernement ne sont dues qu'à partir du premier du mois dans lequel l'élève est entré effectivement. (Art. 72, Règl. gén. 1er novembre 1812.)

2° Recettes sur les départements et les communes. — Les sommes dues par les communes seront, à la demande du Proviseur et dans les dix jours de l'invitation qui en sera faite par les Préfets, ordonnancées par les maires et payées par les receveurs municipaux, conformément aux allocations portées dans le budget des communes. En cas que les sommes ordonnancées s'appliquent à des années qui n'offrent aucune ressource disponible, les mandats des maires seront payés à titre d'avance et sauf le rappel de cette avance au plus prochain budget. (Ord. 25 mars 1817.)

3° Recettes sur les familles et sur divers. — Les frais de pension dus par les élèves internes des Lycées seront perçus par dixième, et payés par trimestre et d'avance. (Arrêté. 4 décembre 1849.)

Dans les Lycées où la rentrée des classes a lieu au commencement d'octobre, le premier trimestre classique comprendra trois dixièmes (octobre, novembre et décembre) ; le 2me trimestre, trois dixièmes (janvier, février et mars) ; le 3me trimestre, trois dixièmes (avril, mai et juin), et le 4e trimestre, un dixième correspondant au mois de juillet. (Idem).

Dans les Lycées où la rentrée a lieu postérieurement au 15 octobre, le premier trimestre comprendra deux dixièmes (novembre, décembre) ; le 2me trimestre, trois dixièmes (janvier, février, mars) ; le 3me trimestre, trois dixièmes (avril, mai, juin), et le 4me trimestre, deux dixièmes (juillet, août.) (Idem.)

Le Proviseur ne peut, sous sa responsabilité personnelle, conserver un élève interne dont la pension n'aurait pas été payée à la fin du premier mois du trimestre. Toute somme due par un élève externe sera retenue sur le traitement du Censeur, et l'Econome est personnellement responsable des créances dont le recouvrement n'aurait pas été poursuivi en temps utile. (Circ. 10 novembre 1827 ; 20 octobre 1840, et 10 novembre 1847.)

Un élève sortant dans le courant du trimestre doit le trimestre en entier. (Art. 70, 1er novembre 1812.)

Les parents payant pension ou partie de pension doivent être instruits de cette règle au moment de l'entrée de leur enfant au Lycée. (Idem.)

La portion de pension à la charge des parents des élèves nationaux et communaux sont exigibles à partir de l'époque fixée pour l'entrée de l'élève par la lettre d'avis de sa nomination que les Proviseurs auront soin de se faire représenter. (Art. 71, idem.)

4°. *Effets en paiement.*

Les Agents-comptables ne doivent recevoir d'effets en paiement que d'après une autorisation signée du Recteur. L'autorisation détermine le montant et l'échéance de l'effet. (Art. 335. Régl., 11 novembre 1826.)

Les Agents-comptables relateront la date de l'autorisation et celle de l'échéance de l'effet sur leur livre de Caisse. (Art. 337, idem.)

Si l'effet n'est pas acquitté à son échéance, l'Agent-comptable qui l'a reçu est responsable des pertes que le Lycée éprouverait dans le cas où il n'aurait pas fait faire le protèt en temps utile. (Art. 338, id.)

L'Agent-comptable donne connaissance du protèt au Recteur le jour même où l'effet a été protesté, le Recteur ordonne les poursuites ultérieures qui doivent avoir lieu, il en fait acquitter les frais dans la même forme et sur le même crédit que les frais des autres poursuites. (Art. 339, idem.) Voir pag. 87.

S'il résulte des poursuites un procès-verbal de carence qui constate l'insolvabilité absolue du souscripteur de l'effet, le Recteur transmet les pièces au Ministre et le Conseil décide, s'il y a lieu, de passer la somme en non valeur. (Art. 340, idem.)

3ᵉ SECTION.

POURSUITES CONTRE LES DÉBITEURS EN RETARD.

1°. *Poursuites.*

L'Econome est chargé seul, sous sa responsabilité, de poursuivre la rentrée de tous les revenus du Lycée et de toutes les sommes qui lui seraient dues. (Art. 207. Régl., 16 décembre 1841.)

Les Economes sont chargés de poursuivre; les Proviseurs ne peuvent leur refuser le concours de leur autorité à l'effet de faire diriger, contre les parents, les poursuites prescrites par les réglements. (Art. 1er. Arrêt, 10 juin 1817.)

Les créances, pour lesquelles les poursuites n'auraient pas été faites dans le délai prescrit, seront à la charge des Economes. (Art. 2, idem.)

Si le Proviseur croit devoir user de délais envers les parents en retard pour payer, il en donnera l'ordre *écrit* à l'Econome qui sera déchargé de toute responsabilité et alors le Proviseur devient responsable. (Art. 3, idem.)

Les débiteurs qui, après deux avertissements, seraient encore en retard doivent être prévenus par l'Econome des poursuites qui seront exercées contre eux conformément à l'article 11 du décret du 1er juillet 1809, s'ils ne paient dans un délai fixé en raison de l'éloignement où ils se trouvent du Lycée. (Art. 77. Inst., 1er novembre 1812.)

Ce délai expiré, l'Econome, après avoir dressé le relevé des créances, rédige lui-même sur papier libre, pour chacune d'elles, une note des faits et des conclusions motivées, assez explicative pour servir de mémoire dans l'instruction de l'affaire. (Art. 78, idem.)

Ce mémoire doit être fait au nom du Proviseur et signé par lui, il le communique à la partie adverse et l'adresse ensuite au Procureur Impérial dans le ressort duquel se trouve le débiteur. (Art. 79, idem.)

Dans le cas néanmoins où quelques Procureurs impériaux ne voudraient pas admettre les mémoires sur papier libre, ils seront refaits sur papier timbré, et, s'ils exigeaient que l'instance ne fût introduite qu'après signification du mémoire, cette signification serait faite par le ministère d'un Huissier, et n'entraînerait que le coût de l'exploit, du papier timbré et de l'enregistrement dont le droit fixe est de un franc. (Art. 80, idem.)

En exécution du même décret du 1er juillet 1809, le Procureur Impérial suit l'instance, sans frais, à la Chambre du Conseil comme pour les affaires du domaine. (Art. 81, idem.)

Le jugement n'est passible que du droit fixe de 1 franc et du droit de Greffe de 1 fr. 25 c. ou deux francs par rôle pour l'expédition et seulement lorsqu'elle est levée. (Art. 82, idem.)

Les significations et poursuites en vertu des jugements seront faites à la requête et à la diligence des Proviseurs; néanmoins il ne pourra être procédé à des saisies immobilières, en vertu de ces jugements, que d'après une autorisation du Conseil de l'Université. (Art. 83, idem.)

Les Proviseurs sont autorisés à faire l'avance de tous les frais qui peuvent résulter des poursuites et à les porter parmi les dépenses extraordinaires; les remboursements de ces frais, qui doivent être exigés des parties condamnées, seront inscrits lors de leur rentrée, parmi les Recettes extraordinaires (Art. 84, idem.) Voir pag. 78 et chap. VI des dépenses.

Quand les débiteurs sont des militaires, sans fortune, mais encore employés, ou qu'ils jouissent d'un traitement quelconque de retraite, l'état des sommes dues est adressé au Ministre, pour les faire acquitter au moyen d'une retenue exercée par le Ministre de la Guerre sur la solde ou la pension de ces militaires. (Art. 85, idem.)

Cette marche est également applicable aux employés jouissant d'un traitement, soit du Gouvernement, soit d'une Administration quelconque. (Art. 86, idem.)

Dans le cas où les Proviseurs éprouveraient des difficultés provenant de la lenteur, de l'incertitude ou du refus des Procureurs impériaux, ils auraient à signaler individuellement ceux qui les auraient élevées, et le Ministre veut bien se charger de leur faire connaître lui-même, les obligations qui leur sont imposées par l'Ordonnance du 12 mars 1817, art. 16. (Circ., 16 avril 1819.)

2° *Créances privilégiées.*

L'article 2101 du code Napoléon qui détermine les Créances privilégiées, s'applique à celles des Lycées qui ont pour objet les fournitures de subsistances faites aux élèves. (Circ., 18 février 1850.)

Lorsqu'il y aura lieu à invoquer le bénéfice dudit article 2101, l'Administration devra faire établir sur un bordereau séparé, le décompte exact des *frais de nourriture* dus par les élèves. (Circ. idem.)

Pour le surplus, le Lycée est placé dans la catégorie des créanciers ordinaires. (Circ., idem.)

3° *Créances non recouvrables.*

Le Proviseur et les Economes feront constater par
le Conseil académique, l'invalidité des créances reconnues non recouvrables. (Arr. 22 juin 1812.)

Cette opération se fera ainsi :

Le Conseil se fera représenter le registre des
comptes ouverts aux élèves, il vérifiera si la situation de chaque compte est conforme à l'état des
créances remis an Conseil. (Idem.)

Il se fera rendre compte des demandes faites pour
procurer le recouvrement de chacune dee créances.
(Idem.)

S'il ne trouve pas dans les résultats de ce travail
préparatoire les preuves suffisantes de l'insolvabilité
des débiteurs, il sera fait sur le champ de nouvelles
démarches par le Proviseur. (Idem.)

On peut regarder comme preuve d'insolvabilité
les lettres des Procureurs impériaux qui annonce-
raient que toutes les poursuites seraient inutiles ,
quand il existera dans le Lycée des renseignements
particuliers qui s'accorderaient avec elles. (Idem.)

Après toutes ces opérations , le Conseil arrêtera
l'état des créances reconnues non recouvrables et cet
état sera transmis au Ministre avec le rapport de la
section de comptabilité du Conseil.

Dans les Lycées hors du chef-lieu de l'Académie ,
ce travail préparatoire sera confié au Bureau d'Ad-

mistration, ou seulement à une commission de trois
de ses Membres. (Arrêt, 22 juin 1812.)

FIN DE LA DEUXIÈME PARTIE.

3ᴱ. PARTIE.

DÉPENSES.

3ᵉ. PARTIE.

DÉPENSES.

1°. ACHATS ET LEURS DIVERS MODES.
2°. DIVISION DES DÉPENSES, ET JUSTIFICATION DE CHACUNE D'ELLES.
3°. ORDONNANCEMENT ET PAIEMENT DES DÉPENSES.
4°. TIMBRE ET ENREGISTREMENT.

Iʳᵉ SECTION.

1° ACHATS ET LEURS DIVERS MODES.

Achats divers.

L'état de la maison et toutes les parties du service doivent être calculés d'après la proportion exacte des élèves présents. (Art. 9. Inst. génér. 1ᵉʳ novembre 1812.)

L'économie la plus sévère doit présider à l'achat des divers objets de consommation. Les Proviseurs et les Economes en dirigeront l'emploi avec soin et discernement. (Art. 10 idem.)

Pour la fourniture des objets de consommation nécessaires aux besoins du service, le Proviseur remet au Recteur l'état des divers objets de consommation nécessaires aux besoins du Lycée. (Art. 189. R. 16 décembre 1844.)

Le Recteur soumet cet état au Conseil académique qui délibère sur chaque article et décide s'il y a lieu de faire une adjudication publique, d'autoriser le Proviseur à passer un marché ou de charger l'Econome de faire des achats de gré à gré. (Idem.)

Diverses dépenses, comme le blanchissage du linge, la façon et le raccommodage des habits, du linge, la fourniture et l'achat des képis et des souliers peuvent être faites par *abonnement* en ne donnant ordinairement à ces arrangements que la durée d'une année. Les Proviseurs, dans leurs comptes, justifieront, pour ce cas par des notes, des motifs qui leur auront fait préférer le mode qui aura été adopté. (Art. 38. Inst. génér. 1er novembre 1812.)

Cahier des charges.

Pour les objets mis en adjudications publique, le Conseil Académique arrête le cahier des charges. (Art. 190. Régl., 16 décembre 1844.)

Il faut que le cahier des charges et les marchés soient établis avec le plus grand soin. C'est par eux seuls que l'on assure la bonne confection des travaux et la bonne qualité des fournitures. Ils doivent donc déterminer avec précision les obligations que l'adjudicataire aura à remplir et il faudra tenir la main à leur exécution ponctuelle. Les travaux mal faits doivent être recommencés (c'est le devoir de l'Architecte). Les marchandises non conformes aux échantillons doivent être refusées (c'est ce dont est chargé l'Econome.) (Circ. 25 janvier 1847.)

La rédaction du cahier des charges est donc de la plus haute importance, l'administration doit y stipuler toutes les garanties jugées nécessaires. Elle est l'arbitre des obligations à exiger, des services à imposer aux fournisseurs, aux entrepreneurs et de la nature et de l'importance des garanties qu'ils doivent produire, soit pour être admis aux adjudications, soit pour l'exécution de leurs engagements et enfin de l'action que l'Administration exercera sur ces garanties si les engagements viennent à ne pas être exécutés. (Circ., idem.)

Marchés en général.

Il doit être fait des marchés pour toutes les dépenses qui en sont susceptibles. (Statut, 19 septembre 1809.)

Les marchés doivent être faits par voie d'enchères et de soumissions particulières suivant les circonstances ; ils doivent être renouvelés toutes les années. (Art. 12. Inst., novembre 1812.)

Ils seront en général calculés de manière à ce que les livraisons n'aient lieu qu'à mesure des besoins, et les approvisionnements ne peuvent dans aucun cas excéder la consommation d'une année. (Art. 13, idem.)

Les marchés, de quelque nature qu'ils soient, doivent être enregistrés ; ils sont soumis aux droits de un franc par cent francs, plus le décime, — Les droits de timbre et d'enregistrement sont à la charge des fournisseurs. — Les copies de marchés ou extraits certifiés des procès-verbaux d'adjudication, des travaux ou fournitures doivent être timbrés. Les frais de timbre de ces copies sont à la charge des Lycées. (Circ., 26 novembre 1851.)

Dans quelques établissements on néglige de faire enregistrer les marchés ; cette omission constitue une infraction à la loi du 28 avril 1816. Elle fait encourir une amende au comptable responsable et elle a pour effet de priver l'État des droits qui lui sont dus ; de plus, en cas de contestation avec les fournisseurs et entrepreneurs, elle met l'établissement dans l'impossibilité de produire un titre régulier en justice. (Circ., idem.)

Adjudication.

Il est utile dans l'intérêt des Lycées et de la responsabilité des Proviseurs que l'on mette en adjudication toutes les fournitures qui en sont susceptibles. (Inst., 13 octobre 1829.)

L'avis des adjudications est publié, sauf le cas d'urgence, un mois à l'avance par la voie des affiches et par tous les moyens ordinaires de publicité.

Cet avis fait connaitre :

1° Le lieu ou l'on pourra prendre connaissance du cahier des charges ;

2° Les autorités chargés de procéder à l'adjudication ;

3° Le lieu, le jour et l'heure fixée pour l'adjudication. (Art. 42. Régl., 16 décembre 1841.)

Les adjudications pour marchandises ne doivent être faites que pour une année, afin de profiter des chances du commerce. En fait de travaux il faut qu'il y ait autant d'adjudications distinctes qu'il y a d'entreprises successives. (Circ. , 25 janvier 1847.)

Les soumissions sont remises cachetées, en séance publique ; lorsqu'un *maximum* de prix ou un *minimum* de rabais a été arrêté d'avance par le fonctionnaire qui préside , ce maximum ou ce minimum est déposé cacheté sur le bureau , à l'ouverture de la séance. (Art. 43. Règlem. 16 décembre 1841.)

Toutes les fois que le cahier des charges n'exclut pas les enchères au rabais au-dessous d'un centime, le minimum de prix ou le maximum de rabais doit , sans exception , être exprimé dans les soumissions sous le rapport fractionnaire en fractions décimales dérivant directement du franc , unité monétaire , c'est-à-dire en centimes et en millimes. Il doit en outre être répété en toutes lettres. (Art. 44, idem.)

Dans le cas où plusieurs soumissionnaires offriraient le même prix et où ce prix serait le plus bas de ceux qui sont portés dans les soumissions, il serait procédé, séance tenante, et avant l'ouverture du pli cacheté contenant le maximum de prix ou le minimum de rabais , à un nouveau concours , soit par voie de soumissions , soit à l'extinction des feux , entre ces soumissionnaires seulement. (Art. 45, id.)

Lorsque , d'après le dépouillement des soumissions déposées , il ne s'en trouve aucune dans la limite du maximum du prix ou du minimum de rabais, il peut être procédé, séance tenante , à une nouvelle adjudication entre les soumissionnaires présents, qui, pour cet effet, sont admis à proposer par écrit, des

5.

rabais sur leurs premières soumissions. (Art. 46, id.)

Les résultats de chaque adjudication, sont constatés par un procès-verbal, relatant les circonstances de l'opération. Ce procès-verbal rédigé sur papier timbré est enregistré sur minute, à la diligence de l'Administration. (Art. 46, idem.)

Les droits d'enregistrement, les frais de timbre, d'affiches et d'insertions aux feuilles publiques, sont à la charge de l'adjudicataire. (Idem.)

Marché par adjudication publique.

La règle générale pour les marchés est l'adjudication avec concurrence et publicité. (Circ., 25 janvier 1847.)

Les marchés avec concurrence et publicité, dont les conditions ont été stipulées dans un cahier des charges, sont conclus à la suite d'une adjudication. (Circ., 14 juillet 1843.)

La concurrence et la publicité pour produire leur effet doivent être réunies, la publicité amène la concurrence et celle-ci a presque toujours pour résultat le bon marché lorsqu'elle n'a d'autres limites que les garanties à exiger des soumissionnaires dans l'intérêt des Lycées. (Idem.)

Quand on fait appel seulement à un petit nombre de fournisseurs ou d'entrepreneurs, ils peuvent plus facilement s'entendre pour ne faire que des offres exagérées; et cette connivence annule l'effet que l'on attend de l'adjudication, qui est de faire profiter l'établissement pour le compte duquel on fait un marché de toutes les chances favorables du commerce. Le remède à cet abus est dans une concurrence sérieuse qui, attirant un grand nombre de soumissionnaires, rend tout concert entre eux sinon impossible. du moins très-difficile. (Idem.)

Cette concurrence entière ne peut jamais être nuisible, l'Administration ayant toujours la faculté de fixer, dans le cahier des charges, les garanties qu'elle juge nécessaires et utiles. Il ne faut avoir que des soumissionnaires, capables et sérieux. On peut s'assurer cette double qualité, en imposant aux soumissionnaires le dépôt d'un cautionnement et des justifications de capacité convenables. (Idem.)

Dans l'hypothèse même où un concert entre les soumissionnaires serait à craindre, malgré la concurrence illimitée, l'Administration n'est pas désarmée ; elle a un moyen pour empêcher qu'il ne devienne préjudiciable aux intérêts dont la gestion lui est confiée. En posant un maximum de prix, ou un minimum de rabais au-dessous duquel l'adjudication n'a pas lieu, on empêche ce mode de marché de pouvoir jamais devenir onéreux. (Idem.)

Les marchés à la suite d'adjudications publiques ont l'avantage de mettre entièrement à l'abri la responsabilité de l'Administrateur. Du moment que les formes préservatrices déterminées par les règlements ont été observées, le marché est considéré comme étant aussi favorable qu'il pouvait l'être dans les circonstances où il a été passé. (Idem.)

Le marché, par adjudicatton publique, est prescrit en principe pour tous les travaux et fournitures. (Idem.)

Marché par adjudication restreinte.

Les adjudications publiques relatives à des fournitures, à des travaux ou à des exploitations ou fabrications qui ne peuvent être livrées sans inconvénients à une concurrence illimitée sont soumises à des restrictions qui n'admettent à concourir que des personnes préalablement reconnues capables par l'Admistration et produisant les titres justificatifs exigés par le cahier des charges. (Art. 40. Règl., 16 décembre 1841.)

Pour laisser toute latitude à l'Admistration dans les limites exigées pour l'intérêt du service, et concilier les convenances locales et particulières avec les règles d'une sage économie, on autorise, dans certains cas particuliers déterminés, des adjudications restreintes, c'est-à-dire des adjudications faites avec concurrence, mais sans publicité. L'Administration fait avertir les entrepreneurs ou fournisseurs qu'elle a jugés dignes de sa confiance, leur demande des offres et traite avec celui qui a fait la soumission la plus avantageuse pour l'établissement. Ce genre de marché doit être réservé pour les cas très-rares où la concurrence illimitée aurait des inconvénients. Il faut d'ailleurs que ces inconvenients soient réels et spéciaux. On y a recours, en ce qui concerne l'État, les communes et les établissements publics, que pour les travaux qui exigent une grande perfection de main-d'œuvre et des connaissances spéciales, tels que la restauration d'anciens édifices intéressants sous le rapport de l'art ou comme monuments historiques, et pour les entreprises et fournitures d'une nature particulière, telles que le transport des dépêches, la fourniture des papiers à timbrer, etc. Des travaux ordinaires de maçonnerie, de menuiserie, de serrurerie et des fournitures d'objets usuels ne peuvent jamais motiver l'application de cette disposition. Il ne peut y avoir d'inconvénients à mettre ces travaux et ces fournitures en adjudication. (Circ. 25 janvier 1847.)

On conçoit que pour les Lycées situés dans certaines localités, ou les familles auraient des préventions contre le mode de l'adjudication publique pour la fourniture des denrées, on doive tenir compte de ces appréhensions, quoique mal fondées, et recourir alors à une adjudication restreinte. Mais lorsque cette cause morale n'existe pas, il faut appliquer la règle, qui est l'adjudication avec concurrence et publicité. (Idem.)

Marché à l'amiable; de gré à gré.

Les marchés à l'amiable que le Proviseur est autorisé à faire, doivent être soumis à l'approbation du Conseil académique et ne sont exécutoires qu'après avoir été approuvés par le Conseil. (Art. 191. Régl., 16 décembre 1841.)

Le marché de gré à gré a lieu soit sur un engagement souscrit à la suite du cahier des charges, soit sur une soumission souscrite par celui qui propose de traiter, soit sur correspondance selon les usages du commerce. Il y est suppléé pour les objets qui sont livrés immédiatement et dont la valeur ne dépasse pas 500 francs, par des achats faits sur simples factures. (Art. 49. Régl., 16 déc. 1841.)

Le marché de gré à gré à un caractère tout différent que le marché par adjudication publique ; c'est une convention particulière qui peut être avantageuse ou défavorable selon l'habileté de la personne qui le conclut. Cette personne, malgré tous ses efforts, peut n'être pas instruite de tout ce qui a de l'influence sur les prix , ou se laisser tromper, et sacrifier involontairement les intérêts de l'Établissement qu'elle représente. (Cir., 25 janvier 1847.)

Et quand même il n'en serait pas ainsi, rien ne prouve que le marché fait de gré à gré ait été aussi avantageux qu'il aurait pu l'être. (Idem.)

Ainsi le marché par adjudication publique et non-seulement le plus avantageux ; mais celui qui met le mieux à l'abri la responsabilité de l'Administrateur.

Mais on conçoit que ce principe ne peut être absolu et qu'il comporte des exceptions. Je vais les passer en revue et en indiquer l'esprit et la portée. (Idem.)

Il peut être traité de gré à gré :

1° Pour les fournitures et travaux d'une valeur au-dessous de 3,000 francs, car les fournitures et travaux d'une somme trop minime n'exciteraient pas de concurrence sérieuse.

2° Pour les objets dont la fabrication est attribuée à des porteurs de brevets d'invention ou d'importation, ou qui n'ont qu'un possesseur unique, car là il ne peut y avoir concurrence.

3° Pour les ouvrages d'art et de précision , pour

les exploitations, fabrications et fournitures qui ne seraient faites qu'à titre d'essai. (Les ouvrages de précision sont les instruments de physique.)

4° Pour les matières et denrées qui, à raison de leur nature particulière et de la spécialité de l'emploi auquel elles sont destinées, sont achetées et choisies aux lieux de production ou livrées sans intermédiaire par les producteurs eux-mêmes. (Cette exemption est peu applicable aux Lycées.)

5° Pour les fournitures ou travaux qui n'ont été l'objet d'aucune offre aux adjudications, ou pour lesquelles il n'a été proposé que des prix inacceptables. Les Lycées étant situées dans des villes importantes, ce cas doit se présenter rarement. L'Administration doit d'ailleurs veiller à ce que les devis et les cahiers des charges soient établis avec beaucoup de soin, et à ce que les évaluations soient faites conformément aux cours du pays, de manière à ne pas rendre l'adjudication impossible.

6° Pour les fournitures, transports et travaux qui, dans le cas *d'urgence évidente amenée par des circonstances imprévues*, ne peuvent pas subir les délais de l'adjudication. (Ce cas est très-rare et ne peut comprendre les travaux à court délai dont la nécessité aurait été prévue.) (Idem.)

Achat de gré à gré.

Les objets que l'Econome est chargé d'acheter, sans marché préalable, ne peuvent être acquis par lui que sur l'autorisation du Proviseur. (Art. 192. Régl., 16 décembre 1811.)

Les dépenses journalières relatives à la nourriture n'ont pas besoin de l'approbation préalable du Proviseur ; il doit seulement en viser et en constater le compte, le samedi de chaque semaine. (Stat. 19 septembre 1809.)

2ᵉ SECTION.

DIVISION DES DÉPENSES ET LEUR JUSTIFICATION.

Les dépenses des Lycées se divisent selon leur nature et l'exercice auquel elles appartiennent en différentes parties autrefois appelées *masses* et aujourd'hui *chapitres*. Ils sont au nombre de sept, savoir :

1° *Dépenses de nourriture ;*

2° *Blanchissage et raccommodage ;*

3° *Habillement. Trousseaux ;*

4° *Traitements fixes, traitements éventuels, etc. ;*

5° *Frais de service intérieur ;*

6° *Dépenses diverses et extraordinaires ;*

7° *Dépenses des exercices clos.*

Chapitre Iᵉʳ. — Nourriture.

Ce chapitre comprend :

1° BLÉ, FARINE, PAIN, VIANDE ;

2° COMESTIBLES ET MENUES DÉPENSES DE BOUCHE ;

3° VIN, BIÈRE ET CIDRE ;

4° BOIS, CHARBON, HOUILLE ;

5° USTENSILES POUR LA CUISINE, VAISSELLE POUR LE RÉFECTOIRE ;

6° MENUS FRAIS.   (Nom., 29 nov. 1851.)

Réglement.

Le poids de la viande cuite, désossée et parée, délivrée à chaque élève, est réglé ainsi qu'il suit :

Pour les grands, 70 grammes par tête et par repas ;

Pour les moyens, 60 grammes ;

Pour les petits, 50 grammes.

Lorsque le repas se composera de deux plats de viande, les deux parts réunies devront peser un tiers en sus du poids ci-dessus fixé.

Les parts des maîtres nourris dans l'Etablissement seront de 100 grammes par tête et par repas.

Quelques minutes avant l'heure du repas, tantôt le matin, tantôt le soir, et sans que les vérifications aient jamais lieu à jour fixe, l'Econome, le Proviseur ou son délégué feront mettre en leur présence dans une balance le contenu d'un plat destiné à une table de grands, de moyens ou de petits élèves, ils diviseront le poids obtenu par 10, 8 ou 6, suivant le nombre d'élèves admis à la table, et s'assureront ainsi que cette moyenne est égale au poids règlementaire.

Les mêmes vérifications sont faites fréquemment par le Recteur ou par un membre délégué du Conseil académique.

Le vin, suivant sa force, entre pour un quart ou pour un tiers dans la composition de la boisson donnée aux élèves. (Art. 1er. Arrêt, 1er sept. 1853.)

La boisson, sera la boisson du pays. (Circ., 25 mars 1816.)

Au commencement de chaque semaine, le menu des repas présenté par l'Econome, approuvé par le médecin, est arrêté par le Proviseur. qui se conformera aux règles suivantes :

Le repas du matin se composera non pas seulement pour les plus jeunes enfants, mais pour tous les élèves indistinctement, en hiver d'une soupe ou d'un potage, et en été d'une tasse de lait ou de quelques fruits avec une ration de pain convenable.

Le bœuf bouilli ne figurera dans le menu du dîner que trois fois par semaine au plus, et, ces jours là, les élèves auront un second plat de viande..

Lorsque le menu du dîner ne se composera que d'un plat de viande, cette viande sera rôtie ou grillée.

Les jours gras, un plat de viande sera toujours servi au souper.

Les jours maigres, aux légumes aqueux, aux confitures et fruits secs, etc., etc., on substituera comme second plat, des mets plus substantiels consistant en poissons, œufs, farineux, etc.

La durée du dîner est d'une demi-heure, celle du souper de 20 minutes au moins. (Art. 2, même arrêté.)

Les maîtres nourris dans l'établissement sont servis en même temps que les élèves et dans les mêmes salles.

Les agents et domestiques prennent leurs repas après les élèves, et autant que possible dans une salle commune.

Tant que les élèves n'ont pas été servis, tout prélèvement à un titre quelconque sur les aliments préparés pour chaque repas est formellement interdit. (Art. 3, même arrêté.)

Des balances seront placées dans la cuisine des Lycées, afin que pour chaque repas les parts soient pesées, et qu'il soit toujours possible à l'Econome, au Proviseur ou à tout autre représentant de l'autorité de vérifier si les prescriptions règlementaires sont fidèlement suivies, ces vérifications, pour être efficaces, doivent être faites à l'improviste et très-fréquemment, (Circ., 13 septembre 1853.)

Il est recommandé à MM. les Proviseurs de faire tenir au mois de novembre et au mois d'avril, une note exacte de la taille de chacun des élèves internes. En comparant les différences de ces deux époques de l'année ils pourront prescrire une alimentation plus copieuse pour les enfants dont la croissance trop rapide exigerait quelques soins particuliers. (Même circulaire.)

Considérant que le pain sec du déjeuner ne peut soutenir les forces d'un enfant qui se lève à cinq heures du matin et ne dîne qu'à midi, le Ministre a décidé qu'au pain on ajouterait, en hiver, un potage dont il faudra varier la composition, et en été une tasse de lait. Quoique le lait convienne généralement aux enfants, il en est qui le digèrent péniblement, MM. les Proviseurs résoudront cette petite difficulté en bons pères de famille. (Idem.)

Pour le dîner, la soupe grasse sera servie trois fois par semaine, les jours où le premier plat consistera en bœuf bouilli. Pour que le bouillon ne laisse rien à désirer, il faut que la cuisson ait lieu dans une chaudière plus large que profonde, qu'elle commence de bon matin, qu'elle s'effectue lentement et que la quantité de viande soit toujours en rapport avec celle du liquide à convertir en bouillon. (Idem.)

Il y a nécessité absolue, d'introduire dans l'ordinaire des jours maigres des mets plus substantiels : les médecins ne voient aucun inconvénient à servir aux enfants pour second plat, de la salade, des pruneaux, des marmelades et autres mets du même genre, lorsque le premier plat se compose de viande rôtie ou grillée. Dans le cas contraire, il faut s'en abstenir surtout au souper, parceque ces mets ne renferment aucun élément nutritif. (Idem.)

Les maîtres nourris dans l'établissement n'obtiennent cet avantage qu'à raison de leurs fonctions. Il n'y a donc aucun motif de les servir isolément. Ils doivent manger aux mêmes heures et dans les mêmes salles que les élèves. La nécessité pour les agents et les domestiques, de prendre leurs repas après les enfants, résulte de la manière dont ils sont nourris. Il faut mettre à profit la desserte qui ne sera ni gaspillée, ni gâtée, pour peu que l'ordre règne au réfectoire. Le service de l'infirmerie n'exige aucun prélèvement, car je ne vois pas ce qui s'oppose à ce que le bouillon nécessaire aux malades y soit préparé. (Idem.)

Justification. : 1° Mandats de paiement acquittés par *duplicata* par les parties prenantes ; mémoires des fournisseurs certifiés et acquittés par eux et visés par le Proviseur.

2° Copies ou extraits certifiés par le Proviseur des procès-verbaux d'adjudication , des marchés ou soumissions , si les fournitures ont été faites par suite ou en vertu de semblables actes , *ce que le mandat doit spécifier.*

3° Production des mercuriales.

Remarque . 1° Les extraits de marchés ou conventions produits à l'appui des ordonnances ou mandats doivent contenir toutes celles des dispositions de ces actes administratifs qui concourent au règlement et au paiement de la créance. (Régl. , 16 décembre 1841.)

2° Pour les menues dépenses de consommation journalière qui sont faites par l'Econôme , on produit à l'appui du mandat de paiement qui est délivré au nom de l'Econome, et qu'il doit acquitter *par duplicata*, le bordereau dit *Bordereau de quinzaine* qui est certifié et acquitté par lui , visé par le Proviseur et accompagné, autant que possible, des mémoires ou factures des fournisseurs acquittés par eux. (Circ., 27 janvier 1844.)

3° Dans quelques Lycées on ne donne pas de vin aux domestiques , mais on leur accorde une indemnité en compensation. Ces indemnités doivent être classées au chapitre I , attendu qu'elles représentent une partie des dépenses de nourriture imputables sur les crédits alloués à ce chapitre. — Pour justifier le paiement des indemnités on doit produire les mandats de paiements individuels ou collectifs, acquittés par les parties prenantes que ces mandats désignent. A l'appui des mandats collectifs délivrés au nom de la personne chargée de recevoir pour tous , on doit produire en outre des états émargés , dûment arrêtés par le Proviseur , énonçant l'objet des indemnités , le nom de la personne chargée de recevoir , les noms et qualités des agents auxquels les indemnités sont dues , le laps de temps auquel elles s'appliquent et la somme à payer.

Les mêmes justifications doivent être faites dans tous les cas analogues. (Nom. spéc. , 16 décembre 1841.)

Chapitre II. — Blanchissage et Raccommodage.

~~~~~~

Ce chapitre comprend :

1° LE BLANCHISSAGE DU LINGE DES ÉLÈVES ET DE LA MAISON ;

2° LE RACCOMMODAGE DES HABITS, DU LINGE, DES BAS ET DES KÉPIS.

<div align="right">(Nom., 29 nov. 1851.)</div>

Le blanchissage du linge et son entretien ne sont à la charge du Lycée que pour les élèves seulement. (Art. 46. Stat., 19 septembre 1809.)

Justification : 1° Mandats acquittés *par duplicata* ; 2° mémoires certifiés, acquittés et visés ; 3° copies ou extraits certifiés des procès-verbaux d'adjudication, des marchés ou soumissions, si les fournitures ou les travaux ont été faits par suite ou en vertu de semblables actes, ce que le mandat doit *spécifier*.

Si les travaux ont été faits à la journée, mémoires des journées certifiés par l'ouvrier ou par l'agent du Lycée chargé de diriger le service. (Suivant que le mandat est délivré au nom de l'un ou de l'autre), et visés par le Proviseur. (Nom. spéc., 16 décembre 1841.)

Chapitre III. — Habillement, Trousseaux.

~~~~~~

1° *Renouvellement ordinaire de l'habillement.*

Il comprend :

LA CHAUSSURE, LES TUNIQUES, PANTALONS, GILETS,

LINGE DE CORPS, DRAPS DE LIT, SERVIETTES, BAS, MOUCHOIRS, KÉPIS. (Nom., 29 novembre 1851.)

L'inspection particulière des vêtements et de la chaussure des élèves sera faite tous les matins par les Maîtres d'études qui en rendent compte au Censeur. (Art. 29. Inst. gén., 1er novembre 1812.)

Le Censeur examinera tous les trois mois, dans le plus grand détail, toutes les parties du vestiaire, et il provoquera le renouvellement de celles qui seraient hors de service, par un rapport écrit qui indiquera la taille des élèves. (Art. 30, idem.)

Les renouvellements sont ordonnés par le Proviseur, et ses décisions seront consignées à la suite du rapport du Censeur qui sera conservé avec soin, comme pièce justificative à l'appui des comptes. (Art. 31, idem.)

On ne pourrait sans difficulté renouveler le vestiaire pour tous les élèves en même temps ; mais il est à désirer que cette opération soit faite, autant que possible, pour un certain nombre d'élèves à la fois. (Art. 32, idem.)

La tunique, le gilet et le képi peuvent être renouvelés tous les quinze mois et le pantalon tous les six mois. (Décr., 20 janvier 1853.)

Justification.—1° Mandats acquittés *par duplicata* ; 2° Mémoires, certifiés, acquittés et visés ; 3° Copies ou extraits certifiés des procès-verbaux d'adjudication, des marchés ou soumissions, si les fournitures ou les travaux ont été faits par suite ou en vertu de semblables actes, *ce que le mandat doit spécifier*. (Nom. spéc. 16 décembre 1841.)

2° *Trousseaux.*

Ils comprennent :

LES EFFETS D'HABILLEMENT ; LINGE DE CORPS , DRAPS DE LIT ET SERVIETTES, COUVERTS ET TIMBALES D'ARGENT, PEIGNES, BROSSES, etc. , etc. (Nom. , 29 novembre 1851.)

1° *Composition du trousseau.*

Tous les élèves pensionnaires , sans distinction , seront vêtus des mêmes étoffes ; il ne sera admis aucune différence dans la forme des diverses parties de l'habillement. (Arrêt. , 30 avril 1820.)

Déjà plusieurs fois, et notamment par la circulaire du 21 février 1843 , il a été recommandé à MM. les Proviseurs , de tenir la main à l'exécution des règlements qui déterminent l'uniforme des Colléges royaux. (Circ. , 6 novembre 1845).

Cette circulaire , après avoir rappelé que la tenue des élèves devait être entièrement la même sous tous les rapports , qu'il ne devait y avoir de différence ni pour la forme, ni pour la couleur, ni pour la qualité des vêtements ; prescrivait de faire cesser toutes les irrigularités qui auraient été introduites sous le rapport de l'habillement. (Idem.)

On a remarqué que ces prescriptions n'ont pas été complètement exécutées , que la faculté laissée aux parents de se charger de l'habillement et quelquefois même de l'entretien et du blanchissage , moyennant une remise proportionnelle sur le prix de la pension, était une des principales causes de la mauvaise tenue des élèves dans beaucoup de Colléges. (Idem.)

Le Ministre invite , en conséquence , MM. les Proviseurs à faire tous leurs efforts pour restreindre , autant que le permettent les habitudes locales , les arrangements de cette nature, et à se montrer plus sévères pour la réception des habillements fournis par les familles qui continueront à habiller leurs enfants et à ne les admettre qu'après avoir reconnu qu'ils sont conformes aux modèles prescrits et irréprochables sous tous les rapports. Toutes les fois que des demandes d'admission leur seront faites , ils voudront bien, en prévenant les parents , qu'ils devront se conformer aux exigences des réglements, leur indiquer les moyens d'y satisfaire, soit en payant le trousseau en argent , soit au moins en faisant confectionner les effets d'habillement par le tailleur du Collége. (Circ. , 6 novembre 1845.)

A l'avenir , les trousseaux des élèves des Lycées seront composés ainsi qu'il suit pour les Lycées de Paris et pour ceux des départements : (Arr. 22 septembre , et circulaire du 28 septembre 1848.)

2 *Tuniques* en drap bleu, bordées d'une liseré rouge au collet, aux parements et sur le devant, fermées par une seule rangée de boutons dorés, portant deux branches de laurier, et autour. en légende : *Lycée de,..,* (le nom de la ville où se trouve le Lycée) ; palmes brodées en or au collet ;

2 *Ceinturons* en cuir noir avec plaque en cuivre au milieu , portant deux branches de lauriers et au centre : *Lycéc de.....* (le nom de la ville.)

2 *Gilets* en drap bleu, fermés par une seule rangée

de petits boutons dorés ; (même modèle que ceux de la tunique.)

2 *Pantalons* en drap bleu , larges , avec liseré rouge, tombant sur la chaussure ;

3 (Pour les Lycées de Paris seulement) *Pantalons* d'été en étoffe de laine et coton de couleur foncée;

2 *Gilets* d'été en étoffe de laine et coton de couleur foncée ; (Pour Paris seulement.)

5 *Caleçons* ; (Pour Paris, 6 caleçons de siamoise écrue pour l'hiver , 6 caleçons en toile de Flandre pour l'été.)

2 *Képis* brisés en drap bleu , avec galon , liseré et macaron fixe, au centre, en or ;

2 *Paires de draps* de lit en toile de cretonne ou autre toile de fil de même qualité ; (Pour Paris de 16 m. 65 , pour les départements de 14 m.)

12 (Pour les Lycées de Paris) et 10 (Pour ceux des départements) *Serviettes* en toile ;

12 *Chemises* en toile de cretonne, dont six à la taille de l'élève et six plus grandes ;

12 *Mouchoirs* en toile ;

3 *Cols noirs* en crinoline ou en toute autre étoffe noire solide ;

3 *Cravates* en soie noire ;

12 *Paires de bas* de coton bleu mélangé ;

6 (Pour les Lycées de Paris) et 4 (Pour ceux des départements) *Bonnets* de coton doubles ou *serre-tête* en toile ;

3 *Paires* de souliers;

1 *Brosse* à habits ;

1 *Brosse* à peignes ;

2 *Peignes* , l'un en ivoire , l'autre en corne , et un *sac* pour les contenir] ;

Pour les Lycées de Paris seulement...... { 1 *cassette* pour le dortoir.
1 *baraque* pour serrer les livres.

1 *Couvert en argent.*
1 *Gobelet en argent,* } marqués au n°. de l'élève.

Tous les objets ci-dessus doivent être neufs, uniformes, de bonne qualité, de manufactures françaises et marqués au numéro de l'élève. (Arrêt,, 22 septembre 1848. Art. 1er.)

Les pantalons et les gilets d'été sont autorisés dans les Lycées des départements où ces vêtements sont indispensables à raison du climat. Toutefois, la dépense devra être calculée de manière à ne pas excéder celle qui serait faite , si les élèves ne portaient que des gilets et des pantalons de drap. (Circ. , 27 septembre 1848.)

Nota — Les tuniques , pour ne pas être trop chaudes, devront être très légèrement rembourrées sur la poitrine.

Les souliers seront des souliers ordinaires.

Les cravates en soie noire seront portées dans l'intérieur des Lycées les jours ordinaires ; les cols les jours de promenade et de sortie. (Art. 2. Arrêt. , 22 septembre 1848)

Les Proviseurs et les Economes ne pourront en aucun cas , faire pour leur compte particulier la fourniture du trousseau dû par les parents. (Art. 26. Régl. , 1er novembre 1812.)

La marque des effets et première garniture des bas est à la charge des parents. (Arrêt, 14 juin 1825.)

On ne doit s'écarter sous aucun prétexte de ces prescriptions. (Circ., 28 septembre 1848.)

2° *Admission des trousseaux.*

Les Proviseurs refuseront absolument l'admission de tout élève, même porteur de sa nomination, qui ne fournirait pas en entrant, un trousseau exactement composé ainsi qu'il a été désigné. (Art. 23. Règl., 1er novembre 1812.)

Tout Proviseur qui admettra des élèves dont le trousseau n'aura pas été fourni, ni payé au Lycée et dont le trimestre de pension n'aura pas été payé d'avance, sera responsable envers l'établissement de la somme à laquelle s'élèveraient le trousseau et la pension. (Art. 1er. Décis. du 27 mars 1827.)

Il n'y aura d'exception pour les boursiers impériaux que lorsque le Proviseur aura été officiellement informé, que le Ministre a accordé le dégrèvement complet du trousseau et de la partie de pension et des autres frais à la charge de la famille. (Art. 2. Idem.)

Si le Ministre n'accorde le dégrèvement que pour une partie, le Proviseur qui aura admis l'élève sans avoir exigé le paiement préalable de la partie due par la famille, sera responsable de la somme que les parents auraient dû payer pour la pension. (Art. 3. Id.)

Les trousseaux vérifiés et admis sont sous la responsabilité de l'Econome. (Art. 24. Reglem., 1er novembre 1812.)

3° *Trousseaux à rendre.*

Les élèves qui vont en vacances ne doivent emporter que ce qui leur est nécessaire pendant cet espace de temps. (Art. 24. Régl. 1er novembre 1812.)

Lorsque les élèves quittent le Lycée et qu'ils ont acquitté la totalité de ce dont ils pourraient être redevables, ils ont le droit d'emporter leur trousseau, mais seulement dans l'état où il se trouve à cette époque, excepté les draps et les serviettes qui appartiennent à l'infirmerie. (Art. 25. Idem.)

Le trousseau sera rendu au complet, quant au nombre des objets et spécialement des draps et des serviettes à l'élève qui aura été autorisé à passer d'un Lycée dans un autre ; cette remise aura lieu sur l'ordre du Proviseur. (Inst., 8 janvier 1846.)

L'objet ainsi que la date de cet ordre devront être relatés sur l'inventaire du mobilier du Lycée. (Idem.)

Le Proviseur devra en référer au Recteur, dans le cas où la pension de l'élève n'aurait pas été acquittée jusqu'au jour de la sortie. (Idem.)

Uu pensionnaire quelconque qui passe d'un Lycée dans un autre en payant 110 fr. pour indemnité de trousseau (ord. 7 oct. 1831), peut en conséquence obtenir ses draps et ses serviettes de l'Etablissement qu'il quitte en suivant la marche indiquée page 67.

Le Recteur peut autoriser à rendre les draps et les serviettes aux élèves qui sont restés moins de deux ans au Lycée. (Ordon., 18 décembre 1832.)

Justification. — Pour la 2e section, même justification que pour la première.

Remarque. — Dans quelques Lycées, des élèves, pour lesquels on paie le prix de la pension entière, sont habillés par leurs parents auxquels on fait un remboursement en compensation des frais d'habillement. — Ces remboursements doivent être classés au chapitre III, attendu que les crédits ouverts à ce chapitre sont calculés d'après le nombre des élèves qui paient les frais d'habillement, et que les sommes remboursées représentent la dépense que le Lycée fait pour ces élèves. — Pour justifier ces remboursements, on doit produire les mandats de paiement acquittés par les parties prenantes, et un certificat délivré par le Proviseur constatant que la pension de l'élève, pour lequel le remboursement est fait, a été payée en totalité, quoique la famille l'ait habillé à ses frais. (Nom. spéc., 16 décembre 1841.)

Chapitre IV. — Traitements.

Ce chapitre comprend :

1° TRAITEMENTS FIXES, APPOINTEMENTS ET GAGES;

2° TRAITEMENTS ÉVENTUELS,

3° INDEMNITÉS, GRATIFICATIONS, SECOURS, ÉTRENNES.
(Nom. spéc., 29 novembre 1851.)

1° *Traitements fixes, etc.*

Il y a trois classes de *Proviseurs, Censeurs, Aumôniers, Economes*; le traitement fixe de ces fonctionnaires dépend de la classe à laquelle ils appartiennent. (Art. 5. Arrêt., 16 avril 1853.)

Lors de la nomination première, ils sont rangés dans la dernière classe et ne peuvent être promus à une classe supérieure qu'après une année au moins de services dans la classe inférieure. (Art. 5. Idem.)

Le traitement des *Proviseurs, Censeurs, Aumôniers, Economes*, est ainsi fixé :

LYCÉES DE PARIS.
Proviseur, ... 6,000 fr.

Censeur, ... 3,500
Aumônier, . . . 3,500
Econome , ... 3,000

LYCÉES DES DÉPARTEMENTS.

Proviseurs , .
{ 1re classe.....(10.).... 4,000 fr.
2e classe.....(25.).... 3,500
3e classe (nomb. indét.) 3,000 }

Censeur , . .
{ 1re classe.....(10.).... 2,500
2e classe.....(25.).... 2,200
3e classe (nomb. indét.) 2,000 }

Aumôniers , .
{ 1re classe.....(10.).... 2,500
2e classe.....(25.).... 2,200
3e classe (nomb. indét.) 2.000 }

Economes , .
{ 1re classe.....(10.).... 2,000
2e classe.....(25.).... 1,800
3e classe (nomb. indét.) 1,600 }

(Art. 6. Arrêt. , 16 avril 1893.)

Les membres du corps enseignant qui ont obtenu le titre de *Professeur*, à la suite des épreuves de l'agrégation, reçoivent un traitement fixe qui est ainsi réglé :

LYCÉES DE PARIS.
{ 1re classe.....(20.)... 3,000 fr.
2e classe.....(30.)... 2,500
3e classe (nomb. indét.) 2,000 }

LYCÉES DES DÉP^{ts}.
{ 1re classe.....(70.).... 2,000
2e classe.....(120.)...1,800
3e classe.....(150.)...1,700
4e classe (nomb. indét.) 1,600 }

(Art. 8. Arrêt. , 16 avril 1853.)

Si un cours vient à être dédoublé à cause du nombre des élèves, la subdivision est confiée à un fonctionnaire, qui prend le titre de *Professeur adjoint*.

Les Professeurs répétiteurs prennent le même titre.

Les Professeurs-adjoints reçoivent un traitement *fixe* et *unique* qui est :

Pour les Lycées de Paris de . . . . 2,500 fr.

Lycées des Dépts.
- 1re classe. . . . (30.) 1,800
- 2e classe. . . . (40.) 1,600
- 3e classe. . . . (70.) 1,400
- 4e classe (nomb. indét.) 1,200

(Art. 11. Décret, 16 avril 1852.)

Les *chargés de cours*, par suite de vacances, avant d'avoir obtenu le titre de Professeur par les épreuves de l'agrégation, recevront un traitement fixe de 1,200 fr. (Art. 9. Idem.)

Le traitement des *Professeurs de langues vivantes* est fixé ainsi qu'il suit : 1,200 fr.

Les *Surveillants généraux* reçoivent un traitement ainsi fixé :

Surveillants généraux,
- 1re classe . . . (10.) . . 1,800 fr.
- 2e classe. . . (10.) . . 1,600
- 3e classe (n. indét.) 1,400

(Décret, 10 août 1853.)

Les *Maîtres répétiteurs* reçoivent un traitement ainsi fixé :

Maîtres répétiteurs de
- 1re classe . . . . 1,200 fr.
- 2e classe 1,000

Aspirants répétiteurs 700

(Décret, 17 août 1853.)

Par arrêté du 22 décembre 1852, les *premiers Commis d'Économat* des Lycées sont divisés en trois classes, et leur traitement est réglé ainsi :

1re classe. . . . (10.) . . . . . 1,400 fr.

2ᵉ classe....(25.)..... 1,200
3ᵉ classe (nomb. indét.) 1,000

Les *Maîtres de travaux graphiques* reçoivent une indemnité annuelle ainsi répartie :

LYCÉES DE PARIS .... 1,500 fr.

LYCÉES DES DÉPARTEMENTS, { 1ʳᵉ classe, . 1,200 / 2ᵉ classe, . 1,100 / 3ᵉ classe, . 1,000

(Arrêté, 10 septembre 1852.)

Le traitement des *Professeurs de dessin* est fixé de la manière suivante :

LYCÉES DE PARIS, ... 2,500 fr.

LYCÉES DES Dépᵗˢ, { 1ʳᵉ classe....(10.)... 2,000 / 2ᵉ classe....(20.)... 1,800 / 3ᵉ classe (nomb. indét.) 1,500

(Art. 6. Arr., 29 décembre 1853.)

Les traitements des *employés et les gages des domestiques* sont déterminés par le budget annuel.

Les *Maîtres d'Ecriture* sont payés par le Lycée, les *Maîtres de Danse, de Musique, d'Escrime*, sont payés par les parents des élèves sur les fixations qui en sont faites par le Conseil académique. (Art. 55 et 56. Stat., 19 septembre 1809.)

2° *Traitements éventuels.*

Outre le traitement fixe, *les Economes* reçoivent un traitement éventuel qui se compose *du dixième* du prix de la pension payée par chaque pensionnaire et d'un prélèvement égal opéré sur la pension des demi-pensionnaires. (Art. 7. Arrêté, 16 avril 1853.)

Outre le traitement fixe, *les fonctionnaires sui-*

vants, *agrégés ou non*, reçoivent un traitement éventuel distribué par portions égales entre eux, ce sont :

1. Le Censeur des Etudes.
2. Les Professeurs de Mathématiques spéciales.
3. — de Physique.
4. — de Mathématiques pures et appliquées.
5. — de Logique.
6. — d'Histoire.
7. — de Rhétorique.
8. — de Seconde.
9. — de Troisième.
10. — de Quatrième.
11. — de Cinquième.
12. — de Sixième.

13. Une part d'éventuel est réservée aux deux Professeurs de langues vivantes et répartie également entre eux. (Art. 10. Idem.)

A Paris, les prélèvements faits dans les cinq Lycées forment un fonds commun qui est réparti également entre les ayants-droit, suivant les proportions indiquées ci-dessus. (Idem.)

On effectura à l'éventuel : 1° *le dixième* de la pension des pensionnaires libres appartenant aux quatre divisions de l'enseignement classique.

2° Une somme égale *au dixième* de la pension des pensionnaires libres prise sur la pension des demi-pensionnaires.

3° Enfin, *la moitié* des frais d'Études des élèves

externes à partir de la 6e qui suivent les cours du Lycée ou qui sont admis aux conférences, répé titions et examens.

Quand aux pensionnaires libres qui suivront les cours annexes, sauf la part à attribuer comme par le passé au Censeur et à l'Econome, le surplus du prélèvement sera réservé pour accroître les ressources propres à ces cours et réuni aux frais d'Etudes des externes. (Cir., 17 septembre 1853.)

Remarque. — La part du Censeur et celle de l'Econome sont les mêmes que celle qu'ils ont chacun respectivement pour les élèves qui ne suivent pas les cours annexes.

Dans les Lycées où le traitement des Censeurs et des Professeurs sera inférieur à 600 francs, une subvention supplémentaire est allouée sur les fonds de l'Etat ou provisoirement sur les ressources annuelles de l'Etablissement, afin de compléter ce *minimum*. (Art. 10. Arrêté, 14 avril 1850).

Le traitement éventuel spécial auquel les Censeurs ont droit pour les élèves du cours préparatoire est payé en sus de leurs autres émoluments et n'entre, par conséquent, pas en compte pour la formation dn *minimum* d'éventuel. (Circ., 30 juin 1847.)

On doit s'arranger de manière qu'un supplément ne soit jamais demandé au Trésor que pour compléter pendant toute l'année du (31 décembre au 1er janvier), le *minimum* d'éventuel qui est assigné au Censeur et aux Professeurs. (Circ., 6 juin 1851.)

Ainsi, s'il arrivait, pour les premiers trimestres de l'année, qu'au moyen des ressources appliquables à l'éventuel, les sommes à répartir entre les ayants-droit eussent excédé le *minimum*, et que pour les trimestres suivants, il y eut, au contraire, insuffisance, il faudrait déduire du supplément à payer pour ces trimestres, la somme qui aurait excédé le *minimum* pendant les trimestres antérieurs. (Idem.)

(Voir Recettes. S. le Trésor, page 58.)

3° *Indemnités. Gratifications ; Secours.*

Les indemnités annuelles pour suppléances de chaire sont soumises aux retenues prescrites par les règlements au profit de la caisse des retraites. (Circ. 30 octobre 1850.)

Les indemnités accordées aux Professeurs pour conférences aux Maîtres répétiteurs des Lycées, ne seront plus assujetties à la retenue pour les fonds de retraite. (Inst. Minis., 22 décembre 1854.)

Il peut être alloué des indemnités aux fonctionnaires dont le bien du service a exigé le déplacement. (Régl. gén., 11 novembre 1826.)

Ces indemnités ne seront jamais accordées lorsque le fonctionnaire déplacé obtient de l'avancement ou une augmentation de traitement, ni lorsque le fonctionnaire a demandé à passer d'une ville dans une autre. (Idem.)

Le fonctionnaire qui croit avoir droit à une indemnité de déplacement, adresse sa demande au Ministre qui la fait examiner par le Conseil de l'Université. (Idem.)

Si le Conseil accorde l'indemnité, le Ministre la fait ordonnancer dans la même forme que les autres dépenses. La date de la décision du Conseil est re-latée dans l'ordonnance. (Idem.)

Les indemnités une fois payées, pour travaux et services extraordinaires sont accordées par décisions spéciales et motivées du Ministre. (Art. 30. Idem.)

(Pour la gratification de l'Econome, voir Dépenses chapitre VII, 1re section.)

Les secours individuels aux anciens membres de l'Enseignement, à leurs enfants ou à leurs veuves, sont accordés, soit sur états collectifs, soit isolément, par décision du Ministre ; en cas de décès, ils sont payables à leurs héritiers. (Art. 33. Inst., 16 dé-cembre 1841.)

4° Remboursement des retenues faites sur les trai-tements pour absences.

Lorsqu'il y aura lieu à remboursement, un crédit qui devra être classé au chapitre IV, troisième sec-tion, sera ouvert au Proviseur. (Cir., 28 mars 1854.)

5° Traitement des fonctionnaires absents et en congé.

Les fonctionnaires et employés ne peuvent obtenir, chaque année, un congé ou une autorisation d'ab-sence de plus de quinze jours sans subir une retenue. Toutefois, un congé d'un mois sans retenue peut être accordé à ceux qui n'ont joui d'aucun congé et d'aucune autorisation d'absence pendant trois années consécutives. (Art. 16. Décr. du 9 novembre 1853.)

Pour les congés de moins de trois mois, la retenue est de la moitié au moins et des deux tiers au plus du traitement. (Idem.)

Après trois mois de congé consécutifs ou non, l'intégralité du traitement est retenue, et le temps excédant les trois mois n'est pas compté comme service effectif pour la pension de retraite. (Idem.)

Si, pendant l'absence de l'employé, il y a lieu à pourvoir à des frais d'intérim, le montant en sera précompté jusqu'à due concurrence, sur la retenue qu'il doit subir. (Idem.).

La durée du congé avec retenue de la moitié au moins et de deux tiers au plus du traitement, peut être portée à quatre mois pour les fonctionnaires et employés exerçant hors de France, mais en Europe ou en Algérie, et a six mois pour ceux qui sont attachés au service colonial ou aux services diplomatique et consulaire hors d'Europe. (Idem.)

Sont affranchies de toutes retenues les absences ayant pour cause l'accomplissement d'un des devoirs imposés par la loi. (Idem.)

En cas d'absence pour cause de maladie, dûment constatée, le fonctionnaire ou l'employé peut être autorisé à conserver l'intégralité de son traitement pendant un temps qui ne peut excéder trois mois. Pendant les trois mois suivants, il peut obtenir un congé avec la retenue de la moitié au moins et des deux tiers au plus du traitement. (Art. 16. Décr., 9 novembre 1853.)

Le fonctionnaire ou l'employé qui s'est absenté ou qui a dépassé la durée de ses vacances ou de son congé, sans autorisation, peut être privé de son traitement pendant un temps double de celui de son absence irrégulière. (Art. 17. Décret. Idem.)

Une retenue qui ne peut excéder deux mois de traitement peut être infligée, par mesure disciplinaire, dans le cas d'inconduite , de négligence ou de manquement au service. (Idem.)

Les dispositions du présent article ne sont applicables ni aux magistrats , ni aux membres du corps enseignant qui restent soumis aux articles 33 de la loi du 15 mars 1850 (ce sont les Instituteurs primaires) et 3 du décret du 9 mars 1852. (Ce sont les Professeurs qui sont soumis à certaines peines disciplinaires infligées par le Ministre. (Idem.)

Les retenues pour congé, lorsqu'elles devront être exercées , sont liquidées par le Ministre. (Circ. 24 décembre 1853.)

6°. *Traitements au Lycée d'Alger.*

Un traitement unique sera alloué aux Professeurs et fonctionnaires du Lycée d'Alger :

Proviseur, ... 6,000 fr.
Censeur , ... 4,500
Aumônier , ... 3,000
Econome, ... 4,000
Professeurs de 1er ordre, . . 4,000
Professeurs de 2e ordre , . . 3,500
Professeurs de 3e ordre , . . 3,000
Maîtres élémentaires , . . . 1,000
Maîtres d'études , ... 1,000
Maîtres de langues vivantes, 2,000

Les fonctionnaires non pourvus du titre d'agrégé qui seraient provisoirement chargés de remplir l'emploi de Censeur ou d'occuper une chaire au Lycée d'Alger, ne recevront que les deux tiers de ce traitement. (Arrêt. 21 septembre 1848.)

Toutes les dispositions des règlements Universitaires applicables aux Lycées du continent qui ne seraient pas contraires au présent arrêté, continueront d'être observées. (Arrêt. Idem.)

Paiement des traitements, indemnités, secours.

Les traitements fixes sont payables par douzièmes échus à la fin de chaque mois. (Circ., 16 novembre 1849.)

Les traitements éventuels sont payables à la fin de chaque trimestre, ou par fraction s'il y a lieu, pendant les vacances. (Circ., 24 janvier 1850.)

Les indemnités annuelles sont payables par mois ou par trimestre. Lorsqu'il y a décès, les décomptes s'établissent par jour comme pour les traitements. (*Voir plus bas.*) (Art. 29. R., 16 décembre 1841.)

Les indemnités annuelles étant presque toujours la rémunération d'un enseignement qui ne fait pas partie intégrante des obligations imposées à un Professeur par son titre, ne doivent pas être réunies aux traitements, et elles continuent à être inscrites sur des états spéciaux. *Etat n° 1.* (Circ. minist., 14 décembre 1853.)

Les traitements fixes et éventuels, les appointements, gages et salaires, payables par mois ou par trimestres, sont soumis aux règles suivantes :

1° Les mois sont uniformément de 30 jours et les décomptes par jour se font par trentièmes de mois.

Le trente-unième est négligé et les 28 jours de février comptent pour 30.

2° Le traitement des Professeurs, employés et fonctionnaires compte du jour de la prestation du serment ou de l'installation.

Il est dû jusque et y compris le jour de la cessation des fonctions. Le jour du départ ou le jour du décès est admis au décompte.

3° Le fonctionnaire promu à de nouvelles fonctions n'a droit au traitement de son nouvel emploi qu'à partir du jour de son installation.

Il ne peut lui être fait rappel de son traitement précédent pour cause d'interruption, qu'autant qu'il s'est rendu à son poste dans le délai fixé par le Ministre.

Ce rappel n'a lieu qu'en vertu d'une décision spéciale.

4° Le traitement intégral est dû au fonctionnaire chargé d'une mission ou appelé près de l'autorité supérieure.

5° Il n'y a pas interruption de traitement pendant les vacances de Lycées et autres établissements appartenant à l'Université. (Art. 24, Régl., 16 décembre 1842.)

6° Les Professeurs du Lycée qui ont exercé leurs fonctions jusqu'à la fin de l'année classique, ont droit, pendant la durée des vacances, au traitement affecté à leur chaire. (Art. 101. Régl., 1er novembre 1842.)

7° Lorsqu'un congé est accordé, le traitement

pendant la durée du congé est fixé par décision spéciale. (Art. 24. Régl , 13 décembre 1841.)

8° Le traitement est retenu au fonctionnaire qui s'absente sans congé, si l'absence à lieu, pour cause de maladie, le Ministre statue. (Idem.)

9° Les Professeurs qui ne feraient pas de classe, faute d'élèves, ou qui seraient absents avec un congé indéterminé , ne pourront, dans aucun cas, conformément à l'arrêté du 2 avril 1811 , avoir droit à la part qu'il leur reviendrait dans l'éventuel; ce qui aurait dû leur revenir pour cet objet, ne sera pas réparti entre les autres Professeurs, et appartiendra au Lycée. (Inst. gén., 1er novembre 1812.)

10° Dans les Lycées où un Professeur cumulerait deux fonctions, ce Professeur aura droit au traitement fixe le plus élevé , à la moitié du second traitement et , s'il y a lieu , à une part et demie du traitement éventuel. (Circ. , 28 octobre 1853.)

11° Si les fonctionnaires sont transférés dans un Lycée où la rentrée ait lieu plus tôt que dans l'établissement qu'ils quittent, ils ne sont pas payés à partir de leur installation , mais seulement à dater du jour où ils auront cessé de recevoir le traitement de leurs anciennes fonctions; si, au contraire , la rentrée a lieu plus tard , ils auront droit pendant l'espace qui s'écoulera entre les deux rentrées , à une indemnité égale à la partie du traitement fixe dont ils jouissaient. (Circ., 25 janvier 1850.)

12° Les Professeurs ont le droit d'opter pour le traitement le plus élevé, c'est-à-dire entre l'ancien et le nouveau traitement, mais ils reverseront dans la caisse du Lycée auquel ils appartiennent la partie du traitement qu'ils auraient reçue en trop. Ce versement donnera lieu à la délivrance d'une quittance à souche, qui sera représentée au besoin, aux Proviseurs. (Même circulaire.)

Pour éviter toute contestation sur la date du jour où le paiement des Professeurs transférés doit être opéré, les Proviseurs s'informeront auprès de leurs collègues de l'époque à laquelle ces Professeurs ont cessé de recevoir leur traitement. (Même circulaire.)

Messieurs les Receveurs généraux sont autorisés, par le Ministre des Finances, à recevoir des Proviseurs, sur leur demande écrite, toutes les sommes que ceux-ci auront à faire payer aux fonctionnaires des Lycées appelés dans d'autres résidences et à délivrer en échange des mandats exempts de timbre sur les Receveurs des départements où les fonctionnaires ont été transférés. Ces mandats sont adressés aux Proviseurs. (Circ., 10 juin 1835.)

Les demandes de ces mandats devra être faite par écrit, elle ne pourra avoir pour objet que des sommes réellement dues par le Lycée. La demande par écrit se fera au moyen d'un bordereau en double expédition énonçant la quotité de la somme versée et indiquant le Receveur sur lequel le mandat devra être délivré. Le Receveur général, en remettant le mandat, joindra le duplicata du bordereau sur lequel il certifiera la date de la délivrance. (Idem.)

Les Proviseurs devront avoir recours au Receveur dans deux cas :

1° Lorsqu'il s'agira de faire payer des traitements fixes et éventuels à des Professeurs qui n'auraient pu les toucher avant leur changement de résidence.

2° Lorsqu'il y aura lieu au paiement d'augmentation de traitement due à des fonctionnaires transférés.

Dans le premier cas, le duplicata du bordereau constatant la délivrance du mandat servira de pièces justificatives de dépense; on y joindra le reçu du Professeur constatant que le traitement fixe et éventuel à lui dû pour tel mois, lui a été payé sur le mandat du Receveur général de......

Dans le 2° cas, pour assurer la régularité du paiement, le Proviseur du Lycée où le fonctionnaire aura été transféré devra adresser au Ministre, à la fin de chaque trimestre, un certificat constatant que ledit fonctionnaire a été en activité de service pendant telle partie ou la totalité du trimestre, si l'augmentation est payable sur les fonds de l'Université, le Ministre fera payer directement, au moyen d'un mandat délivré par le Préfet, dans le cas contraire, le certificat sera adressé au Proviseur du Lycée auquel le fonctionnaire était primitivement attaché, et, sur le vu de ce certificat, le Proviseur fera la demande et la transmission du mandat destiné au paiement de l'augmentation.

Pour ces sortes de paiements, les pièces justificatives seront : 1° le certificat dont il s'agit ; 2° le duplicata du bordereau constatant la délivrance du mandat; 3° le reçu du Professeur attestant que la somme de....., à lui due pour augmentation de traitement pendant le...... trimestre 185..., lui a été payée par un mandat du Receveur général de.....

Les mandats délivrés par les Receveurs généraux ne seront pas adressés directement aux Professeurs, le Proviseur qui en aura fait la demande, les adressera au Proviseur du Lycée de la nouvelle résidence, qui lui enverra immédiatement en échange le reçu délivré par le Professeur.

On n'exigera pas des Professeurs le remboursement des frais de correspondance, qui seront à la charge des Lycées respectifs. (Circ., 10 juin 1835.)

1° *Traitements fixes.*

Justifications. — Mandats de paiements individuels ou collectifs acquittés par les parties prenantes que ces mandats désignent. Lesdits mandats font connaître : 1° le montant brut de la somme due ; 2° les retenues à exercer pour le fonds de retraite ; 3° le net à payer.

A l'appui des mandats collectifs délivrés au nom de la personne chargée de recevoir pour tous, on doit produire des états émargés, dûment arrêtés par le Proviseur, énonçant : 1° le nom de la personne chargée de recevoir ; 2° les noms et les qualités des fonctionnaires, professeurs, employés et gens de service ; 3° le temps pour lequel les traitements, appointements et gages sont dus ; 4° le montant brut de la somme à payer ; 5° les retenues exercées pour le fonds de retraite ; 6° la somme nette à payer.

Pour les retenues exercées au profit du fonds de retraite, mandat de paiement, accompagné du récépissé du Receveur général ou particulier des finances. (Nom. spéciale, 16 décembre 1841.)

Remarque. — Tout versement en numéraire ou autres valeurs fait aux caisses du caissier central du Trésor public, à Paris, et à celles des Receveurs généraux et particuliers des finances, pour un service public, donnera lieu à la délivrance immédiate d'un récépissé à talon.

Ce récépissé est libératoire et formera titre envers le Trésor public, à la charge, toutefois, par la partie versante, de le faire *viser* et *séparer* du talon, à Paris, immédiatement, et dans les départements, dans les 24 heures de sa date, par les fonctionnaires et agents administratifs chargés de ce contrôle. (Art. 1. Loi, 24 avril 1833.)

Outre le *récépissé*, le Receveur est obligé, pour les retenues, de délivrer un certificat contenant déclaration qu'il a opéré les retenues et s'en est chargé en recettes. (Inst., 24 décembre 1833.)

2° *Traitements éventuels.*

Mandats de paiements individuels ou collectifs acquittés par les parties prenantes que ces mandats désignent.

A l'appui des mandats collectifs, états émargés, dûment arrêtés par le Proviseur, énonçant : 1° le nom de la personne chargée de recevoir pour tous ; 1° les noms et qualités des fonctionnaires et professeurs ; 3° le temps pendant lequel le traitement est dû ; 4° la retenue du 20° ; (Circ. 24 déc. 1853.) — Et 5° la somme à payer. — Décompte trimestriel, certifié par le Proviseur des sommes à répartir à titre d'éventuel des fonctionnaires et professeurs. (Nom. spéc., 16 décemb. 1841)

3° *Indemnités, gratifications, secours.*

Mandats de paiements individuels ou collectifs, acquittés par les parties prenantes que ces mandats désignent.

A l'appui des mandats collectifs, états émargés, dûment arrêtés par le Proviseur, énonçant : 1° le nom de la personne chargée de recevoir pour tous ; 2° l'objet du paiement ; 3° le laps de temps pour lequel il est fait ; 4° les noms et qualités des créanciers, et 5° la somme à payer.

Nota. — Quand un décompte a pour objet une somme qui était due à une personne décédée, et que le mandat est délivré au nom des héritiers, on doit, pour justifier le paiement, produire, outre le mandat acquitté par les parties prenantes, l'acte de décès et les titres d'hérédité (1) (Nom. spéc. (Idem.)

---

(1) La Cour des comptes a reçu comme pièce justificative un certificat du juge-de-paix, faisant connaître tous les ayants-droit à la succession.

Chapitre V. — Frais du service intérieur.

Ce chapitre comprend :

1° CHAUFFAGE ;

2° ECLAIRAGE ;

3° LIVRES CLASSIQUES ;

4° PAPIER, PLUMES, ENCRE, CRAYONS, DESSINS ;

5° IMPRESSIONS ;

6° MÉDICAMENTS ET AUTRES FRAIS D'INFIRMERIE ;

7° RÉPARATIONS LOCATIVES ;

8° ENTRETIEN DU MOBILIER ;

9° MENUS FRAIS ET DÉPENSES ACCIDENTELLES.

1° *Chauffage.*

Cet article comprend :

Bois de chauffage, charbon de terre pour le service de l'établissement et des fonctionaires. (Nom. spéc., 29 novembre 1851.)

La quantité de combustible due aux Proviseurs, Censeurs, Aumôniers, Economes, Surveillants généraux est réglée par le Conseil académique.

La quantité de combustible à fournir aux maîtres, employés et agents inférieurs habitant le Lycée et dont les logements particuliers ne sont pas chauffés au moyen d'un appareil général de chauffage, est fixée à trois stères de bois ou à 12 hectolitres de charbon de terre. (Régl., 22 janvier 1851.)

Justification. — 1° Mandats de paiement acquittés *par duplicata* ; 2° mémoires certifiés, acquittés et visés ; 3° Copies ou extraits des procès verbaux d'adjudication, des marchés ou soumissions, si la fourniture a été faite par suite ou en vertu de semblables actes, *ce que le mandat soit spécifier.* (Nom. spéc. 16 décembre 1841.)

2° *Eclairage.*

Cet article comprend :

Huile à brûler, chandelles, pour le service de l'établissement et des fonctionnaires ; verres à quinquet, mèches. (Nom. spéc., 29 novembre 1851.)

Justification. — Comme pour le chauffage, page 135.

3° *Livres classiques.*

Cet article comprend :

Achat et reliure des livres classiques. (Nom. spéc. 29 novembre 1851.)

Est prescrit l'emploi exclusif des livres autorisés par le Ministre. (Arrêt, 10 septembre 1819.)

Sont défendues les contrefaçons mêmes de livres qui auraient été autorisés par le Ministre, et cela pour tous les établissements d'instruction publique. (Idem.)

Il ne pourra être exigé des parents des élèves, soit boursiers, soit pensionnaires à la charge de leurs parents, aucune somme à titre d'indemnité pour les livres nécessaires, soit aux exercices religieux, soit aux études, hors le cas de perte et de dégradations extraordinaires. (Idem.)

Justification. — Comme pour le chauffage, page 135.

4° *Papier, plumes, encre, crayons, dessins.*

Cet article comprend :

Fourniture de ces divers objets pour le service de

l'établissement et des élèves. (Nom. , 29 novembre 1851.)

La dépense des modèles de dessin appartient à cet article. (Circ. , 13 juin 1854.)

Justification. — Comme pour le chauffage, page 135.

5° *Impressions.*

Cet article comprend :

Fourniture d'impressions pour le service de l'établissement. (Nom., 29 novembre 1851.)

Il ne sera rien imprimé, ni publié pour annoncer les études, la discipline, les conditions de pension, ni sur les exercices des élèves dans les écoles, sans que les divers prospectus et programmes aient été soumis aux Recteurs et aux Conseils académiques et sans en avoir obtenu l'approbation. (Art. 104. Décr., 17 mars 1808.)

Justification. — Comme pour le chauffage, page 135.

6° *Médicaments et autres frais d'infirmerie.*

Cet article comprend :

La fourniture des médicaments et les frais divers pour le service de l'infirmerie. (Nom. , 29 novembre 1851.)

Tous les frais de maladie, ainsi que les consultations reconnus nécessaires par le médecin du Lycée doivent être supportés par l'établissement. (Art. 1er. Arrêt, 19 décembre 1834.)

En aucun cas, le médecin du Lycée ne doit rien exiger pour les consultations quelles qu'elles soient à moins qu'elles n'aient été faites sur la demande expresse des parents qui alors doivent les prendre en charge. (Art. 2 et 3 , idem.)

Il y a dans une des salles de l'infirmerie une pharmacie usuelle , composée et renouvelée d'après délibération du Bureau d'administration , sur la demande du médecin du Lycée et sur le rapport du Proviseur. (Art 63. Statut , 4 septembre 1821.)

Justification.—1° Comme pour le chauffage, page 135.

Nota. —Les mémoires du pharmacien doivent être approuvés par le médecin.

7° *Réparations locatives.*

Cet article comprend :

Menus travaux de maçonnerie, de fumisterie, de serrurerie, de peinture, de vitrerie, raccord du papier de tenture, et autres réparations occasionnées par l'usage des lieux. (Nom., 29 novembre 1851.)

Remarque. — On ne doit point assimiler à des réparations locatives les dépenses à faire pour les changements de distribution intérieure, tels que pose de cloisons, percement de portes ou de fenêtres, ou pour la restauration complète des locaux. Ces dépenses ne pouvant être faites qu'en vertu de crédits spéciaux sont portées au chapitre VI. (Idem.)

Les dépenses auxquelles donnent lieu les dégradations sont comprises dans les frais généraux du service intérieur, article 7 ou 8 selon leur nature. (Circ., 31 décembre 1848.)

Justification. — 1° Mandats de paiement acquittés *par duplicata* ; 2° Mémoires des travaux certifiés par les entrepreneurs, réglés et arrêtés par un architecte, et visés par le Proviseur ; 3° copies ou extraits des procès-verbaux d'adjudication, des marchés ou soumissions, si les marchés ont été faits par suite ou en vertu de semblables actes, *ce que le mandat doit spécifier.* (Nom spéc , 16 décembre 1841)

Remarque. — Les mandats *d'à-compte* sur les travaux non terminés se délivrent sur un état de proposition de l'Architecte ou de l'Econome, selon la nature de la dépense, qui constate le montant des travaux exécutés et détermine l'à-compte qui doit être payé ; dans aucun cas l'à-compte ne peut excéder les *cinq sixièmes* du montant des travaux. Un pareil état de proposition est établi pour les à-compte successifs ; on y indique de plus les à-compte payés antérieurement. (Idem.)

Les états de proposition sont visés par le Proviseur. (Idem.)

Les mandats de paiement délivrés *pour solde* font connaître les à-compte payés antérieurement, la date et le numéro des mandats d'à-compte. — On y joint les mémoires acquittés, réglés, arrêtés et visés, et un dernier état de proposition de paiement constatant la réception définitive des travaux et relatant les à-compte payés antérieurement (Id.)

Lorsque une même dépense donne lieu à la délivrance de plusieurs ordonnances ou mandats *d'à-compte*, la production des marchés ou conventions n'est obligatoire que pour le premier paiement ; à l'égard des à-compte subséquents, il suffit de produire le décompte du service fait et de rappeler les justifications déjà fournies en indiquant le montant des à-compte précédemment payés. (Art. 97. Régl., 16 décembre 1841.)

8° *Entretien du mobilier.*

Cet article comprend :

Réparations des objets mobiliers affectés au service de l'établissement et des élèves. (Nom. spéc., 29 novembre 1851.)

Le Proviseur provoque les achats d'objets mobiliers, les constructions et les réparations à faire sur les fonds du Lycée. Le Conseil académique est consulté. (Ar.. 193. Régl., 16 décembre 1841.)

Les demandes relatives aux achats d'objets mobiliers, aux constructions et aux réparations, accompagnées de notes extimatives des achats et de devis des travaux, sont examinées au Conseil impérial. Les achats, constructions et réparations sont autorisées par le Ministre. (Idem.)

Voir mobilier , 1ʳᵉ partie , page 46 et suivantes.

Justification. — 1ᵒ Mandats de paiement acquittés *par duplicata* , mémoires certifiés , acquittés et visés ; — 2ᵒ copies ou extraits des procès-verbaux d'adjudication , des marchés ou soumissions , si les fournitures ou les travaux ont été faits par suite ou en vertu de semblables actes , *ce que le mandat doit spécifier.* (Nom. spéc. , 16 décembre 1841.)

9ᵒ *Menus frais et dépenses accidentelles.*

Cet article comprend :

Achat de menus ustensiles de ménage ; façon du linge pour le service de la maison ; cirage de la chaussure des élèves ; port de lettres , ballots et colis ; illuminations ; louage de voitures ; bains de rivière et autres pris au dehors ; dépenses pour le service de la chapelle ; menus frais ; frais de procédure et de poursuites. (Nom. spéc. , 29 novembre 1851.)

Justification. — Comme pour le mobilier, page 140.

Remarque. — Si le paiement a pour objet diverses menues dépenses dont l'agent du Lycée chargé du service a fait l'avance , le mandat délivré au nom de l'Econome, circ. , 27 janvier 1844), est accompagné d'un bordereau de dépenses certifié par l'Econome, visé par le Proviseur, et appuyé, autant que possible , des mémoires ou factures des fournisseurs acquittés par eux. (Nom. spéc. , 16 décembre 1841.)

Les frais judiciaires sont justifiés : 1ᵒ par des mandats de paiement acquittés *par duplicata* ; 2ᵒ par des mémoires certifiés , taxés par le Président du Tribunal, acquittés et visés. (Idem.)

Chapitre VI. — Dépenses diverses et extraordinaires.

Ce chapitre comprend :

1° FRAIS RELATIFS A LA DISTRIBUTION DES PRIX.

2° ENTRETIEN DU CABINET DE PHYSIQUE.

3° FRAIS RELATIFS AUX LEÇONS D'ARTS D'AGRÉMENT DONNÉES AU COMPTE DES FAMILLES.

4° SEMAINE DES ÉLÈVES.

5° FRAIS JUDICIAIRES.

6° FRAIS DE TIMBRE.

7° CONTRIBUTIONS.

8° EXPLOITATION DE BIENS RURAUX.

9° TRAVAUX EXTRAORDINAIRES.

10° ACHAT DE LIVRES POUR LA BIBLIOTHÈQUE, D'INSTRUMENTS DE PHYSIQUE, DE PRODUITS CHIMIQUES ET D'OBJETS MOBILIERS.

11° ACHAT DE RENTES SUR L'ÉTAT.

12° ACHAT D'IMMEUBLES.

13° PLACEMENT DE FONDS.

14° ABONNEMENT AU MONITEUR.

15° REMBOURSEMENT DE FRAIS DE PENSION ET AUTRES PAR SUITE DE REMISES.

16° REMBOURSEMENT DE FRAIS DE PENSION ET AUTRES PAR SUITE DE DÉGRÈVEMENTS.

17° ET TOUTES LES AUTRES DÉPENSES QUI NE SONT PAS COMPRISES DANS LES CINQ PREMIERS CHAPITRES ET QUI APPARTIENNENT A L'EXERCICE EN COURS D'EXÉCUTION.

1° *Frais relatifs à la distribution des Prix.*

Cet article comprend :

Achat de livres pour prix, reliure, frais d'installation et de décoration de la salle de distribution des prix, couronnes et guirlandes, garde, musique, et

menus frais relatifs à la distribution des prix.
(Nom. , 29 novembre 1851.)

Justification . — 1° Mandats de paiement acquittés *par duplicata* ; 2° mémoires certifiés , acquittés (réglés et arrêtés par un architecte s'il y a lieu) et visés ; 3° copies ou extraits des procès verbaux d'adjudication , des marchés ou soumissions , si les fournitures ou les travaux ont été faits par suite ou en vertu de semblables actes, *ce que le mandat doit spécifier.* (Nom. spéc. , 16 décembre 1841.)

2° *Entretien du cabinet de physique.*

Cet article comprend :

L'acquisition des substances nécessaires aux manipulations ; les réparations aux instruments ; les menus frais. (Nom. , 19 novembre 1851.)

L'ordonnance du 29 octobre 1846 , sur la vente, l'achat et l'emploi des substances vénéneuses est applicable aux cabinets de chimie des Lycées et autres maisons d'éducation. (Circ. , 23 mars 1847.)

En voici l'extrait :

Les substances vénéneuses doivent toujours être tenues par les commerçants , fabricants , manufacturiers et pharmaciens dans un endroit sûr et fermé à clef. (Art. 11. Ordonn. royale, 29 octobre 1846.)

Les Maires ou Commissaires, assistés, s'il y a lieu, d'un docteur en médecine délégué par le Préfet, s'assureront de l'exécution de la présente ordonnance. (Art. 14. Idem.)

Chaque année , le Conseil académique, sur le rapport du Proviseur, dresse la liste des ouvrages ou des objets qu'il convient de compléter ou de remplacer.

Il statue également , d'après la demande des Professeurs et le rapport du Proviseur, sur les réparations à faire aux instruments et sur les dépenses qu'entraînent les expériences. (Statut, 4 septembre 1821.)

La liste des instruments de physique est donnée, par la circulaire du 27 décembre 1842, celle des instruments et des substances pour la chimie, par la circulaire du 27 janvier 1843.

Ceux des appareils qui seraient détériorés ou mis hors d'usage par suite de la négligence des élèves, devront être réparés ou remplacés aux frais des familles. (Circ., 12 avril 1855.)

Justification. — 1° La même que celle de l'article Ier. (Distribution des prix) ; 2° Mémoires approuvés par le Professeur de physique.

3° *Frais relatifs aux leçons d'arts d'agrément données au compte des familles.*

Cet article comprend :

Les dépenses auxquelles ce service donne lieu. (Nom., 28 novembre 1851.)

Justification. — 1° *Appointements des maîtres.* Mandats de paiement individuels ou collectifs, acquittés par les parties prenantes que ces mandats désignent.

A l'appui des mandats collectifs : états émargés, dûment arrêtés par le Proviseur, énonçant le nom de la personne chargée de recevoir pour tous, les noms et qualités des maîtres et, suivant les cas, ou le taux des appointements et le temps pour lequel ils sont dus, ou le prix d'abonnement, le nombre des leçons et le temps pendant lequel elles ont été données, enfin la somme à payer.

A l'appui des mandats individuels : justifications analogues à celles qui sont exigées pour les paiements faits sur mandats collectifs.

2° *Frais divers*. Mandats de paiement acquittés par duplicata, mémoires certifiés, acquittés et visés. (Nom. spéc., 16 décembre 1841.)

4° *Semaine des élèves.*

Cet article comprend :

Les dépenses auxquelles ce service donne lieu. (Nom., 29 novembre 1851.)

Justification. — États émargés des élèves, joints aux mandats.

5° *Frais judiciaires.*

Cet article comprend :

Les dépenses auxquelles ce service donne lieu. (Nom., 29 novembre 1851.)

Justification. — Mandats de paiement acquittés par duplicata; mémoires certifiés, taxés par le Président du Tribunal acquittés et visés. (Nom. spéc., 16 décemb. 1841.)

6° *Frais de timbre.*

Ce chapitre comprend :

Le prix du timbre des journaux de caisse, des livres à souches, des copies des marchés et des procès-verbaux d'adjudication. (Nom., 29 nov. 1851.)

Justification. — 1° Mandats de paiement acquittés par duplicata, 2° mémoires acquittés, certifiés par le Receveur du timbre et visés par le Proviseur. (Nom. spéc., 16 déc. 1841.)

7° *Contributions.*

Cet article comprend :

Les dépenses auxquelles ce service donne lieu.

L'acquittement des contributions foncières est à la charge des villes. (Circ., 17 février 1841.)

Justification. — Mandats de paiement accompagnés des avertissements du Directeur des contributions directes et des quittances à souche délivrées par les Receveurs (Nom. spéc., 16 décembre 1841.)

8° *Exploitation de biens ruraux.*

Cet article comprend :

Les dépenses auxquelles ce service donne lieu.

Justification. — 1° Mandats de paiement acquittés *par duplicata* ; 2° mémoires certifiés, acquittés (réglés, s'il y a lieu, et arrêtés par un architecte), et visés ; 3° copies ou extraits des procès-verbaux d'adjudications, des marchés ou soumissions , si les fournitures et les travaux ont été faits par suite de semblables actes, *ce que le mandat doit spécifier.* (Nom. spéc , 16 décembre 1841.)

9° *Travaux extraordinaires.*

Cet article comprend :

Les dépenses auxquelles ce service donnera lieu.

Justification — 1° Même justification que pour l'exploitation des biens ruraux ; 2° de plus faire toutes les justifications qui sont prescrites pour les travaux auxquels peuvent donner lieu les réparations locatives et qui sont indiquées au chapitre V , pag. 138. (Nom. spéc. , 16 décembre 1841.)

L'architecte règle et arrête le montant des travaux faits par l'entrepreneur, les honoraires sont de 2 pour cent dont il doit donner quittance , ils sont pris sur les crédits accordés pour les travaux. (Circ. , 26 mars 1829.)

10° *Achat de livres pour la bibliothèque, — d'instruments de physique et de produits chimiques ; — d'objets mobiliers, etc., etc.*

Cet article comprend :

Les dépenses auxquelles ce service donnera lieu.

Les circulaires de 20 octobre 1842 et 29 avril 1843, relatives aux demandes de crédits formées pour les cabinets de physique , les collections scientifiques des Lycées, prescrivent, en ce qui concerne les instruments de physique, l'envoi *en triple expédition*

7.

d'une liste dressée dans la forme déterminée par la 1re de ces deux circulaires. On doit mentionner dans dans une des colonnes de cette liste , le nom et la demeure du fabricant, et dans une autre le n° d'inscription sur les catalogues du fabricant, de l'objet à acquérir , dans la 3e. l'allocation demandée par M. le Proviseur, dans la 4e. celle que le bureau d'administration propose d'accorder , la 5e. colonne est réservée pour les sommes allouées. Ces renseignements sont indispensables pour que les fonctionnaires chargés, à Paris, du choix des objets puissent remplir leur mission. (Circ. , 13 novembre 1850.)

Mais il arrive souvent que MM. les Professeurs de physique , en dressant la liste des instruments, négligent de consulter les catalogues des constructeurs, et qu'ils donnent des indications inexactes sur le prix des instruments dont l'acquisition est proposée. Il résulte que les crédits alloués ne sont pas en rapport avec la dépense à effectuer. Il ne faut pas oublier qu'aucune demande d'instruments ne peut être faite sans qu'un crédit n'ait été préalablement alloué, autrement la dépense resterait à la charge de celui qui l'aurait faite. (Circ. , idem.)

Les listes d'instruments seront soumises à l'examen des Iuspecteurs généraux réunis en comité. Les instruments de physique, les objets d'histoire naturelle et les produits chimiques dont l'acquisition aura été autorisée seront examinés, éprouvés et choisis par ces fonctionnaires. Ils en débattront le prix avec les fournisseurs et viseront les mémoires qui seront joints aux envois. La liste des objets à acquérir leur sera communiquée par les soins de l'administration centrale. Vous veillerez, Monsieur le Recteur, à ce que cette liste, dressée conformément aux instructions précitées (20 octobre 1842) soit transmise au Ministre *en triple expédition.* (Circ., 8 mars 1855.)

Les demandes seront soumises à l'examen du Bureau d'administration, adressées au Ministre, avec la copie de la délibération qui aura été prise. (Idem.)

Les modèles nécessaires à l'enseignement de la mécanique et des sciences pratiques dans les Lycées et surtout ceux qui sont destinés à l'enseignement spécial, pourront être confiés aux écoles d'arts et métiers de Châlons, d'Angers et d'Aix. (Circ., 11 novembre 1850.)

Les demandes relatives aux achats d'objets mobiliers, aux constructions et aux réparations doivent être accompagnées des notes estimatives des achats et des devis des travaux. (Art. 193. Régl., 16 décembre 1841.)

Justification. — Comme pour l'exploitation des biens ruraux, page 145.

Faire en outre, certifier par le Profeseur de physique, au bas des mémoires, la bonne confection des instruments et la bonne qualité des fournitures. (Nom. spéc., 16 décemb. 1841.)

Lorsque des objets sont acquis . soit pour le mobilier , soit pour les bibliothèques ou les collections scientifiques, la prise en charge par l'agent chargé de la conservation de ces objets doit être constatée sur les mémoires ou factures. (Art. 37 Régl. , 16 décembre 1841.)

10° *Achat de rentes sur l'Etat.*

Le Proviseur provoque les acquisitions de rentes d'immeubles à faire sur les fonds du Lycée. Le

Conseil académique est consulté. (Art. 192. Régl., 16 décembre 1841.)

Les placements à la Caisse de dépôts et consignations ne sont que des placements provisoires, lorsque le Proviseur aura reconnu que des dépenses projetées ne doivent pas avoir lieu, ou qu'elles ne pourront s'effectuer qu'après un long ajournement, il proposera d'employer en achats de rentes les sommes mises en réserve. (Circ. , 6 juillet 1842.)

Les demandes ayant pour objet des acquisitions de rentes et d'immeubles, sont examinées par le Conseil de l'Université ; les acquisitions sont autorisées par Ordonnance royale, sur la proposition du Ministre. (Art. 193. Régl. , 16 décembre 1841.)

Justification. — 1° Mandats de paiement accompagnés des bordereaux de l'agent de change , acquittés par lui, constatant le cours auquel l'achat a été effectué, et, s'il y a lieu, des récépissés du Receveur général des finances ; 2° copies, certifiées par le Proviseur. 1° De l'ordonnance qui a autorisé l'achat ; 2° de l'inscription de rentes. (Nom. spéc., 16 décembre 1841.)

11° *Achat d'immeubles.*

Justification. — 1° Mandats de paiement acquittés; 2° copies certifiées par le Proviseur ; 1° de l'ordonnance qui a autorisé l'achat ; 2° de l'acte d'achat, des pièces justificatives de l'accomplissement des formalités de transcription des contrats et de purge des hypothèques et de celles constatant la non existence d'hypothèques de *toute nature*. (Nom. spéc., 16 décembre 1841.)

12° *Placements de fonds.*

Justification. — 1° Mandats de paiement acquittés ; 2° copie certifiée par le Proviseur, de l'ordonnance ou de la décision qui a autorisé le placement. (Nom. spéc., 16 décembre 1841.)

13° *Abonnement au Moniteur.*

Le prix d'abonnement au *Moniteur* sera acquitté par la Caisse de chaque Lycée. (Circ., 6 juillet 1852.)

Justification. — La quittance délivrée par le Receveur des Postes, jointe au mandat, servira de pièce justificative. Les frais de port sont alors portés aux menus frais, chap. V.

14° *Remboursement des frais de pension et autres par suite de remises.*

Justification. — 1° Mandats de paiements acquittés; 2° État certifié par le Proviseur des remises qui ont été accordées, contenant le décompte des sommes à rembourser. (Nom. spéc., 16 décembre 1841.)

(Voir État des remises.—Pièces trimestrielles.)

15° *Remboursement des frais de pension et autres par suite de dégrèvements.*

Justification. — Comme pour les remises, art. 14°.

(Voir état des dégrèvements.—Pièces trimestrielles).

Chapitre VII. — Dépenses sur les exercices clos.

Ce chapitre se divise en deux sections :

1re *Section.*

La 1re *section*, c'est-à-dire celles des droits constatés postérieurement à la clôture de l'exercice précédent, comprend :

1° LE REMBOURSEMENT DES FRAIS DE PENSION ET AUTRES PAR SUITE DE REMISES ;

2° LE REMBOURSEMENT DES FRAIS DE PENSION ET AUTRES PAR SUITE DE DÉGRÈVEMENTS ;

3° TRAITEMENT SUPPLÉMENTAIRE DU PROVISEUR ;

4° GRATIFICATION DE L'ÉCONOME ;

5° INDEMNITÉS.

1° *Remboursement des frais de pension et autres par suite de remise.*

(Voir Etat des remises.—Pièces trimestrielles.)

2° *Remboursement des frais de pension et autres par suite de dégrèvements.*

(Voir Etat des dégrèvements.—Pièces trimestrielles.)

Les dégrèvements ayant pour objet des frais acquittés afférents à des exercices antérieurs sont portés pour être balancés au chapitre VII de la dépense, à la 1re section lorsque les dégrèvements n'ont pas été constatés , et à la 2e s'ils l'ont été avant le 31 mars, fin de l'exercice et le 31 décembre fin de la gestion.

3° *Traitement supplémentaire du Proviseur.*

Indépendamment du traitement fixe , un traitement supplémentaire peut être alloué aux Proviseurs par arrêté ministériel après examin et approbation du compte administratif rendu à la fin de chaque exercice , sans que le traitement puisse jamais excéder la moitié du traitement fixe. (Art. 7. Arrêt, 16 avril 1853.)

4° *Gratification de l'Econome.*

Indépendamment du traitement fixe et du traitement éventuel il pourra être alloué aux Economes une gratification qui , en aucun cas , ne sera supérieure au quart du traitement fixe affecté à leur emploi. (Art. 7. Décret, 16 avril 1853.)

Le traitement supplémentaire du Proviseur et la gratification annuelle que peuvent obtenir les Economes pour bonne gestion, étant un émolument personnel, sont passibles des retenues au profit du Trésor, et seront payés sur des états particuliers. (*Modèle n° 3.*) (Inst., 14 décembre 1853.)

En cas de mutation, le traitement supplémentaire du Proviseur et la gratification annuelle de l'Econome seront toujours considérés comme ayant été accordés à l'agent remplacé et feront partie des émoluments de l'année précédente qui serviront au calcul des retenues du 1^{rr} mois de traitement et du 1er douzième d'augmentation. (Inst., idem.)

Justification.—1re section. Même justification que pour les dépenses analogues comprises dans les 6 premiers chapitres.

2e *Section.*

La **2e** *section* qui comprend les droits constatés antérieurement à la clôture de l'exercice précédent se divise ainsi :

1° DÉPENSES DE NOURRITURE ;

2° BLANCHISSAGE ET RACCOMMODAGE ;

3° HABILLEMENT, TROUSSEAUX ;

4° TRAITEMENTS FIXES, ÉVENTUELS, INDEMNITÉS, etc.;

5° FRAIS DU SERVICE INTÉRIEUR ;

6° DÉPENSES DIVERSES ET EXTRAORDINAIRES.

Justification.—2e *sect.* 1° Comme pour la première section; 2° Expédition des chapitres additionnels de l'exercice auquel les dettes arriérées ont été reportées. Cette expédition reste déposée au Ministère pour être produite à l'appui des comptes de deniers à l'époque où les chapitres additionnels sont définitivement arrêtés. (Nom. spéc., 16 décembre 1841.)

3ᵉ. SECTION.

ORDONNANCEMENT ET PAIEMENT DES DÉPENSES.

Notions générales.

1° *Limites des crédits.* — Les chefs d'établissement d'instruction publique sont tenus, sous leur responsabilité, de se renfermer, quand aux dépenses, dans les limites des réglements et des autorisations qui ont été données par le Ministre. (Art. 6. Régl., 10 décembre 1841.)

Les dépenses à la charge des Lycées ne peuvent être autorisées que sur des crédits ouverts chaque année sur leurs budgets et dans les limites de ces crédits. (Art. 203, 11 novembre 1826.)

Les crédits de chaque article du budget sont spéciaux. (Art. 204, idem.)

Toute dépense qui n'a pas été spécialement autorisée ou qui excède le montant du crédit ouvert d'après l'allocation portée au budget reste à la charge de celui qui l'a ordonnée. Art. 228, idem.)

Les crédits ouverts pour les dépenses d'un exercice ne peuvent être employés aux dépenses d'un autre exercice. Sont seuls considérés comme appartenant à un exercice, les services faits et les droits acquis pendant l'année qui donne sa dénomination audit exercice. (Art. 2. Régl., 16 décembre 1841.)

Les trois mois de la seconde année de l'exercice sont accordés pour payer les dépenses et non pour en faire de nouvelles. (Circ., 3 novembre 1838.)

Tout crédit alloué pour une dépense qui n'a pas été

entreprise dans le courant de l'année est annulé de droit au 31 décembre, et si la dépense a été faite en partie, il n'y a d'annulé que la portion de crédit qui excède le montant de la dépense effectuée. Ces crédits annulés ne peuvent plus être remis à la disposition du Proviseur sans un crédit nouveau accordé dans les formes ordinaires. (Idem.)

Comme les dépenses faites et qu'il reste à payer ont été effectuées en vertu du budget et qu'il ne s'agit plus que de solder les fournisseurs, il n'y a pas lieu de les examiner de nouveau ni de mettre leur paiement en question; l'annulation des crédits n'est donc dans ce cas qu'une affaire de forme et ces dépenses doivent être payées sur le budget de l'exercice courant au moyen d'un simple report à un chapitre spécial et sans nouvelle allocation, mais toutefois en se renfermant dans les limites des crédits primitifs. (Id.)

2° *Limites des paiements.*

Aucun paiement ne pouvant être effectué que pour l'acquittement d'un service *fait*, la constatation des droits des créanciers précède toujours l'émission des ordonnances ou mandats de paiement. (Art. 55. Régl., 16 décembre 1841.)

Cette constatation, établie sous la responsabilité de l'ordonnateur de la dépense, résulte des pièces justificatives par lui dûment arrêtées et annexées à l'ordonnance ou au mandat de paiement, conformément à la nomenclature. (Idem.)

Les Agents-comptables ne peuvent payer les mandats des ordonnateurs secondaires que sur un crédit ouvert et dans les limites de ce crédit dont la destination ne peut être changée. (Art. 343. Régl., 11 novembre 1828.)

Tout mandat payé par un Agent-comptable sans un crédit spécial ouvert sur sa caisse, hors des limites de ce crédit, ou sur un crédit autre que celui qui a été ouvert, est rejeté du compte. (344, idem.)

L'Econome est responsable de toutes les sommes qu'il aurait payées sans un mandat du Proviseur, en sus du mandat, ou sans avoir exigé les pièces justificatives qui doivent être produites par les parties prenantes. (Art. 109. Régl., 16 décembre 1841.)

Les Agents-comptables sont personnellement responsables de tous les paiements qu'ils auraient faits sans exiger les pièces prescrites par les ordonnances et les mandats. Les pièces restent annexées aux quittances des parties prenantes. (346, R. 11 nov. 1828.)

Il ne peut être fait, à moins de décision contraire, aucun paiement aux fournisseurs assujettis à un cautionnement matériel, avant qu'ils aient justifié de la réalisation dudit cautionnement. (Art. 97. Inst., 16 décembre 1841.)

Lorsqu'un Agent-comptable reçoit un mandat sans qu'il ait eu avis d'un crédit spécial ouvert sur sa caisse, il en informe sur le champ le Ministre. (Art. 345, Règl. 11 nov. 1828.)

Toute ordonnance de paiement et tout mandat appuyés de justifications complètes et régulières et qui n'excèdent pas la limite des crédits sur lesquels ils doivent être imputés, sont payables par les agents du Trésor public, sur la quittance de la partie prenante ou de son représentant dûment autorisé dans les délais et dans les départements déterminés par l'ordonnateur sur la lettre d'avis ou sur un mandat. (Art· 108. Régl., 16 décembre 1841.)

Dans certains cas, l'Agent-comptable peut suspendre le paiement d'un mandat (*voir mandat*), alors il est tenu de remettre immédiatement la déclaration écrite et motivée de son refus au porteur de l'ordonnance ou du mandat, il en adresse, sous même date, copie au Ministre. (Art. 347, Règl. 11 nov. 1828.)

Tout Econome qui aurait indûment refusé ou retardé un paiement régulier ou qui n'aurait pas délivré au porteur du mandat la déclaration motivée de son refus, est responsable des dommages qui pourraient en résulter. (Art. 209. Régl.. 16 décemb. 1841.)

Pièces justificatives à produire.

Les pièces à produire sont indiquées pour chaque espèce de dépense à la nomenclature générale dont on trouvera des extraits dans chaque chapitre des dépenses à la fin de chaque article. (Art. 16. Régl., 13 octobre 1829.)

Les mandats, factures et états justificatifs à produire à l'appui des dépenses doivent toujours indiquer la date précise de l'exécution des travaux, fournitures, ouvrages et autres frais et dépenses qu'il s'agit de payer. (Nom., obs. 7, 16 décembre 1841.)

Les factures, mémoires, bordereaux de quinzaine doivent contenir la quantité des objets fournis, le prix de chaque objet, la somme totale par article et enfin le total général. (Circ., 1er décembre 1851.)

Tous mémoires, factures, décomptes, lettres de voitures ou pièces quelconques de comptabilité annexés aux ordonnances ou mandats de paiement et énumérant des quantités en poids et mesures doivent être rejetés, si ces pièces expriment ces quantités autrement qu'en poids et mesures décimaux. (Obs. 20. Régl., 16 décembre 1841.)

Lorsque les mémoires ou factures comprennent le remboursement aux fournisseurs de droits d'octroi dont ils ont fait les avances, de mouvements, congés, voitures, etc., etc. Les quittances constatant l'avance desdits droits doivent être jointes aux mémoires. (Nom. spéc., 16 décembre 1841.)

Les mémoires et factures ne doivent être faits ni par l'Econome, ni par le premier commis, ni par aucune personne attachée au Lycée. Il en est de même du devis de travaux. (Cir., 20 novembre 1850.)

Les mémoires ou factures sont réglés par l'Econome et définitivement arrêtés par le Proviseur qui en autorise le paiement. (Art. 95. Stat., 19 septembre 1809.)

Les entrepreneurs et fournisseurs doivent certifier véritables leurs mémoires ou factures et en exprimer le montant *en toutes lettres*. (Nom., 16 décembre 1841.)

Toutes les pièces justificatives doivent être revêtues du *visa* de l'ordonnateur secondaire qui a délivré le mandat, ou de la personne spécialement déléguée par lui à cet effet. (Obs. 210 Régl., 16 décembre 1841.)

Les pièces justificatives des dépenses sont produites en double expédition. (Art. 57. Régl., 16 décembre 1841.)

L'Econome ne peut admettre, comme pièce justificative, aucune facture, ni aucun mémoire au-dessus de 10 fr. qui ne serait pas sur papier timbré. (Art. 20. Régl., 13 octobre 1829.)

Des mémoires ou factures ne devront plus être produites à l'avenir que pour les fournitures et travaux dont le prix excédera dix fr. (Circ. 26 nov. 1851.)

La liquidation d'une dépense qui n'excède pas dix francs devra être justifiée, soit par un mandat de paiement quittancé dans le corps duquel sera énoncé le détail des objets fournis ou des travaux exécutés, soit par *une quittance* ou récépissé (Voir quittance à pièces soumises au timbre) contenant la même énonciation, dans le cas le mandat de paiement sera quittancé par *duplicata*. (Cir. , Idem.)

Si par suite de l'insuffisance d'un crédit ou d'empêchement quelconque, une dépense ne pouvait être complètement soldée et devait, par conséquent, figurer parmi les restes à payer de l'exercice, toutes les pièces justificatives n'en devraient pas moins être adressées au payeur avant la clôture de l'exercice ; dans ce cas, il serait fait mention de la direction donnée à ces pièces sur l'ordonnance de solde à délivrer ultérieurement au titre des exercices clos. (Art. 109. Régl., 16 décembre 1841.)

En ce qui concerne les créances sur lesquelles il n'a été payé aucun à-compte et qui doivent figurer pour le montant intégral dans les restes à payer, les pièces sont conservées par l'ordonnateur et ne sont produites au payeur qu'avec l'ordonnauce délivrée au titre des exercices clos. (Idem.)

Mandats de paiements.

Aucune dépense faite pour le compte du Lycée ne peut être acquittée par l'Econome que sur un mandat conforme au modèle indiqué (joint au présent réglement), signé par le Proviseur ou en son absence par le fonctionnaire chargé de l'administration de l'établissement. (Art. 11. Régl., 13 octobre 1829.)

Le Proviseur ne peut délivrer de mandats que pour les services faits, les travaux exécutés ou pour les fournitures livrées. (Art. 12, idem.)

Néanmoins il peut délivrer des mandats d'à-compte sur des travaux non encore terminés ou sur des fournitures dont les mémoires ne sont pas encore réglés. (Art. 13, idem.)

Les à-compte ne peuvent dans aucun cas excéder les *cinq sixièmes* du montant des sommes portées dans les devis ou dans les mémoires ou factures non réglés ; ils devront être justifiés par des états de décompte établissant le degré d'avancement des travaux ou les quantités livrées. (Art. 199. Régl., 10 décembre 1841.)

Les mandats de paiement doivent énoncer :

1° Le chapitre et l'article du budget auxquels se rattache la dépense ;

2° La date et le montant du crédit ouvert, soit par le budget, soit par une décision spéciale ;

3ᵉ Ils doivent contenir toutes les énonciations prescrites par la nomenclature. (Nom. spéc. , 16 décembre 1841.)

Les mandats de paiement sont délivrés par article et par partie prenante , soit individuelle , soit collective. (Art. 84. Régl. , 16 décembre 1841.)

Les ordonnances et mandats doivent désigner la partie prenante par son nom , et au besoin par ses prénoms , si sa qualité, qui doit aussi y être indiquée, ne suffisait pas pour constater l'individualité. (Art. 69. Régl. , idem.)

La partie prenante dénommée dans les mandats doit toujours être le créancier réel, c'est-à-dire la personne qui a fait le service, effectué les fournitures, les travaux, etc. , ou qui a le droit direct à la somme à payer. (Art. 18 , obs. Nomen. 1841.)

En cas de décès, le mandat porte seulement l'indication que le paiement doit être fait aux héritiers du créancier ; c'est au payeur que l'on doit justifier des droits à l'hérédité. (Art. 19 , idem.) (Voir la note , page 134).

Le Proviseur est tenu d'y spécifier les pièces justificatives qui doivent être produites par les parties prenantes. (Art. 201. Régl. , 16 décembre 1841.)

Les mandats de paiement doivent contenir dans la quatrième colonne , suivant le mode du marché d'après lequel la dépense a été faite , ainsi qu'il suit :

1° Ou *marché par adjudication publique ;*
2° Ou *marché par adjudication restreinte.*

Au premier mandat délivré on ajoute : ci-joint la copie du marché et du procès-verbal d'adjudication.

Aux mandats suivants on ajoute :

Les copies du marché et du procès-verbal d'adjudication sont annexées au mandat n°.....

3° Ou *marché à l'amiable*;

Au premier mandat on ajoute : ci-joint la copie du marché ; aux mandats suivants on ajoute : la copie du marché est annexée au mandat n°.....

4° Ou *achat de gré à gré*. (Circ. , 1ᵉʳ décembre 1851.)

Les ordonnances et mandats délivrés, soit pour le *paiement intégral*, soit pour *le solde* d'un service fait, doivent être accompagnés des pièces justificatives établissant le droit du créancier conformément à la nomenclature. (Art. 106. Régl., 16 décembre 1841.)

Si quelques-unes de ces pièces ont été produites à l'appui des ordonnances et mandats d'à-compte, il suffit de rappeler cette production dans l'ordonnance ou le mandat pour solde, en ayant soin d'y indiquer les numéros et dates des ordonnances ou mandats auxquels les pièces auront été annexées, afin de faciliter la recherche des documents justificatifs. (Id.)

Les mandats de *premier paiement* de tout entrepreneur ou fournisseur assujetti à un cautionnement matériel, doivent être appuyés d'une déclaration de l'ordonnateur, faisant connaître la date de la réalisation de la garantie exigée et la nature des valeurs qui y ont été affectées. (Régl. , 16 décembre 1841.)

En cas de perte d'un avis d'ordonnance de paiement ou d'un mandat, il en est délivré un *duplicata* sur la demande motivée de la partie intéressée, et d'après l'attestation écrite du payeur, portant que l'ordonnance ou le mandat n'a pas été acquitté, ni par lui, ni sur son visa, ni par un autre comptable. (Art. 77. Idem.)

___

Acquit des parties prenantes.

On doit faire mettre au bas des mémoires ou factures, l'acquit des fournisseurs, et joindre ces mémoires ainsi acquittés à l'appui des mandats de paiement délivrés par le Proviseur et acquittés *par duplicata*. (Arrêt., 26 mai 1837.)

Les créanciers apposent leur acquit au bas du mandat; ils émargent pour quittance l'état qui est joint au mandat, si le mandat est collectif. (Art. 17, Régl., 17 octobre 1829.)

___

Procuration.

Nul ne peut se présenter pour un autre créancier, s'il n'a été préalablement autorisé par procuration sur papier timbré. La signature du créancier, qui donne procuration, doit être certifiée véritable par un Maire, par un Recteur ou par un Proviseur. (Nom. spéc., obs., 16 décembre 1841.)

La procuration doit être jointe au mandat acquitté. (Idem.)

Lorsque la procuration est sous seing privé, elle n'est valable que pour l'année, pendant laquelle elle a été donnée. (Idem.)

Quand plusieurs paiements sont effectués entre les

mains d'un fondé de pouvoir, on doit avoir soin de relater sur le mandat le numéro de celui auquel la procuration est jointe. (Idem.)

Quand la partie prenante ne sait pas signer on effectue le paiement du mandat délivré en son nom en présence de deux témoins, connus de l'Agent comptable, lesquels par leur signature au bas du *pour acquit* apposée sur les mandats et sur les mémoires, certifient que le paiement a été fait. Mais cette faculté doit être restreinte aux paiements de sommes de 150 francs et au-dessous. Il faut un acte notarié pour les sommes excédent 150 fr. (Loi du 18 messidor an II.) L'Econome doit signer avec les témoins. (Idem.)

Les quittances données par acte notarié pouvant être onéreuses pour les fournisseurs et autres créanciers illettrés, ils ont la faculté de se faire représenter par un fondé de pouvoirs qui touche et signe pour eux. (Idem.)

Lorsque le paiement n'a pas lieu par mandat individuel et qu'il est fait à un agent du Lycée sur état collectif émargé, l'émargement pour des sommes de 150 fr. et au-dessous est donné par une croix ou autre marque faite par la partie prenante. Cet émargement est certifié par la signature de l'Agent qui reçoit les sommes et par celle d'un autre témoin. (Id.)

Les sommes dues à des Fonctionnaires et Professeurs qui ont changé de résidence sont payées par l'intermédiaire des Receveurs généraux, lorsque les parties intéressées n'ont pas donné pouvoir à un mandataire de recevoir pour elles : les justifications auxquelles ces paiements donnent lieu, sont faites conformément aux instructions contenues dans la circulaire du 10 juin 1835. (Idem) *Voir pages 131 et suivantes.*

Lorsque les fournisseurs qui ne résident pas dans la ville où se trouve le Lycée, tirent des traites sur l'Econome, pour se rembourser du montant des fournitures, les mandats de paiements doivent être accompagnés des mémoires (réglés s'il y a lieu) et visés, et des traites acquittées, si les paiements ont lieu par l'intermédiaire du Receveur des finances, on joint aux mandats les mémoires acquittés et les récépissés des Receveurs. (Nom. spéc., 16 décembre 1841.)

Prise en charge.

Les mémoires ou factures doivent être revêtus d'un certificat de prise en charge signé par l'Econome, et conçu ainsi qu'il suit :

Je certifie que les objets ci-dessus désignés ont été portés (*pour les objets de consommation*) sur le livre de magasin ; (*pour les objets mobiliers*) sur l'inventaire ; (*pour les livres et objets appartenant aux collections scientifiques*) sur les catalogues et je déclare les avoir pris en charge.

A   , le   18   .

L'Econome,

Suspension des paiements.

Le paiement d'un mandat est suspendu par l'Econome :

1° S'il n'a pas été délivré en vertu d'un crédit régulièrement ouvert ou s'il excède le crédit ;

2° S'il y a omission ou irrégularité matérielle dans les pièces justificatives à produire par les parties prenantes et qui sont déterminées par la nomenclature.

3° S'il y a eu opposition, dûment signifiée, contre le paiement réclamé, entre les mains du comptable. (*Voir saisies-arrêts*, page 165.)

Il y a irrégularité matérielle toutes les fois que la somme portée dans l'ordonnance ou dans le mandat n'est pas d'accord avec celle qui résulte des pièces justificatives y annexées ou lorsque ces pièces ne sont pas conformes aux réglements et instructions. (Art. 120. Idem.)

Tout avis d'ordonnance de paiement, tout mandat ou pièce de dépense, présentant dans leur partie manuscrite des ratures ou surcharges non approuvées, doivent être refusées par le payeur et ne peuvent donner lieu à paiement qu'après régularisation par la signature. (Obs. 16. Régl. gén., idem.)

Tout refus, tout retard doit être motivé dans une déclaration immédiatement délivrée par l'Econome au porteur du mandat, lequel en réfère au Proviseur qui avise aux mesures à prendre ou à provoquer. (Art. 202. Régl., 16 décembre 1841.)

Si malgré, la déclaration motivée de l'Agent-comptable, le Ministre ou l'ordonnateur secondaire requiert, par écrit, sous sa responsabilité, qu'il soit passé outre au paiement, le payeur y procède sans délai et en rend compte au Ministre. (Art. 120. Idem.)

Les ordonnateurs secondaires rendent compte immédiatement au Ministre des circonstances et des motifs qui ont nécessité de leur part l'application d'une pareille mesure. (Idem.)

Les Economes qui auraient indûment refusé ou retardé un paiement régulier ou qui n'auraient pas délivré au porteur du mandat la déclaration motivée de son refus sont responsables des dommages qui pourraient en résulter. (Art. 209. Régl. , 16 décembre 1841.)

Saisies - arrêts.

Toutes les saisies-arrêts ou oppositions sur des sommes dues par l'Etat, toute signification de cession ou transport desdites sommes et toutes autres, ayant pour objet d'en arrêter le paiement , doivent être faites entre les mains des payeurs , Agents et préposés sur la caisse desquels les ordonnances ou mandats sont délivrés. (Art. 110. Régl. , 16 décembre 1841.)

Néanmoins , à Paris, et pour tous les paiements à effectuer à une caisse du payeur central du Trésor public , elles sont exclusivement faites entre les mains du conservateur des oppositions au Ministère des Finances. (Idem.)

Sont considérées comme nulles et non avenues , toutes oppositions ou significations faites à toutes autres personnes que celles ci-dessus indiquées. (Id.)

Les saisies-arrêts doivent être formées au Ministère des Finances , bureau des oppositions , pour les dépenses payables directement par le Trésor et entre les mains des payeurs pour toutes les dépenses payables dans les départements en vertu d'ordonnances de délégation. (Circ. , 19 janvier 1835.)

Les dispositions relatives aux saisies-arrêts s'appliquent aux significations de jugements de validité ou de main-levée , de transport et de délégation. (Idem.)

Les Economes des Lycées recevront les saisies qui pourront être faites des sommes dues , soit aux fonctionnaires , professeurs et employés du Lycée , soit aux fournisseurs de ces établissements. (Idem.)

Les saisies-arrêts , oppositions ou significations n'ont d'effet que pendant cinq années, à compter de leur date, si elles n'ont pas été renouvelées dans ledit délai , quels que soient d'ailleurs les actes , traités ou jugements intervenus sur lesdites oppositions ou significations. (Art. 113. Régl. , 16 décembre 1841.)

En conséquence , elles sont rayées d'office des registres dans lesquels elles auraient été inscrites et ne sont pas comprises dans les certificats prescrits par l'art. 14 de la loi du 10 février 1792, et les art. 7 et 8 du décret du 8 août 1807. (Idem.)

Les dispositions de l'article précédent sont applicables aux saisies-arrêts , oppositions et autres actes ayant pour but d'arrêter le paiement des sommes versées, à quel titre que ce soit, à la caisse des dépôts et consignations et à celles de ses préposés. (Art. 114. Régl. , 16 décembre 1841.)

Toutefois le délai de cinq ans fixé pour le renouvellement , ne court pour les oppositions et significations faites ailleurs qu'à la caisse des dépôts et consignations ou de celle de ses préposés, que du jour du dépôt des sommes grevées desdites oppositions et significations. (Art. 11. Loi du 18 juillet 1837.)

Saisies-arrêts sur les sommes dues aux entrepreneurs.

Lorsqu'il a été mis opposition entre les mains du payeur ou paiement de sommes dues à un entrepreneur, si le cahier des charges ou le marché stipule qu'en cas d'opposition les sommes à payer seront versées à la caisse des dépôts et consignations, le versement s'effectue immédiatement au moyen de mandats au nom du Receveur général. (Décision du Minist. des Finances, 12 août 1839.)

Mais, si le cahier des charges ou le marché ne prévoit pas le cas de l'existence d'oppositions, ou s'il n'y a eu ni marché, ni cahier des charges, le versement ne peut être effectué qu'après avoir été ordonné par justice, d'après la demande portée devant les tribunaux par les créanciers ou par l'entrepreneur. Les mandats sont, dans ce cas, délivrés sur le payeur, au nom de l'entrepreneur et le payeur qui a des oppositions entre les mains, conserve les sommes mandatées jusqu'à ce que le dépôt en ait été autorisé par justice. (Idem.) (Art. 111. Régl., 16 décembre 1841.)

Les saisies-arrêts ou oppositions formées au paiement des sommes dues aux entrepreneurs de travaux publics, ne peuvent empêcher l'acquittement des à-compte successivement ordonnancés ou mandatés au profit desdits entrepreneurs , que lorsque les créances des saisissants proviennent du salaire des ouvriers employés par lesdits entrepreneurs, ou de la fourniture des matériaux et autres objets servant à la confection des ouvrages. (Déc., 28 pluviose an XI.)

Les autres saisies-arrêts et oppositions faites à la requête des créanciers particuliers des entrepreneurs, quand bien même elles auraient été régulièrement validées , demeurent nulles et non avenues en ce qui touche le paiement des à-compte ; elles ne peuvent recevoir leur effet que sur les sommes qui restent dues aux entrepreneurs, après la réception de l'ouvrage. On suit les mêmes règles pour les oppositions formées contre les entrepreneurs, au cas où les mandats se trouveraient délivrés au nom des Régisseurs institués pour le compte de ces entrepreneurs. (Art. 112. Régl., 16 décembre 1841.)

Saisies-arrêts sur les traitements.

Les traitements des fonctionnaires et employés civils sont saisissables jusqu'à concurrence d'un *cinquième* sur les premiers 4,000 francs et toutes sommes au-dessous, d'un *quart* sur les 5,000 francs suivants et d'un *tiers* sur la portion excédant 6,000 francs à quelque somme qu'elle s'élève. Les indemnités et gratifications pour travaux extraordinaires, sont saisissables dans les mêmes proportions. (Déc., 24 ventôse an IX.)

La portion saisissable des appointements ou traitements civils , arrêtée par des saisies-arrêts ou oppositions entre les mains des payeurs ou préposés sur la caisse desquels les ordonnances ou mandats ont été délivrés , est versée *d'office* et à la *fin de chaque mois* , par lesdits payeurs , agents ou préposés , à la caisse des dépôts et consignations. (Art. Ier. Ord. , 16 septembre 1837 et art. 116. Règl. 16 décembre 1841.)

Le dépôt de toutes les autres sommes frappées de saisies-arrêts ou d'oppositions ne peut être effectué à la caisse des dépôts et consignations qu'autant qu'il a été autorisé par la loi , par justice ou par un acte passé entre l'administration et les créanciers. (Idem.)

Ces dépôts libèrent entièrement le Trésor de même que si le paiement avait été fait entre les mains des ayants-droit. (Idem.)

Les dépôts effectués en exécution des deux paragraphes de l'article précédent devant toujours être accompagnés d'un extrait des oppositions et significations existantes , lesquelles passent à la caisse des dépôts et consignations avec les sommes saisies , le renouvellement prescrit par l'article 11 , loi du 18 juillet 1837 , doit être fait entre les mains du préposé de ladite caisse chargé de recevoir et de viser les oppositions et significations. (Art. 2. Ord. , 16 septembre 1837 et art. 117. Régl., 16 décembre 1841.)

Ce renouvellement doit également être fait entre les mains des payeurs, agents ou préposés du Trésor public , lorsque lesdites oppositions et significations continuent à subsister entre leurs mains , à raison des paiements à effectuer ultérieurement pour le

8.

compte de l'Etat. (Art. 3. Même Ordon. et art 117, même Régl.)

Les secours ne sont saisissables en aucun cas. (Art. 28. Loi, 11 avril 1831 et art. 118. Régl., 16 décembre 1841.)

Les pensions de retraite sont incessibles et insaisissables, excepté dans les cas prévus par les articles 203, 205, 214 du Code civil. (Art. 119. Régl., 16 décembre 1841.)

3e SECTION.

TIMBRE ET ENREGISTREMENT.

Nota. — Bien que les règlements qui suivent sur le timbre et l'enregistrement n'émanent pas tous du Ministre de l'Instruction publique, nous avons cru cependant qu'il n'était pas inutile de les publier ; ils pourront au besoin servir de guide pour certains cas non prévus et indiquer jusqu'où peuvent aller les exigences des Inspecteurs de l'enregistrement et des domaines.

Principes généraux.

1o *Timbre.* — Le droit de timbre d'un mandat de paiement ne devient pas exigible dans le cas où les factures et mémoires sur papier timbré, rapportés à l'appui des mandats, sont revêtus de la quittance des fournisseurs et marchands. Cette disposition est motivée sur ce que cette première quittance est le titre de libération et que la seconde portée sur les mandats ne peut être considérée que comme un objet d'ordre et de pure forme. (Inst. générales, nos 1273, 1307 et 1391 de l'Administration de l'enregistrement.)

Lorsqu'il est délivré plusieurs mandats excédant 10 francs chacun, pour le paiement d'une seule créance, chacun des acquits portés sur ces mandats est sujet au timbre. (Solution, 30 novembre 1822.)

L'assujettissement au timbre existe pour les quittances *au-dessous* de 10 francs, s'il s'agit d'un à-compte à une somme supérieure. — Les quittances de traitement jusqu'à concurrence de 300 francs sont exemptes du timbre. (Inst. 371 et 454.) *Voir pièces non soumises au timbre*, page 182.

Lorsqu'une fourniture ne s'élève pas au-dessus de 10 francs, on peut se dispenser d'exiger une facture; dans ce cas, le détail des objets fournis et leur prix doivent être énoncés dans le corps du mandat. La quittance à donner, au pied du mandat, est elle-même exempte du timbre. (Déc. du Ministre des Finances, 2 mai 1851.)

Ce n'est pas le mandat qui est soumis au timbre, mais bien la quittance apposée à la suite par la partie prenante et qui peut être également donnée sur une feuille de papier timbré. (Inst. 1454, 239, 1286, 1425 § 10.)

L'empreinte du timbre ne peut être couverte d'écriture ni altérée, sous peine d'amende de 5 fr. 50 c. (Loi, 16 juin 1824, art. 10.) Il est également défendu d'employer du papier frappé d'un timbre hors d'usage.

Le timbre des quittances fournies à l'Etat ou délivrées en son nom est à la charge des particuliers qui les donnent ou les reçoivent ; il en est de même des autres actes entre l'Etat et les citoyens. (Art. 29. Loi, 13 brumaire an VII.)

2° *Enregistrement*. — Les délais pour faire enregistrer les actes publics sont de *vingt jours* pour les actes d'Administrations publiques. (Art. 20. Loi du 22 frimaire an VII.)

Il sera fait mention, dans toutes les expéditions des actes qui doivent être enregistrés sur la minute, de la quittance des droits, par une transcription littérale et entière de cette quittance. Chaque contravention sera punie de 45 francs d'amende. (Art. 46. Loi du 22 frimaire an VII).

Sont assujettis à l'enregistrement sur la minute :

1°. Les actes des autorités administratives et des établissements publics portant transmission de propriété, d'usufruit ou de jouissance ;

2°. Les adjudications ou marchés de toute nature, aux enchères, au rabais ou sur soumissions ;

3°. Les cautionnements relatifs à ces actes. (Art. 78. Loi. 15 mai 1818.)

3°. *Amendes*.— Les amendes pour contraventions aux lois du timbre et de l'enregistrement sont fixes ou proportionnelles, savoir :

1° De 5 francs pour chaque mémoire ou quittance sur papier libre. (Art. 12. Loi, 13 brumaire an VII);

2° De 5 francs pour chaque pièce sur timbre dont l'empreinte noire ou sèche est couverte d'écriture. (Art. 21. Idem);

3° De 10 francs pour chaque copie ou expédition

délivrée sur papier d'une dimension inférieure à celle prescrite (Art. 19. Idem);

4° De 20 francs pour chaque pièce délivrée sur papier libre par les autorités administratives et les fonctionnaires publics. (Art. 26. Idem);

5° D'une somme égale au montant du droit d'enregistrement pour tout acte qui, devant être enregistré, ne l'aura pas été dans le délai fixé. (Art. 35 et 36. Idem);

6° De 10 fr. pour toute copie ou expédition d'un acte soumis à l'enregistrement, sur la minute ou l'original, délivrée avant que cet acte ait été enregistré, quand même le délai pour l'enregistrement ne serait pas encore expiré. (Art. 41. Idem);

7° De 10 francs pour tout acte fait en conséquence d'un autre acte soumis à l'enregistrement, avant que ce dernier n'ait été enregistré. (Art. 41. Idem.)

Pièces soumises au timbre.

1° *Minutes*.

Les minutes des actes administratifs portant transmission de propriété, d'usufruit ou de jouissance; les adjudications ou marchés aux enchères, au rabais ou sur soumissions et les cautionnements relatifs à ces actes, c'est-à-dire tous les actes, même les délibérations, dans lesquels des tiers concourent avec les communes ou établissements publics; en d'autres termes, les minutes de tous les actes que font les communes et les établissements publics dans leur intérêt propre pour l'Administration de leurs biens et affaires ; tous les actes de l'espèce sont en outre sujets à l'enregistrement dans les délais ordinaires. (Loi , 15 mai 1818. Art. 78; Inst. de l'Administ. de l'Enreg. 454, 1210 § 14 , 1205 § 15.)

On observe au surplus que les minutes des actes administratifs doivent toujours être déposées dans les archives des établissements , parce que ces pièces forment les titres de l'Administration , qu'elle peut en cas de contestation être obligée de les reproduire, et que d'ailleurs ces minutes doivent être représentées aux Inspecteurs et Vérificateurs des domaines ; que, dès lors, c'est à tort que ces minutes sont quelquefois produites comme pièces de comptabilité.

2° *Pièces en général.*

L'article 12 de la loi du 13 brumaire an VII, qui assujettit au timbre tous actes et écritures, extraits, copies et expéditions , soit publics , soit privés, pouvant ou devant faire titre , justification , s'applique rigoureusement aux pièces (de toute nature) qui constatent le droit au paiement , mais non à celles qui ne sont jointes aux ordonnances de solde que pour l'ordre de la comptabilité et dans le but de faciliter la vérification de la Cour des Comptes. (Inst. 1273. Journal de l'Enregist. 12454 et 12485.)

Cependant, les copies ou extraits des actes, arrêtés, décisions, délibérations, *qui ne feraient pas mention de cette destination*, seraient sujets au timbre, quoiqu'ils ne fussent annexés aux ordonnances ou mandats de paiements que pour l'ordre de la comptabilité

et dans le but de compléter les justifications nécessaires aux vérifications de la Cour des Comptes.
(Inst. 1391.)

3° *Expéditions.*

Les expéditions ou extraits de procès-verbaux
d'adjudications , marchés , soumissions généralement quelconques , ayant pour objet des constructions, réparations, entretien, approvisionnements
et fournitures, et que les comptables doivent exiger
lors des paiements. La formalité du timbre est exigible également lorsque la soumission est inscrite à la
suite d'un cahier des charges ou simple projet. Dans
ce cas, ce cahier , formant titre, doit être timbré à
l'extraordinaire ou visé pour timbre. (Inst. 1391.)

Les comptables doivent même exiger les expéditions et extraits desdits actes lors des paiements d'à-
compte. Ils ne peuvent, dès lors , se contenter de
feuilles sur papier libre. (Journal de l'Enregist. Art.
11812 § 2.)

Les expéditions et extraits doivent être sur feuilles
entières. (Inst. gén., 1601, § 21.)

4° *Mandats.*

Ce n'est pas le mandat qui est soumis au timbre,
mais bien la quittance apposée *à la suite de la partie
prenante* et qui peut être également donnée sur une
feuille de papier timbré. (Inst. 454, 1239, 1286,
1425 § 10.)

Ainsi , les mandats et ordonnances de paiement
doivent être soumis au timbre extraordinaire , ou au

visa pour timbre par les créanciers, avant le paiement ou l'acquit. (Inst. 1307 § 14, 1391, 1398 § 5.)

Le droit de timbre des mandats est fixé à 0,35 centimes, quelle que soit la dimension du papier ; mais si la quittance est donnée séparément sur papier timbré, ou si les mémoires ou factures sur papier timbré, rapportés à l'appui des mandats de paiement, sont revêtus de la quittance des créanciers, il n'est point dû de droit de timbre pour la seconde quittance apposée sur ces mandats. (Inst. 1239, 1286, 1307 § 14.)

5° *Facture, mémoire, quittance.*

Les factures ou mémoires (*quel qu'en soit le chiffre*), des marchands, fabricants, ouvriers, fournisseurs, entrepreneurs et créanciers, à différents titres, sans exception, pour les travaux par régie en économie, et lors même que les mandats *quittancés*, auxquels ils sont joints, sont *sur papier timbré*. (Inst. 1236 § 11, 1239 § 4, 1391 § 4, et Journal 10612.)

Lorsque la dépense n'excède pas 10 francs, les créanciers peuvent être dispensés de produire une facture ou un mémoire timbré à l'appui des mandats ; mais, dans ce cas, le détail des fournitures doit être énoncé dans le corps des mandats ; à défaut de quoi le Receveur est obligé d'exiger une facture ou un mémoire timbré. (Inst. 1481 § 17 et 1273.)

Le droit de timbre des factures ou mémoires se compte selon la dimension du papier. (Inst. 1239, 1286, 1307, 314.)

Les mémoires, factures et marchés ne peuvent être visés pour timbre et doivent être écrits sur papier timbré. (Inst. génér., 1180 § 9.)

Les articles 12 et 16 de la loi du 13 brumaire an VII, établissent une différence entre le mémoire ou facture qu'elle assujettit au timbre, *dans tous les cas*, et la quittance, qu'elle affranchit de cette formalité lorsque la créance n'excède pas la somme de 10 francs, quand il ne s'agit pas d'un à-compte ou d'une quittance finale sur une somme plus forte. (Circ., 8 septembre 1851.)

La *facture* est un écrit qui énonce la nature, les quantité, qualité et prix des marchandises vendues, déposées ou expédiées. (Cir. idem.)

Aux termes de l'article 109 du Code de commerce, la *facture acceptée* a le caractère d'un acte de vente. Acceptée ou non, la facture est un écrit, sinon un acte, destiné à faire titre ou à être produit pour obligation, demande ou défense. Comme telle, la facture rentre incontestablement dans les dispositions de l'article 12 de la loi du 13 brumaire an VII. (Idem.)

La *quittance* est l'acte qui constate le paiement d'une somme ou l'extinction d'une obligation. (Art. 1235, Code civil.)

Il y a donc entre la *facture* et la *quittance* cette différence essentielle et caractéristique, que l'une est destinée à créer l'obligation et l'autre à l'éteindre. (Circ. 8 septembre 1851.)

La loi qui affranchit du timbre les quittances de sommes qui n'excèdent pas 10 francs, crée une exception nominative *et on ne peut pas étendre à la facture une disposition légale qui concerne expressément la quittance.* (Idem.)

Sont soumises au timbre les quittances pour créances de sommes excédant 10 francs et même celles de sommes inférieures à 10 francs, s'il s'agit d'un à-compte ou d'une quittance finale sur une somme plus forte, c'est-à-dire sur une plus forte dépense non exemptée du timbre. (Loi, 13 brumaire an VII. Art. 16. Inst. 1391, 1388 § 11.)

Il peut être donné plusieurs quittances sur une même feuille de papier timbré, pour à-compte d'une seule et même créance ou d'un seul terme de fermage ou loyer. (Art. 23. Loi, 13 brumaire an VII.)

Sont soumises au timbre les quittances d'une somme excédant 10 francs et formant la réunion de plusieurs droits au-dessous de 10 francs chacun. (Journal 12127.)

Les quittances sujettes au timbre peuvent être placées sur les mandats et ordonnances de paiement délivrés sur papier timbré. (Inst. 454.)

Sont soumises au timbre, les quittances délivrées par le Receveur des communes ou des établissements publics, des subventions ou secours accordés, soit sur les fonds du Trésor, soit sur ceux des départements, quelle qu'en soit la destination, ainsi que les quittances données auxdits Receveurs et destinées à justifier de l'emploi de ces subventions ou secours, à moins qu'elles ne rentrent dans les exceptions. Il en est de même des mandats délivrés pour subventions. (Inst. 1391, 1551, § 6 et 1511, § 62.)

Les formules imprimées qui servent à la rédaction des mémoires et factures des marchands et fournisseurs doivent être timbrées à l'extraordinaire ou visées pour timbre avant qu'il en soit fait usage. (Inst. 1286, 1307, § 14 et 1391.)

6° *Affiches.*

Sont soumises au timbre, les affiches imprimées, lithographiées ou à la brosse, quoique non signées, apposées dans l'intérêt des communes et des établissements publics, pour annoncer des adjudications aux enchères ou au rabais, etc., etc. (Inst. 127, 1202, § 15, 1374. Décision ministérielle, 24 novembre 1826.)

La défense faite de l'emploi du papier blanc pour affiches concernant les particuliers est absolue. (Art. 65. Loi, 21 avril 1816.)

7° *Devis, détails estimatifs, certificats de travaux, cahier des charges.*

Les devis d'ouvrages et entreprises, et rapports rédigés dans l'intérêt des communes et établissements publics, et des particuliers par des hommes de l'art et dûment approuvés. (Inst. 1391, 1187. § 2 et 15. Décision minist., 25 octobre 1822 et 5 septembre 1827.)

Les détails estimatifs établis et signés par un entrepreneur pour être annexés à un devis; mais si le détail estimatif est indépendant du devis, il est exempt du timbre. (Inst. 1391.)

Les certificats de situation, d'avancement, d'achèvement ou de réception d'ouvrages, fournitures ou travaux d'art, délivrés par d'autres personnes que celles préposées à la surveillance des dépenses. (Décl. ministérielle, 5 novembre 1836. Solution, 19 juillet 1842. Journal 12051.)

La minute du cahier des charges rédigé par l'autorité administrative et relatif à une adjudication quelconque, est exempte du timbre ; mais la copie qui doit être annexée à la minute du contract est assujettie à cette formalité. Au surplus ce cahier des charges est exempt de l'enregistrement. (Inst. 1401, § 10.)

La minute du cahier des charges n'est assujettie au timbre que si elle est placée en tête du procès-verbal d'adjudication. (Solution, 30 août 1833.)

8° *Effets à vue, etc.*

Les mandats ou effets à vue, à échéance, au porteur, ou à ordre, quel qu'en soit le montant. (Timbre proportionnel. Loi du 5 juin 1850. Art. 1.)

9° *Etats de journées d'ouvriers.*

Les contrôles ou états de journées d'ouvriers faits par les entrepreneurs et régisseurs. (Inst. 1391.)

10° *Procurations.*

Les procurations délivrées pour accepter, recevoir ou quittancer. (Idem.)

11° *Lettres de voiture.*

Les lettres de voiture. (Déc., 3 janvier 1809. Inst. 326, 419, 1260, § 1.)

12° *Registres.*

Les registres de quittances de sommes excédant dix francs ou de sommes inférieures pour paiement à-compte ou final sur une somme plus forte. (Inst. 1388, § 11.)

Les registres de recettes et de dépenses, mémoires, quittances, au-dessus de dix francs. (Inst. 953, 1197, § 16 , 1239, 1388, § 11, 1907. Loi du 18 octobre 1837.)

13° *Mercuriales.*

Les extraits de mercuriales délivrés par les Maires à des fournisseurs des communes et des établissements publics, pour être produits à l'appui de leurs mémoires , sont assujettis au timbre de dimension si ce sont des certificats et de 1,25 si ce sont des expéditions. (Art. 12. Loi du 13 brumaire an VII.)

14° *Plans , devis.*

Le 8 juin 1852, le Ministre des Finances a décidé que les plans et devis relatifs aux travaux des communes et des établissements publics pourront n'être présentés au timbre extraordinaire ou au visa pour timbre qu'après l'approbation de l'autorité compétente; sauf toutefois le paiement de l'amende encourue s'il était procédé à l'adjudication des travaux avant que les plans et devis approuvés eussent acquitté les droits dus au Trésor. (Inst. g^le. , n° 1929, § 7.)

15° *Récépissés à talon.*

Délivrés aux déposants par la caisse des dépôts et consignations ; ils sont timbrés à l'extraordinaire ou visés pour timbre. (Décis. du Ministre des Finances, 23 septembre 1851.)

16° *Certificats.*

Constatant le prix du pain sont soumis au timbre. (Décision, 4 juin 1850.)

17° *Traitements.*

Les quittances de traitements et suppléments de traitements de toutes les personnes attachées aux communes ou aux établissements publics, lorsque les sommes payées à ce titre par les communes ou les établissements excèdent trois cents francs par an. (Inst. 454.)

Pièces non soumises au timbre.

Les minutes de tous les actes, arrêtés, décisions et délibérations de l'administration publique en général, et de tous établissements publics dans tous les cas où aucun de ces actes n'est sujet à l'enregistrement sur la minute, et les extraits, copies et expéditions qui s'expédient ou se délivrent par une administration ou un fonctionnaire public à une autre administration publique ou à un fonctionnaire public, lorsqu'il est fait mention de cette destination. (Art, 16, Loi, 13 brumaire an VII.)

Toutes celles qui ne sont jointes aux ordonnances de solde que pour l'ordre de la comptabilité et dans le but de compléter les justifications nécessaires à la Cour des Comptes. C'est ce dont elles doivent faire mention, afin de n'être pas sujettes au timbre. (Instruct. 1391.)

1° *Quittances.*

1° Celles pour paiement du prix de travaux faits à

la journée ou à la tâche par des ouvriers employés par régie au compte direct de la commune ou de l'établissement, et lorsqu'il n'y a pas entre eux et la commune ou l'établissement, d'intermédiaire qui puisse en retirer un bénéfice ou profit quelconque. (Inst. 1391.)

2° Les quittances délivrées aux comptables publics pour intérêts de fonds placés au Trésor. (Inst. 1391.)

3° Les quittances à souche pour les sommes à recevoir du Trésor pour dépenses fixes, bourses, dégrèvements, traitement éventuel. (Nom. sp. 16 décembre 1841.)

2° *Traitements, indemnités, etc.*

L'exemption du timbre n'est accordée par l'art. 16 de la loi du 13 brumaire an VII qu'aux quittances de traitements et émoluments des fonctionnaires salariés par l'État. (Circ. du Ministre de l'intérieur, 16 janvier 1855.)

Les indemnités, les gratifications et les secours sont assimilés aux traitements, ainsi que les sommes allouées pour frais de tournées. Les parties prenantes mettent leur acquit au bas des mandats. (Cir., 23 mars 1831).

3° *Registres.*

Les registres de toutes les administrations publiques et des établissements publics pour délibérations, arrêtés, comptabilité et autres actes d'ordre intérieur et d'administration publique, sans intérêt privé. (Loi, 13 brumaire an VII, art. 16, et loi du 15 mai 1818, art. 20.)

4° *Récépissés.*

Les récepissés délivrés par les Receveurs des finances, aux Receveurs des communes ou des établissements publics qui font des versements pour le compte de leurs communes ou de leurs établissements. (Inst. 1041. Décision minist., 1er mai 1822.)

5º *Mandats.*

Les mandats des sommes payées par l'État ou les communes aux lycées, séminaires et écoles normales si l'état des dépenses est quittancé ou timbré. (Instruct. 1391.)

Les mandats délivrés aux dépensiers pour remboursements de dépenses journalières ne sont pas assujettis au timbre, attendu que les mémoires et mandats de l'espèce sont uniquement relatifs à des mouvements de fonds entre les agents d'un même service et constituent de simples actes d'administration générale ou d'ordre intérieur; mais s'il était joint des *mémoires* de fournisseurs, *même au-dessous de* 10 *francs*, ces mémoires devraient être timbrés. (Jugement du tribunal de la Seine, 26 février 1845 ; décision de l'Enregistrement du 14 octobre 1845. Journal nº 7817.)

6º *Comptes.*

Tous les comptes rendus par les comptables publics. (Art. 16, Loi, 13 brumaire an VII.)

7º *Mémoires.*

Les états ou mémoires de frais de pension des élèves des colonies jouissant de bourses dans les colléges royaux sont considérés, ainsi que ceux des boursiers royaux, comme pièces de pure administration. (Cir., 28 mai 1847.)

FIN DE LA TROISIÈME PARTIE.

4ᴱ. PARTIE.

LIVRES A TENIR.

4ᵉ. PARTIE.

LIVRES A TENIR.

Notions générales.

On entend par comptabilité l'ensemble des règles qui gouvernent le maniement des deniers publics et des matières appartenant à l'Etat ou à des administions particulières.

La comptabilité se divise naturellement en deux parties :

La première, considérée sous le rapport des livres à tenir, comprendra tous les règlements pour l'ordonnancement des recettes et des dépenses;

- La seconde, considérée sous le point de vue de la justification des recettes et des dépenses, comprendra tous les règlements à suivre pour les comptes à rendre à l'admininistration supérieure.

La tenue des registres de comptabilité, la formation des états et bordereaux qui en sont extraits et la reddition des comptes, forment une partie importante des fonctions de l'Econome. Ils doivent y apporter la plus grande exactitude, et faire en sorte que les livres de toute nature soient constamment à jour. (Art. 124. Inst. gⁱᵉ., 1ᵉʳ novembre 1812.)

Ces registres doivent être tenus sans surcharge ni rature. La nature de chaque dépense et de chaque recette sera indiquée dans le libellé de l'enregistrement, et leur montant sera toujours inscrit séparément et non en masse. Les enregistrements porteront tous une date et ne présenteront aucune lacune dans leur série. (Art. 131. Idem.)

Tous les registres de comptabilité et livres auxiliaires en dépendant, seront cotés et paraphés par le Recteur. (Art. 130. Idem.)

La comptabilité des Lycées est établie par gestion et divisée par exercice. (Art. 186. Régl., 16 décembre 1841.)

L'exercice commence le 1er janvier; il est clos et apuré le 31 mars de l'année suivante. (Art. 186. Id.)

Tous les faits qui doivent donner lieu à des droits, au profit du Lycée ou de ses créanciers, doivent être accomplis dans les limites du 1er janvier au 31 décembre, c'est-à-dire pendant l'année qui donne son nom à l'exercice ; les trois derniers mois sont accordés pour constater les droits qui n'auraient pu l'être avant le 31 décembre, et pour effectuer les recouvrements et les paiements qui restaient encore à faire à cette époque. (Circ., 25 novembre 1841.)

Dans les comptes, registres et pièces de comptabilité, on réserve aux recettes et aux dépenses de l'exercice en cours d'exécution les six premiers chapitres. Les recettes et les dépenses faites pour les exercices clos sont portées au chapitre VII. (Circ. Id.)

1° Registres de Correspondance.

Les Proviseurs feront inscrire régulièrement et par extraits, sur un registre de correspondance, toutes les lettres à l'arrivée et au départ; pour faciliter le travail et la classification dans les bureaux de l'Université et dans ceux des Recteurs, ils auront soin de ne jamais traiter qu'une seule affaire dans chaque lettre, et de rappeler exactement le numéro et la date de celles auxquelles ils répondent. (Art. 28. Inst. génér., 1er novembre 1812.)

2° Registre des services universitaires.

Il sera tenu dans chaque Ecole, par l'ordre du Recteur, un registre annuel sur lequel chaque administrateur, professeur, régent et maître d'études, inscrira lui-même et par colonnes ses nom, prénoms, âge, lieu de naissance, ainsi que les places qu'il a occupées, les emplois qu'il a remplis dans les écoles.

Les chefs des Ecoles enverront un double de ce registre au Recteur de leur Académie, qui le feront parvenir au Chancelier de l'Université. Le Chancelier fera dresser, avec ces listes académiques, un registre général, pour chaque année, lequel sera déposé aux archives de l'Université. (Art. 99. Tit. XII. Décret, 10 mars 1808.)

3°. Registres de contrôle et d'entrées et de sorties des élèves.

Le registre d'entrées et de sorties des élèves est destiné à faire connaître la position de chaque enfant dans l'établissement ; il devra être tenu *par le Censeur* avec la plus rigoureuse exactitude. (Circ. 17 septembre 1853.)

Lorsqu'un élève entrera au Lycée ou lorsqu'il passera d'une division de l'enseignement dans une autre, un bulletin signé par le Censeur devra être remis à l'Economat, afin que le compte de l'élève soit exactement débité des sommes qu'il aura à payer. (Idem.)

S'il est reconnu, après l'admission et le classement d'un élève, qu'il doit redescendre dans une division inférieure, on procèdera, à son égard, par voie de remise ; l'administration du Lycée proposera de lui faire rembourser la somme qu'elle aura reçue en trop. (Id.)

Chaque exercice a un registre de contrôle correspondant, et l'inscription des élèves sera toujours portée dans l'exercice pendant lequel la nomination ou l'entrée effective aura eu lieu ; celle des externes à l'époque de leur admission. (Inst., 4 mars 1813.)

Les élèves entrés sont inscrits dans la première partie du registre, au moment même de leur entrée, et il leur est donné un numéro d'ordre. (Règl., 23 et 24 mai 1834.)

Les élèves qui sortent de l'établissement sont inscrits dans la deuxième partie du registre où l'on rappelle le numéro d'ordre que chaque élève avait reçu lors de son entrée, et où il lui est donné un numéro de sortie. (Idem.)

Le nombreux personnel des élèves, les mouvements fréquents qui ont lieu dans ce personnel exigent que le registre contienne des comptes spéciaux pour chacune des catégories ci-après, savoir :

1°. Boursiers impériaux,   à bourse entière.
2°.   »   à bourse 3/4.
3°.   »   à 1/2 bourse.
4°. Boursiers communaux,   à bourse entière.
5°.   »   à bourse 3/4.
6°.   »   à 1/2 bourse.
7°. Pensionnaires.
8°. Demi pensionnaires.
9°. Externes.   (Règl., idem.)

Remarque. — Chacune de ces divisions, pour les boursiers impériaux et communaux, et pour les pensionnaires, demi-pensionnaires et les externes, devra être subdivisée en quatre parties. Par exemple :

1° Boursiers impériaux de la division éléméntaire.
2°   »   de la division de grammaire.
3°   »   de la division supérieure.
4°   »   de la classe de mathématiques spéciales (s'il y a lieu). Et ainsi pour les autres.

A l'expiration de chaque exercice, on portera à la fin de chacune des parties du registre, un résumé dans la forme suivante :

Au 1er janvier de la présente année, le nombre
  des élèves boursiers impériaux était de . 18
Il en est entré dans le courant de l'année. . . 3
                                   Total. . . . 21
Il en est sorti 7
                                   Reste. . . 14

à reporter nominativement sur le registre de l'exercice 185 .   (Inst., 4 mars 1813.)

4° Comptes ouverts au Trésor.

Comme pour les comptes ouverts aux communes. (Voir la présente page.)

Les comptes ouverts au Trésor ne seront pas débités des frais correspondants au temps de l'absence. (Circ., 2 août 1847.)

5° Comptes ouverts aux départements.

Comme pour les comptes ouverts aux communes. (Voir la présente page.)

6° Comptes ouverts aux communes.

Le livre des bourses communales présente un compte ouvert par débit et crédit à chacune des villes. On débite ce compte du montant des sommes échues à la fin de chaque trimestre, et on le crédite de tous les paiements effectués pour cet objet. (Inst. gén., 1er nov. 1812, art. 126.)

7° Comptes ouverts aux élèves pensionnaires.

Il sera ouvert un compte à chaque élève pour les pensions, portions de pensions ou premières fournitures de trousseau dues par les parents. (Art. 123, Inst. gén., 1er nov. 1812.)

Ce compte a pour objet de présenter réunies dans un seul et même cadre les sommes qui seront dues ou payées au Lycée par les différentes classes des élèves pensionnaires.

Ce compte sera débité au commencement de chaque trimestre, d'après le contrôle de mutation, des sommes dues par l'élève pour le trimestre. Les dépenses pour cause de dégradations ou pour perte d'effets, à la charge des élèves, seront aussi portées au débit de leur compte ouvert. Les remboursements qui auront lieu pour cet objet doivent être répartis dans les chapitres correspondants. (Art. 124 idem.)

Ce compte sera crédité des paiements successifs faits par les parents, d'après le relevé de ces paiements pris sur le livre de caisse. (Art. 124 idem.)

Le compte des élèves, monté d'après le modèle n° 6, indiquera toujours l'adresse exacte des parents, ou celle du correspondant qu'ils auront choisi, afin de pouvoir s'adresser à lui en leur absence. Il doit servir pendant tout le temps que l'élève passe au Lycée et les additions en sont arrêtées à la fin de chaque année. (Art. 125 idem.)

Toutes les années, il sera ouvert un nouveau compte. Les anciens comptes resteront ouverts tant que la totalité de ce que les élèves doivent n'aura pas été entièrement reçue. (Art. 126 idem.)

Un compte nouveau aux élèves pourra être ouvert avant l'expiration de l'année, lorsque les élèves paieront par anticipation. (Idem.)

Ce livre doit être établi sur un registre réglé et relié, et les têtes du compte doivent être imprimées. (Idem.)

8° Livres-souche.

Pour la manutention des deniers, les Economes sont tenus d'avoir un registre à souche dans lequel ils inscrivent à leur date, par ordre de numéros et sans lacunes, toutes les sommes versées dans leurs caisses, pour le compte du Lycée, à quelque titre que se soit. (Art. 681. Ord., 31 mars 1838.)

Il est établi deux registres à souche, l'un à quittances timbrées pour les sommes supérieures à dix francs et l'autre à quittances non timbrées pour les sommes inférieures à dix francs. (Arr., 26 mai 1837.)

Le timbre sera acquitté par la partie versante pour les quittances qui lui seront délivrées et aucun versement passible de timbre ne pourra être encaissé sans que le droit de timbre pour cette quittance ait été acquitté. (Art. 29. Loi, 13 brumaire an VII et 1248 Code civil.)

La quittance comprendra le montant du droit. (Art. 29. Loi, 13 brumaire an VII.)

La quittance et la souche feront connaitre le versement. (Ord., 31 mai 1838.)

Le timbre n'est pas dû pour les versements effectués par le Trésor à quelque titre ce soit. (Circ., 26 mai 1837.)

L'Etablissement d'un deuxième registre à souche ne change en rien la série des numéros qui restera unique pour toutes les recettes en général. Cette série sera celle du Livre-journal de caisse sur lequel les versements doivent être inscrits avec un numéro d'ordre. Chaque versement sera porté du livre-journal de caisse sur celui des deux livres-à-souche auquel il appartiendra selon que la quittance devra être ou non timbrée. Afin d'éviter erreur ou double emploi, il sera relaté en marge du registre à souche à quittance timbrées les numéros d'ordre de tous les versements non passibles de timbre et qui , étant portés sur l'autre registre, laisseraient des lacunes dans la série des numéros du registre. (Circ. , 26 mai 1837.)

Le Proviseur , à la fin de chaque mois , constate aux registres à souche le numéro de la dernière quittance délivrée par l'Econome , au livre-journal de caisse le solde en caisse , et la concordance du journal avec le registre à souche ; au sommier la conformité des enregistrements du sommier avec ceux du livre-journal de caisse. (Art. 216. Régl. , 16 décembre 1841.)

Le Proviseur autorise l'Econome à faire timbrer chaque année le nombre de quittances à souche né- cessaire pour les besoins du service. Les droits de timbre seront prélevés sur les fonds du Lycée et la somme payée sera classée au chapitre VI, dépenses extraordinaires.

9º Livre-journal de caisse.

L'Econome est tenu d'avoir un livre-journal de caisse et de portefeuille sur lequel il est inscrit cha- que jour et à leur date toutes les sommes qu'il a reçues et toutes celles qu'il a payées pour le compte du Lycée. (Art. 212. Régl. , 16 décembre 1841.)

Le livre-journal de caisse est soumis au timbre. (Circ. , 30 juillet 1824.)

Il sera établi sur un registre réglé et relié. (Stat. 13 novembre 1829. Art. 26.)

Chaque article de recette ou de dépense prend un numéro que l'on inscrit en marge, dans une colonne à ce destinée; ces numéros se suivent sans interruption, depuis le 1er. janvier jusqu'au 31 décembre de chaque année. (Inst., 26 mars 1829.)

On porte à la seconde colonne les folios correspondants du sommier, où chacun des articles doit être transcrit jour par jour. (Idem.)

L'Econome doit mettre la plus grande précision dans la rédaction de ce livre. (Idem.)

Il doit indiquer exactement les noms, les qualités des parties versantes ou des parties prenantes, ainsi que la nature des recettes ou des dépenses à laquelle s'appliquent les sommes qu'il reçoit ou qu'il paie. (Id.)

A la fin de la journée, le comptable arrête sa caisse et le solde qui s'y trouve forme la première ligne des opérations du jour suivant. (Idem.)

Le solde en caisse est la différence entre le montant des recettes et le montant des dépenses. Il doit toujours présenter exactement les espèces réellement existantes dans la caisse. (Art. XXVI, Inst. gén., 1er. novembre 1812.)

Les sommes reçues sont déposées dans une caisse à deux clefs différentes, dont l'une reste entre les mains du Proviseur, l'autre entre les mains de l'Econome. La caisse est placée dans le local qui est désigné par le Proviseur et sous la garde de l'Econome. (Stat., 19 septembre 1809. (Art. 76.)

Les Econome sont autorisés à prendre toutes les mesures qu'ils jugeront convenables pour la sûreté de la caisse. (Art. 25, Règl., 10 juin 1803.)

L'Econome ne doit pas perdre de vue que toute

valeur reçue, quelle que soit sa dénomination doit être portée en recette avec l'indication du service auquel elle appartient. (Inst., 26 mars 1829.)

Ainsi, lorsqu'il reçoit un effet en paiement, il doit, après avoir obtenu l'autorisation du Recteur, en faire écriture le jour même sur le journal de caisse ou de portefeuille, indiquer la nature du produit auquel cette recette s'applique la date de l'autorisation et celle de l'échéance de l'effet. (Art. 335 et et 337. Régl., 11 novembre 1826.)

Lors de l'encaissement de l'effet, il en porte le montant à la colonne numéraire et en décharge celle des effets à recevoir. (Idem.)

Cette dernière partie n'étant qu'un virement de valeurs entre la caisse et le portefeuille, il ne doit point en être fait mention sur le sommier, lequel ne contient point de compte ouvert pour suivre le virement des valeurs de la même caisse. (Idem.)

Tous les huit jours, le Proviseur vérifie la caisse de l'Économe. (Art. 26, 13 octobre 1829.)

Le livre de caisse est balancé tous les mois, pour en faire ressortir le solde, lorsque le Proviseur arrête la caisse. (Art. 120. Régl. gén., 1er novembre 1812.)

Le Recteur vérifie, tous les trois mois, les caisses des Lycées et les écritures des Économes ; il peut faire faire cette vérification par un Inspecteur d'académie ou par tout autre délégué. (Art. 217. Régl., 16 décembre 1841.)

Le résultat de cette vérification est constaté par un procès-verbal qu'il adresse au Ministre. Il y joint

un rapport dans lequel il fait connaître si le Proviseur
a vérifié la caisse et arrêté les écritures aux époques
déterminées. (Idem.)

10° Sommier en général.

Pour la manutention des deniers, les Economes
sont tenus d'avoir un livre sommier sur lequel ils
classent toutes les recettes et toutes les dépenses dans
l'ordre des chapitres auxquelles elles appartiennent.
(Art. 22. Arrêt., 13 octobre 1829.)

La balance de ce livre doit présenter les mêmes résultats que la balance du livre-journal de caisse,
déduction faite du solde en caisse au 31 décembre
de l'année précédente. (Inst., 13 octobre 1829.) Il
se divise en deux parties ou en deux livres. Ces deux
livres se contrôlent l'un par l'autre, et si l'Econome
a fait une erreur il la reconnaît à l'instant même et a
les moyens de la rectifier. (Idem.)

L'Econome transcrit sur ces livres, jour par jour,
article par article, et dans la colonne qui leur convient les recettes et les dépenses inscrites au livre-
journal de caisse. (Idem.)

A la fin de chaque trimestre, il additionne les
sommes portées dans chaque colonne pendant le trimestre, il y ajoute celles du trimestre ou des trimestres antérieurs, et il établit ainsi le montant des
recettes et des dépenses faites dans chaque chapitre
depuis le 1er janvier jusqu'à la fin du trimestre.
(Idem.)

Les totaux du 1er trimestre ne devront présenter que les sommes reçues ou payées pendant ce trimestre. (Idem.)

A la fin du 2e. trimestre on ajoute les opérations du 1er; à la fin du 3e, les totaux cumulés des trimestres précédents et ainsi de suite jusqu'à la fin de l'année. (Idem.)

La comptabilité des Lycées étant établie par exercice et la clôture de l'exercice ayant lieu au 31 mars de la seconde année, il en résulte que pendant les trois premiers mois de chaque année, il y a deux exercices en cours d'exécution. Dans beaucoup de Lycées des recouvrements sont en outre effectués par anticipation pour l'exercice qui sera ouvert le premier janvier de l'année suivante. (Inst. 15 sept. 1841.)

Il est donc nécessaire pour ne pas confondre les recettes et les dépenses des deux exercices en cours d'exécution , d'avoir deux colonnes aux sommiers pour chaque article de recettes et de dépenses , et d'en ajouter une troisième à plusieurs chapitres de la recette pour les recouvrements faits par anticipations. (Idem.)

Les recettes et les dépenses de l'exercice ouvert le premier janvier de l'année précédente sont inscrites dans la 1re colonne ; celle de l'exercice ouvert le premier janvier de l'année courante sont inscrites dans la 2e ; les recouvrements effectués par anticipation sont portés à la recette dans la 3e. (Idem.)

Les restes à recevoir et à payer étant reportés, aussitôt la clôture de l'exercice, au budget de l'exercice courant, dans des chapitres additionnels, la même marche est suivie pour le sommier, et, à partir du premier avril, tous les recouvrements et tous les paiements effectués sur l'arriéré sont portés dans la 2e colonne du chapitre VII, 2e *section*. (Idem.)

Le sommier sert non-seulement à contrôler les opérations de caisse mais encore à faire connaître à toutes les époques de l'année les sommes reçues ou payées pour chaque nature de recettes et de dépenses. (Inst., 25 novembre 1841.)

1° SOMMIER DES RECETTES.

Le sommier des recettes se divise comme les recettes en sept parties appelées chapitres.

Une huitième partie sert de récapitulation aux sept premières.

Voici les titres de chacune d'elles :

1° *Recettes sur le Trésor* ;
2° *Recettes sur les départements et les communes* ;
3° *Recettes sur les familles* ;
5° *Recettes sur divers* ;
5° *Recettes extraordinaires* ;
6° *Revenus en nature ; (pour mémoire)*.
7° *Recettes sur les exercices clos; (deux sections et une récapitulation.)*
8° *Récapitulation des recettes.*

Chacune de ces divisions se subdivise elle-même en trois parties :

La 1re comprend les recettes pour l'exercice ouvert le 1er janvier de l'année précédente.

La 2e comprend les recettes pour l'exercice ouvert le 1er janvier de l'année courante.

La 3e comprend le total des deux premières.

Les chapitres III et V et la récapitulation renferment de plus une quatrième partie qui est alors la troisième et qui comprend les recettes pour l'exercice qui sera ouvert le premier janvier de l'année suivante.

2° SOMMIER DES DÉPENSES.

Le sommier des dépenses se divise comme les dépenses en sept parties appelées chapitres.

Une huitième partie sert de récapitulation aux sept premières.

Voici leurs titres :

1° *Dépenses de nourriture ;*

2° *Blanchissage et raccommodage ;*

3° *Habillements, trousseaux ;*

4° *Traitements fixes et éventuels, indemnités, etc. ;*

5° *Frais du service intérieur ;*

6° *Dépenses diverses et extraordinaires ;*

7° *Dépenses sur les exercices clos ; (deux sections et une récapitulation ;)*

8° *Récapitulation des sept premières parties.*

Chacune de ces huit parties se subdivise en deux intitulées :

La 1re pour l'exercice ouvert le 1er janvier de l'année précédente.

La 2ᵉ pour l'exercice ouvert le 1ᵉʳ janvier de l'année courante.

Une 3ᵉ totalise les deux premières.

11° Comptes ouverts aux fournisseurs.

Il sera ouvert sur le livre dit des fournisseurs un compte à chacun des marchands ou fabricants chez lesquels s'approvisionne le Lycée. (Inst. gén. 1ᵉʳ novembre 1812. Art. 127.)

Chaque compte doit être tenu par débit et par crédit : toutes les fois qu'un fournisseur livre au Lycée les achats qui lui ont été faits, on porte cette livraison au crédit du compte correspondant en ayant soin de relater la date de la livraison, la quantité, la qualité, le prix et le montant de la fourniture. On porte au débit de chaque compte, et date par date, les paiements qui sont faits par le Lycée à valoir ou pour solde de chaque fourniture. (Art. 128. Idem.)

Les livraisons des fournisseurs seront constatées par les enregistrements de ces fournitures à leur crédit ; on pourra leur délivrer, s'ils le désirent, des *Bons de fournitures*, après vérification faite par l'*Econome* lors de l'entrée en magasin ; mais, dans aucun cas, il ne pourra leur être fait aucun paiement en bons sur la Caisse ou en effets souscrits par l'Econome. (Art. 129.)

Les articles du débit se relèvent dans le livre-journal de caisse et ceux du crédit d'après les factures, après vérification faite lors de l'entrée en magasin. (Idem.)

Le compte ouvert aux fournisseurs restera ouvert

tant que la totalité de ce qui leur est dû n'aura pas été payée par le Lycée. (Art. 116. Idem.)

12° Livre de magasin.

Pour la manutention des matières, l'Econome tient un registre d'entrées et de sorties des provisions de toute nature. Ce registre est divisé en autant de comptes qu'il y a d'espèces de provisions. L'Econome inscrit dans une première colonne tous les objets en magasin au 1er janvier de chaque année d'après l'inventaire dressé le 31 décembre précédent et tous les objets entrés pendant l'année au fur et à mesure des livraisons faites par les fournisseurs, et, dans une deuxième colonne, le détail de l'emploi qui a été fait de chaque objet. (Art. 213. Règl., 16 décembre 1841.)

Ainsi, au compte bois, par exemple, on portera dans des colonnes séparées les quantités livrées pour la cuisine, pour le bureau, etc., etc. (Inst. gén., 1er novembre 1812. Art. 14.)

Des comptes doivent être ouverts au livre de magasin pour les denrées, marchandises et objets de consommation de toute nature qui sont achetés pour le service de l'Etablissement. Ces comptes forment les éléments des comptes de matières où les denrées, marchandises et objets de consommation sont portés à leur chapitre respectif. Les colonnes qui indiquent la valeur de ces objets par article doivent présenter les mêmes chiffres que les articles correspondants portés au compte des denrées. (Circ., 18 décembre 1850.)

Le dernier jour de chaque trimestre l'Économe fait la balance des comptes ouverts sur le registre d'entrée et de sortie des provisions de toute nature, et il dresse l'inventaire de tous les approvisionnements qui existent dans les magasins. (Art. 214. Règl., 16 décembre 1841.)

Des commissaires, pris dans le sein du Conseil académique et désignés par le Recteur, assistent avec le Proviseur à l'inventaire; ils le comparent avec la balance des comptes du registre de magasin, et consignent sur l'inventaire le résultat de ce contrôle. (Art. 215. Idem.)

Le Proviseur vérifie chaque mois le registre de magasin; il assiste (comme il vient d'être dit) à l'inventaire qui doit être fait le dernier jour de chaque trimestre, et signe le procès-verbal avec les commissaires délégués par le Recteur. (Art. 216. Idem.)

13° Registre de consommation journalière.

L'Économe tiendra un registre de consommation journalière. Ce registre présentera le nombre de personnes nourries dans l'Établissement; l'indication des quantités (système métrique) de chaque objet de consommation compris dans le service du Lycée. Une dernière colonne résumera le prix total du service de chaque jour. Chaque feuillet de ce registre devra servir pour un mois. (Art. 21. Instr. gén., 1er novembre 1812.)

La tenue régulière de ce registre est d'un grand avantage; elle met les administrateurs à portée de comparer entre eux les résultats de plusieurs journées et par conséquent d'avoir une base fixe pour régler le service avec toute l'économie possible. (Circ., 20 janvier 1843.)

Le nombre des personnes nourries sera toujours établi dans les cinq premières colonnes, défalcation faite des élèves, professeurs, maîtres, gens à gages, absents par vacances, congés ou pour toute autre cause. (Idem.)

La réunion des totaux généraux de la dernière colonne, présentant la dépense du service de chaque jour, doit, à toutes les époques, égaler le montant de la dépense de nourriture, après toutefois avoir retranché de la dépense de cette masse le prix des approvisionnements restant en magasin. (Idem.)

S'il y a quelque difficulté à porter à la colonne intitulée : *Bois ou charbon de terre*, l'évaluation jour par jour de la consommation qui en sera faite, on pourra, pour ces deux articles seulement, inscrire en masse, tous les quinze jours, la quantité de ces combustibles qui aura été consommée ; le prix correspondant est également inscrit en masse dans la dernière colonne. (Idem.)

14° Registre d'habillement.

Ce registre se divise en deux parties : 1° *Entrées* ; 2° *Sorties*.

Les articles portés aux *entrées* de ce compte doivent toujours être comparables, date par date, avec les quantités de marchandises que présentent les articles de *sorties* du livre de magasin, en ayant égard aux proportions d'étoffes exigées pour chaque partie de l'habillement. (Instr. gén., 1er novembre 1812.)

On doit ouvrir un compte séparé pour chaque espèce de pièces d'habillement. A la fin de l'année, le débit se composera du nombre de pièces confectionnées pendant l'année, et le crédit comprendra celles livrées aux élèves, avec la désignation de chaque élève. (Art. 28. Idem.)

15° Registre des trousseaux des élèves internes.

(Non prescrit par les règlements mais nécessaire.)

16° Inventaire général du Lycée.

Il se subdivise ainsi qu'il suit:

1° INVENTAIRE DU MOBILIER AFFECTÉ AU SERVICE DE L'ÉTABLISSEMENT ;

2° INVENTAIRE DES OBJETS MOBILIERS A LA DISPOSITION DES FONCTIONNAIRES LOGÉS DANS LE LYCÉE ;

3° INVENTAIRE DU LINGE APPARTENANT A L'ÉTABLISSEMENT ;

4° CATALOGUE DES INSTRUMENTS DE PHYSIQUE, DES COLLECTIONS SCIENTIFIQUES ET AUTRES OBJETS NÉCESSAIRES A L'ENSEIGNEMENT.

5° CATALOGUE DES OUVRAGES QUI COMPOSENT LA BIBLIOTHÈQUE ;

(Circ., 15 décembre 1850.)

L'inventaire du mobilier affecté au service de l'Établissement, l'inventaire du linge, les catalogues des livres, instruments de physique et collections scientifiques, doivent être recolés chaque année en présence de deux membres du Conseil académique, et les certificats de recolement doivent être signés par ces fonctionnaires ainsi que par le Proviseur et l'Econome. (Art. 56, 57 du Règl. gén., 1er novemb. 1812.)

Les accroissements et diminutions survenus dans l'intervalle d'un recolement à l'autre doivent y être consignés. (Art. 16. Règl., 16 décembre 1844.)

La responsabilité de l'Econome est directe et absolue en ce qui concerne les fonds en caisse, les objets de consommation et les objets mobiliers affectés au service de l'Etablissement. (Instr., 19 décembre 1850.)

Pour le mobilier des fonctionnaires, la bibliothèque, les instruments de physique et les collections, cette responsabilité est garantie par celle des fonctionnaires chez lesquels le mobilier est placé ou qui sont chargés des livres et objets scientifiques. (Décr., 19 octobre 1829 et Statut, 4 septembre 1821.)

L'inventaire se fait au 31 décembre, il est accompagné du certificat de recolement, des copies certifiées des catalogues supplémentaires des livres, instruments de physique et collections scientifiques. (Instr., 19 décembre 1850.)

(Voir Mobilier, page 46.)

1º. *Inventaire du mobilier affecté au service de l'Établissement.*

L'Econome dressera tous les ans un inventaire du mobilier, qui sera certifié par lui ainsi que par le Proviseur; cet inventaire comprendra tous les objets achetés pendant l'année, ainsi que les draps et les serviettes laissés par les élèves sortis. Cette pièce sera vérifiée par deux membres du Conseil académique lors de la vérification des comptes du Lycée, et elle restera déposée dans les archives de l'Académie. (Art. 56 et 57. Instr., 1er novembre 1812.)

Les livres entre les mains des élèves ne représentant qu'une valeur mobilière, doivent être portés sur une des subdivisions de l'inventaire général du Lycée et utilisés le plus possible au moyen de reliures nouvelles. (Circ., 29 novembre 1851.)

2°. *Inventaire du mobilier à la disposition des fonctionnaires.*

Chaque fonctionnaire dressera un inventaire descriptif en double expédition ; cet inventaire achevé, il en donnera connaissance au Directeur du Domaine afin que celui-ci puisse le faire recoler avant la fin de l'année (1829) par un de ses préposés. Après le recolement, et sur la déclaration de prise en charge que comprendra l'arrêté de clôture, le préposé signera sur chaque expédition la mention de récolement auquel il aura assisté, et déposera l'une d'elles à la direction des Domaines ; l'autre expédition restera entre les mains du fonctionnaire responsable. (Arrêté, 17 octobre 1829. Art. 2 à 5.)

Dans l'intervalle d'un recolement au recolement suivant, chaque fonctionnaire sera tenu de faire consigner sur l'expédition laissée à sa disposition, d'un côté tous les accroissements dans la quantité des objets appartenant au Lycée, et d'un autre côté, les réformes et ventes d'objets qui auront eu lieu, en indiquant sommairement sur la colonne à cet effet les causes de ces opérations et les circonstances propres à les justifier. (Idem, art. 6.)

Aux époques du recolement, les deux expéditions

de l'inventaire seront conférées ; celle de la Direction des Domaines sera d'abord rendue conforme à l'autre expédition, et après tout recolement pour lequel auront été remplies les formalités indiquées plus haut (art. 5) l'une des expéditions sera rétablie dans les archives de la Direction des Domaines. (Arrêt. Idem, art. 7.)

3°. *Inventaire du linge appartenant à l'Etablissement.*

Quant aux formalités à remplir pour les réformes à faire dans tout ce qui concerne la lingerie et l'habillement il faut procéder comme pour le mobilier. (Art. 54. Inst. 4 novembre 1812.)

Voir mobilier, page 46.

Les draps et les serviettes laissés par les élèves ne pourront être employés sans l'autorisation du Ministre. (Idem.)

4° *Catalogue du cabinet de physique, des collections scientifiques.*

Il y a dans chaque Lycée un cabinet de physique et un laboratoire de chimie. Autant qu'il est possible, on y joint une collection élémentaire d'objets d'histoire naturelle. (Stat., 4 septembre 1821.)

5° *Catalogue de la bibliothèque.*

Il y a dans chaque Lycée une bibliothèque composée de livres choisis par le Proviseur, qui en soumet la liste à l'approbation du Recteur. Ces livres sont pris dans le catalogue dressé par le Conseil royal.

Le catalogue de la bibliothèque est fait en double.

Un des doubles reste entre les mains du Proviseur, et est vérifié chaque année par le Censeur.

L'autre double est adressé au Recteur et est déposé aux archives de l'Académie.

Un fonctionnaire du Lycée, désigné par le Proviseur, est chargé du soin de la bibliothèque et veille à ce que les livres ne puissent se perdre ni se dégrader.

Deux exemplaires du présent statut, et en général de toutes les lois, ordonnances et règlements concernant l'Instruction publique, restent déposés dans cette bibliothèque.

Les livres de la bibliothèque du Lycée peuvent être prêtés aux fonctionnaires sur leur récépissé, et aux élèves internes sur une autorisation écrite du Censeur.

Aucun livre ne peut être gardé plus de huit jours, à moins que la demande n'en ait été renouvelée. Quiconque emprunte un volume répond de l'ouvrage entier. (Statut, 4 septembre 1821.)

Chaque jour la bibliothèque reste ouverte pour les fonctionnaires, aux heures fixées par le Conseil académique, sous la surveillance du bibliothécaire. (Id.)

La bibliothèque sera disposée de manière qu'une salle de lecture puisse recevoir les Fonctionnaires, Professenrs et Maîtres attachés à l'Etablissemeut. Elle sera chauffée aux frais du Lycée et ouverte de dix heures du matin à dix heures du soir. (Arrêt. 17 avril 1838.)

FIN DE LA QUATRIÈME PARTIE.

5ᴱ. PARTIE.

~~~~~~

BUDGETS,
COMPTES ET AUTRES PIÈCES
DE COMPTABILITÉ.
~~~~~~

5ᵉ. PARTIE.

BUDGETS ET CRÉDITS,

COMPTES ET AUTRES PIÈCES DE COMPTABILITÉ.

BUDGET ET CRÉDITS.

1°. But du Budget.

Le Budget a pour objet principal de faire connaître au Proviseur ainsi qu'à l'Econome les limites qu'ils ne doivent pas dépasser dans les dépenses du Lycée. (Circ., 12 mars 1847.)

Pour bien administrer il faut pourvoir à tous les besoins du service et assurer le bien-être des élèves en dépensant le moins possible. (Idem.)

On peut mal administrer en restant dans les limites des crédits alloués ; on pourrait bien administrer en dépassant ces limites ; mais si, dans quelques cas très-rares, des circonstances imprévues obligeaient d'excéder les crédits ; il faudrait en avertir l'Administration supérieure et solliciter des crédits supplémentaires. (Idem.)

L'allocation des crédits au Budget est faite pour mettre à la disposition des Administrateurs les sommes nécessaires pour assurer le service. L'emploi qui est fait de ces ressources constitue la bonne ou la mauvaise administration. (Idem.)

Les crédits sont toujours alloués d'avance ; à l'époque de leur allocation, les besoins ne sont que des prévisions sujettes à varier selon les circonstances qui se présenteront dans le cours de l'année ; le montant des crédits ne peut être en rapport exact avec les besoins réels qui ne peuvent être connus d'une manière précise au moment de l'adoption du Budget. (Idem.)

En regardant l'allocation des crédits comme emportant approbation des dépenses on commet une grave erreur et on confond deux choses tout-à-fait distinctes. En effet, l'allocation des crédits est l'acte au moyen duquel l'Administration est autorisée à effectuer et le Comptable à solder les dépenses qu'exigent les différents services. Les dépenses sont régulières lorsqu'elles ont été faites en vertu de crédits préalablement ouverts ; mais pour qu'elles soient approuvées, il faut qu'elles soient reconnues, après examen, avoir été faites avec l'ordre et l'économie convenables, (Idem.)

Si des circonstances imprévues rendaient un supplément au Budget nécessaire, le Proviseur devrait en informer le Recteur, qui ferait délibérer le Bureau d'administration sur la nécessité du crédit demandé et en transmettrait la délibération au Ministre. (Circ. 29 mai 1847.)

Dans la demande de crédits supplémentaires, il faut qu'il y ait pour chaque affaire une proposition distincte et une expédition isolée de la délibération du Conseil académique, et, s'il y a lieu, du Bureau d'administration. Si ces délibérations portent sur plusieurs affaires, il devra en être fait un extrait pour chacune de ces affaires.

Elles doivent toujours être appuyées des pièces nécessaires à leur examen. (Circ., 29 mai 1847.)

Dans les quinze jours qui suivent la rentrée des classes de chaque année, le Proviseur du Lycée remet au Recteur de l'Académie le Budget de son Etablissement pour l'année suivante. (Arrêt., 20 juill. 1841.) Le Budget est rédigé *en triple expédition*. (Art. 87. Régl., 16 décembre 1841.)

Le Budget doit présenter trois colonnes :

Dans la première sont comprises les sommes demandées par le Proviseur.

Le Recteur le soumet avec son avis au Conseil académique.

Les rectifications proposées par ce Conseil sont insérées dans la deuxième colonne du Budget.

La troisième colonne est remplie par les sommes qui sont arrêtées définitivement par le Conseil de l'Université.

En adressant le Budget au Ministre, le Recteur lui envoie en même temps le procès-verbal de la séance où le Budget a été examiné. (Stat., 19 septembre 1809.)

Dans les Lycées ou des Ecoles préparatoires ou

commerciales ont été établies, le Budget de ces Écoles devra être adressé au Ministre en même temps que celui des dépenses communes. (Circ., 9 nov. 1834.)

Les Budgets seront discutés dans les quinze premiers jours qui suivront la rentrée des classes; les Recteurs les adresseront au Ministre afin qu'ils puissent être arrêtés définitivement avant l'ouverture de l'exercice qui commencera le 1er janvier de l'année suivante. (Art. 6. Arrêté, 20 juillet 1844.)

Dans le cas où le Budget d'un Lycée n'aura pas été approuvé avant le commencement de l'exercice, les dépenses ordinaires continueront jusqu'à l'approbation de ce Budget à être faites conformément à celui de l'année précédente et aux décisions qui l'ont modifié; quant aux Recettes, elles seront effectuées d'après les bases déterminées par le décret du 16 avril 1853. (Circ., 28 novembre 1853.)

2°. Crédits à porter au Budget.

Les Budgets ne doivent comprendre que les crédits mentionnés dans la nomenclature suivante et désignés dans chaque chapitre sous le nom de *dépenses imputables* sur les crédits alloués, sauf le cas où les Lycées ont à faire des dépenses qui leur sont propres. (Nomencl., 29 novembre 1855.)

1°. *Dépenses imputables au chapitre 1er.*

Pain, viande, comestibles et menues dépenses de bouche de toute nature, vin, bière ou cidre; bois, charbon et houille; ustensiles pour la cuisine, vaisselle pour le réfectoire; menus frais. (Nom. 1. idem.)

Remarque. — MM. les Proviseurs ne devront pas perdre de vue, en faisant leurs propositions, que la nourriture est calculée par élève, qu'elle sera allouée pour toute l'année, sans défalcation pour les vacances et les jours de sortie, et que les économies qui proviendront des sorties et des vacances pourvoiront à la nourriture des Maîtres nourris gratuitement, des employés et des gens de service. Les tables communes étant rétablies, on devra faire entrer dans les calculs le nombre des commensaux qui y seront admis. On peut évaluer la nourriture de chaque membre de la table commune à moitié en sus de celle d'un élève, et deux demi-pensionnaires seront comptés pour un élève. (Circ., 3 novembre 1848.)

Lorsque MM. les Proviseurs croiront devoir proposer une allocation supérieure à celle de l'année précédente, ils indiqueront à la colonne d'observations les motifs de l'augmentation. (Circulaire, idem.)

2°. *Dépenses imputables au chapitre II.*

Blanchissage du linge des élèves et de la maison; raccommodage des habits, du linge, des bas et des képis. (Nomencl., 29 novembre 1851.)

3°. *Dépenses imputables au chapitre III.*

1° Renouvellement ordinaire de l'habillement : chaussure, képis, tuniques, gilets, pantalons, linge de corps, bas, mouchoirs, draps de lit et serviettes.

2° Trousseaux: effets d'habillement, linge de corps, draps de lit et serviettes, couverts et timbales d'argent, peignes, brosses. (Idem.)

Remarque sur les trois premiers chapitres de la dépense. — L'allocation véritable est l'allocation par élève. On a dû adopter ce mode, parce que le nombre des élèves peut augmenter ou diminuer dans le courant de l'année, que chaque augmentation aurait donné lieu à une demande de supplément, et qu'on évite ainsi une complication inutile. *Le total*

10.

pour ces chapitres est donc toujours subordonné au nombre réel des élèves. (Circ., 3 novembre 1838.)

4°. *Dépenses imputables au chapitre IV.*

Traitements fixes et éventuels ; indemnités, gratifications et étrennes. (Nom., 29 novembre 1851.)

Dans les Lycées où un Professeur cumulerait une double fonction, ce Professeur aura droit au traitement le plus élevé, à la moitié du second traitement, et, s'il y a lieu, à une part et demie du traitement éventuel. (Circ., octobre 1855.)

Dans les Lycées où, pour une cause quelconque, il n'aurait pas été pourvu à des emplois de Censeur ou de Professeur, la part d'éventuel applicable à ces emplois sera néanmoins supputée, et elle demeurera acquise à l'Etablissement. (Circ., idem.)

Nota. — La rétribution pour conférences destinées aux Maîtres-Répétiteurs n'étant accordée qu'aux Professeurs auxquels le service des conférences impose un surcroît de travail en dehors des heures réglementaires, est une dépense qui n'a pas un caractère permanent, et qui, par conséquent, ne doit pas figurer au Budget. Elle peut être allouée ultérieurement sur une demande spéciale. (Observations faites sur un Budget pour 1855.)

5°. *Dépenses imputables au chapitre V.*

1° *Chauffage.* — Bois de chauffage, charbon de terre, houille pour le service de l'Etablissement et des Fonctionnaires.

2° *Eclairage.* — Huile à brûler, chandelles pour le service de l'Etablissement et des Fonctionnaires ; verres à quinquet, mèches.

3° *Livres classiques.* — Achat et reliure des livres classiques.

4° *Papier, encre, plumes, crayons, dessins.* — Fournitures de ces divers objets pour le service de l'Etablissement et des élèves.

5° *Impressions.* — Fournitures d'imprimés pour le service de l'Etablissement.

6° *Médicaments et autres frais d'infirmerie.* — Fourniture de médicaments et frais divers pour le service de l'infirmerie.

7° *Réparations locatives.* — Menues dépenses de maçonnerie, de fumisterie, de menuiserie, de serrurerie, de peinture, de vitrerie, raccord du papier de tenture, et autres réparations occasionnées par l'usage des lieux.

Remarque. — On ne doit pas assimiler à des réparations locatives les dépenses à faire pour des changements de distribution intérieure, tels que pose de cloisons, percement de portes ou de fenêtres ou pour la restauration complète des locaux. Ces dépenses ne doivent être effectuées qu'en vertu de crédits spéciaux.

8° *Entretien du mobilier.* — Réparation des objets mobiliers affectés au service de l'Etablissement et des élèves.

9° *Menus frais et dépenses accidentelles.* — Achat de menus ustensiles de ménage ; façon de linge pour le service de la maison ; cirage de la chaussure des élèves ; ports de lettres, de ballots et de colis ; illuminations ; louage de voitures ; bains de rivière et autres pris au dehors ; dépenses pour le service de la chapelle ; menus frais, frais de procédure et de poursuites. (Nom. spéciale, 29 novembre 1851.)

6° *Dépenses imputables au chapitre VI.*

1° *Frais relatifs à la distribution des prix.* —

Achat de livres pour prix ; reliures ; installation et décoration de la salle de distribution des prix ; couronnes et guirlandes ; garde : musique et menus frais relatifs à la distribution des prix.

2° *Entretien du cabinet de physique.* — Acquisition des substances nécessaires aux manipulations ; réparations aux instruments ; menus frais.

3° *Frais relatifs aux leçons d'art et d'agrément données au compte des familles.* — Les dépenses auxquelles ce service donne lieu.

4° *Semaines des élèves.* — Dépenses auxquelles ce service donne lieu.

5° *Frais de timbre.* — Le prix du timbre du livre-journal de caisse, des livres à souche, des copies de marchés et procès-verbaux d'adjudication. (Nomencl. spéc., 29 novembre 1851.)

Remarque. — On ne doit proposer au chapitre VI du Budget que les crédits nécessaires pour assurer le service courant ; toutes les allocations pour travaux et achats extraordinaires doivent être l'objet de propositions spéciales. (Circ., 28 octobre 1853.)

Remarque sur les trois derniers chapitres de la dépense. — Ils sont réglés et arrêtés par article ; il y a donc spécialité des crédits par article. (Circ., 3 novembre 1838.)

3° Piéces à annexer au Budget.

1°. On aura soin de joindre aux *trois exemplaires* du Budget un *seul exemplaire* d'un tableau destiné à fournir les renseignements supplémentaires :

1° Sur les prestations en nature faites par le Lycée aux fonctionnaires, maîtres, employés et gens de service ;

2º Sur les écoles annexes ;

3º Sur la répartition des élèves du Lycée dans les différentes classes à l'époque de la formation du Budget ;

4º Sur la répartition des différentes leçons entre les Professeurs, classe par classe, ainsi que le nombre et la durée des leçons ou répétitions attribuées à chaque Professeur. (*Voir pour la répartition, la Circulaire du 1er oct.* 1852.) (Circ., 28 octobre 1853.)

2º. On doit joindre au Budget une note explicative sur les écoles annexes, renfermant les détails les plus complets sur la nature et la destination de ces écoles et faisant connaître les décisions qui les ont autorisées, celles qui en ont réglé l'enseignement. (Circ.) 16 octobre 1850.)

Les projets de Budgets devront être adressés au Ministre dans le plus bref délai possible, en *triple expédition*, accompagnées des délibérations des Bureaux d'administration et des Conseils académiques. (Circ., octobre 1855.)

4º Pièces hebdomadaires.

1º *Menu des repas.* — (Voir Dépenses, chapitre Ier, page 106 et suivantes.)

2º *Rapport hebdomadaire du Proviseur.* — Les Proviseurs et Principaux enverront chaque semaine des rapports particuliers au Recteur, qui, dans son propre rapport au Ministre, en offrira le résumé. (Circ., 30 septembre 1837.)

La série des rapports hebdomadaires est fermée par le procès-verbal de présence à la distribution des prix ; elle est ouverte par le procès-verbal de présence à la rentrée des classes. (Arrêt., 23 septembre 1836, et Circ., 4 août 1838.)

3° *Situation de la caisse du Lycée.* — Le samedi de chaque semaine, l'état de situation de la caisse est constaté par le Proviseur et adressé au Recteur de l'Académie. (Stat., 15 septembre 1809, art. 77 et 78.)

4° *Semaines des élèves.* (Voir page 144.)

5° **Pièces de quinzaine.**

1° *Bordereaux de quinzaine.* — L'Econome étant obligé d'acheter, pour la consommation journalière du Lycée, divers objets qui doivent être payés à l'instant, son service serait sans cesse entravé s'il lui fallait attendre des mandats du Proviseur pour solder cette dépense. (Inst., 13 octobre 1829.)

Les Proviseurs des Lycées pourront autoriser, aux termes de l'art. 200 du Règlement du 16 décembre 1841, les Economes à prélever sur les fonds en caisse les sommes dont ils ont besoin pour l'achat des objets nécessaires à la consommation journalière ou pour quelques menues dépenses imprévues, à la charge, par les Economes, de justifier de la dépense au moins tous les quinze jours, par des bordereaux sur papier libre. (Circ., 27 janvier 1844.)

On devra à l'avenir faire écriture, au Journal de caisse et au Sommier, du montant des avances, au fur et à mesure qu'elles auront lieu. Les mandats des Proviseurs, qui n'étaient autrefois délivrés que pour l'ordonnancement de la dépense réelle, après la présentation des bordereaux , devront l'être désormais pour l'ordonnancement des avances , préalablement à la sortie des fonds de la caisse. (Idem.)

On continuera d'ailleurs à passer les écritures sur les livres auxiliaires après la constatation de la dépense réelle. (Idem.)

Les bordereaux qui devront être régulièrement présentés à l'expiration de chaque quinzaine , le 15 et le dernier du mois , seront attachés aux avances de l'emploi desquelles ils justifieront. (Idem.)

Au moyen de ces dispositions , ils ne cesseront pas d'être des pièces d'ordre , affranchies de la formalité du timbre. On ne devra y apposer aucun acquit , mais les Economes les certifieront véritables. (Idem.)

Dans aucun cas, ce certificat ne peut être donné par le dépensier ou le cuisinier ; ces agents ne sont en effet , en ce qui concerne les achats qu'ils peuvent être chargés de faire sur les marchés, que les mandataires des Economes. C'est aux Economes que les avances sont faites, c'est à eux à en rendre compte. Les notes des dépensiers et cuisiniers ne peuvent être produites comme pièces justificatives ; elles ne peuvent être considérées que comme des éléments pour la formation des bordereaux des Economes. (Idem.)

Le mode d'achat, sur les marchés, des objets de consommation journalière, est le plus économique ; il est souvent impossible d'obtenir des mémoires pour les objets dont l'acquisition est faite de cette manière, mais cette dérogation à la règle générale doit être restreinte, autant que possible ; des mémoires timbrés devront être fournis et annexés aux bordereaux pour tous les articles susceptibles de cette justification. (Idem.)

On ne doit pas se dispenser sans motifs de cette formalité. (Idem.)

Il devra y avoir des avances distinctes et par conséquent des bordereaux spéciaux pour les différents chapitres, selon les besoins du service. (Idem.)

Si, à l'expiration de la quinzaine, les fonds remis à l'Econome ne sont pas totalement épuisés, ce comptable n'en devra pas moins présenter son bordereau, qui ne justifiera alors que de l'emploi d'une partie de l'avance. Le bordereau subséquent servira de justification pour le surplus ou pour la nouvelle avance. (Idem.)

Le bordereau fera connaître à quelles avances il correspond et pour quelle somme il doit être rattaché à chacune d'elles. (Idem.)

Si, au contraire, le montant de la dépense dépasse celui de l'avance, l'excédant sera repris comme premier article en tête du bordereau suivant. (Idem.)

Pour ne pas compliquer les écritures et pour éviter des reversements, la quotité de la dernière avance de l'année devra être calculée de manière à ne pas excéder la dépense, M. le Proviseur délivrera, s'il y a lieu, un mandat pour solde au nom de l'Econome. (Idem.)

Les bordereaux de quinzaine et les pièces à l'appui seront réunis aux mandats d'avance et compris dans les envois trimestriels. (Idem.)

L'Économe doit faire connaître dans la colonne des observations les motifs qui ne lui permettent pas d'exiger des quittances pour les articles au-dessus de 10 francs. (Accusé de réception, 20 septembre 1852.)

6° Pièces mensuelles.

1° ÉTAT DES TRAITEMENTS FIXES SOUMIS AUX RETENUES.

Notions générales.

Avant le 10° jour de chaque mois, MM. les Recteurs auront à transmettre à l'Administration, pour le service des retenues pendant le mois expiré :

1° Une expédition émargée par les ayant droit, arrêtée par le Chef d'Etablissement et visée par le Recteur, de tous les traitements mensuels ou trimestriels, y compris les traitements éventuels et les traitements et salaires des agents non soumis aux retenues ;

2° Un certificat du payeur du Trésor public contenant la déclaration qu'il a opéré les retenues et s'en est chargé en recettes. (Instr., 24 décembre 1853.)

Des extraits de Budget, en ce qui concerne le personnel, accompagneront le premier envoi de chaque année ; ces extraits seront conformes au modèle n° 4. Les agents non soumis aux retenues devront être séparés des fonctionnaires qui la subissent. (Id.)

Ces extraits doivent être certifiés par le Chef de l'Etablissement et visés par le Recteur. (Circul., 30 août 1850.)

Les états de traitements doivent contenir des colonnes distinctes pour les émargements, noms, qualités, taux annuel des traitements, sommes dues pour le mois ou le trimestre , retenue du premier mois de traitement, retenue du premier mois d'augmentation, retenue du 20°, total des retenues et net à payer. (Circ., 19 janvier 1852.)

Toutes les colonnes doivent être totalisées. (Idem.)

Les dimensions des états de traitement ne doivent pas excéder 38 centimètres de haut sur 24 de large. (Idem.)

On n'interrompra, sous aucun prétexte, l'ordre hiérarchique des fonctions et on indiquera soigneusement les dates d'entrées et de sorties , afin de pouvoir vérifier l'exactitude des décomptes individuels. (Inst., 3 décembre 1834.)

Les Professeurs absents figureront sur l'état pour mémoire, ceux qui le remplaceront avec tout ou partie du traitement de la chaire seront portés immédiatement après le titulaire. (Idem.)

Les Fonctionnaires , Professeurs et employés doivent être payés des traitements tant fixes qu'éventuels, à partir du jour de leur installation jusqu'à l'époque où ils auront cessé leurs fonctions. (Art. 99. Instr., 19 novembre 1812.)

L'intervalle qui peut exister entre la cessation des fonctions d'un titulaire et l'installation de son successeur, est considéré comme un temps de vacance de l'emploi, et la somme correspondante à cet intervalle n'est pas portée dans les états émargés. (Art. 100. Id.)

Lorsqu'un Professeur n'aura pas touché le traitement d'un mois ou d'un trimestre antérieur, on le comprendra par rappel sur l'état du mois ou du trimestre pendant lequel il aura été payé , à moins que ce rappel ne se rapporte à une année précédente. Dans ce dernier cas, il faudra établir un état supplémentaire afin de rattacher la retenue à l'exercice auquel le traitement est afférent. (Instr. , 3 octobre 1834.)

A chaque promotion nouvelle on aura soin d'indiquer exactement sur l'état des traitements , à la colonne des observations, en regard du nom du Professeur , les dernières fonctions qu'il remplissait et dans quel établissement.

Il déclarera lui-même, sous sa responsabilité personnelle , la quotité du traitement antérieur le plus élevé avec l'année et la position correspondante. Il sera nécessaire de mentionner les émoluments fixes et éventuels cumulés de son nouvel emploi pendant l'année qui a précédé son installation. On mentionnera également, s'il se peut, la destination ultérieure des Fonctionnaires qui auront quitté l'Etablissement (1). Ce décompte s'établira ainsi :

Le traitement fixe et éventuel antérieur le plus élevé était de......

Le traitement fixe et (éventuel celui de l'année antérieure du nouvel emploi) est de......

L'augmentation annuelle est de...... dont le dou-

---

(1) Ces diverses indications , *recueillies et conservées avec soin par l'Autorité académique ,* permettront de suivre de plus près le mouvement du personnel et de vérifier les retenues qui en sont la conséquence. (Inst. 24 déc. 1853.)

zième est retenu pour le fonds de retraite. (Circ., 6 décembre 1832, et Instr., 24 décembre 1853.

Remarque. — Quant aux Fonctionnaires payés sur mandats individuels, le décompte de la somme à retenir pour le fonds de retraite sera établi sur le mandat même dans la colonne des pièces à produire. (Circul., 6 décembre 1832.)

Si le titulaire, nouvellement nommé, est installé dans le courant d'un mois, la retenue du 1er douzième et du premier mois ne pouvant être complète, il sera nécessaire de lui en retenir le complément sur le mois suivant. (Circ., 6 décembre 1832.)

Les Instituteurs primaires adjoints aux établissements d'Instruction secondaire étant rétribués sur les fonds du Budget des établissements auxquels ils sont attachés, seront portés, avec mention de leur emploi, sur les états de retenues des autres fonctionnaires de ces établissements. (Circ., 22 déc. 1854.)

Retenues.

Les retenues afférentes aux traitements tant fixes qu'éventuels des Professeurs des Lycées sont précomptées chaque mois ou chaque trimestre à l'instant du paiement par l'Econome, et par lui versées à la caisse du Receveur général des finances; à l'appui de chaque versement, et comme titre de perception, l'Econome fournit au Receveur des finances une expédition des états de traitements, certifiée par le Proviseur et visée par le Recteur. (Instr. Tit. III, 24 décembre 1853.)

Il ne doit y avoir ni retard dans le versement des retenues, ni avance dans les sommes versées. (Circ., 30 avril 1850.)

Toutes les sommes sans exception , acquittées pour émoluments personnels , sont passibles :

1° De la retenue du premier mois ;

2° De la retenue du premier douzième d'augmentation ;

3° De la retenue du vingtième.

Les deux premières frappent le premier douzième du traitement annuel et de l'augmentation ; celle du vingtième est effectuée sur toutes les sommes liquidées après le prélèvement des deux autres. (Circ. , 24 décembre 1853.)

Les retenues du premier mois de traitement et du premier douzième d'augmentation doivent porter sur le montant brut du traitement ou de l'augmentation. En cas d'augmentation la retenue du vingtième n'est donc à exercer que sur le traitement primitif. (Circ , 20 janvier 1851.)

Si un fonctionnaire cumule deux traitements la retenue est faite sur les deux traitements. (Décr., 29 août 1850.)

Retenue du premier mois.

La retenue du premier mois de traitement consiste dans le prélèvement du premier douzième du traitement brut annuel.

Un mois complet des traitements du fonctionnaire nouvellement nommé étant acquis au fond de retraite , il est évident que s'il n'est installé que dans le courant du mois , le mois de traitement ne peut être complet, et que dès lors le complément doit être retenu dans le second mois. (Circ., 6 décemb. 1832.)

Pour tout fonctionnaire dont le traitement offrira une partie éventuelle et par conséquent variable, la retenue du premier mois sera calculée d'après le chiffre des émoluments tant fixes qu'éventuels attachés à l'emploi du 1er janvier au 31 décembre de l'année qui précédera celle de l'installation du fonctionnaire. Celui-ci devra subir une retenue égale au douzième de ce traitement, et cette retenue sera exercée par le Payeur avant celle du vingtième, sur les premiers termes échus de son traitement fixe, qu'il ne touchera pas avant qu'elle n'ait été complètement soldée. (Instr., 24 décembre 1853.)

Le fonctionnaire démissionnaire, révoqué ou destitué, s'il est réadmis dans un emploi assujetti à la retenue, subit de nouveau la retenue du premier mois de traitement. (Art. 25. Décr., 9 nov. 1853.)

Retenue du premier douzième d'augmentation.

La retenue du premier douzième d'augmentation consiste dans le prélèvement du premier douzième de l'augmentation brute.

La retenue du premier douzième d'augmentation sera effectuée et liquidée de la même manière que celle du premier mois. (Instr., 24 décembre 1853.) C'est-à-dire que le fonctionnaire qui obtient une augmentation doit toujours recevoir, pour le premier mois, un traitement égal à celui dont il jouissait précédemment, et l'on ne peut lui retenir que l'augmentation acquise pendant le mois. Or, s'il n'est installé que dans le courant du mois, la retenue d'un mois d'augmentation ne sera pas complète, et il sera nécessaire de lui en retenir le complément sur le mois qui suivra. (Circ., 6 décembre 1832.)

Il faut, pour ne pas outrepasser les intentions du Législateur, ne pas oublier les observations suivantes :

La retenue du premier douzième de l'augmentation n'est due sur le *traitement éventuel* que dans le cas où le fonctionnaire est appelé à un nouvel emploi plus avantageux que celui qu'il occupait. En ordonnant cette retenue au profit du Trésor, la pensée du Législateur a été que le fonctionnaire subit un prélèvement en vue de sa retraite chaque fois qu'il avancerait dans la carrière. Or, tant qu'il occupe le même emploi, on ne saurait assimiler à un véritable avancement les légers avantages que les circonstances peuvent accidentellement lui procurer. Dans ce cas il n'y a pas lieu d'opérer la retenue du douzième sur les augmentations passagères dont il profite.

En conséquence,

La retenue du premier douzième d'augmentation, en ce qui concerne les traitements éventuels, ne sera exercée qu'à l'égard des fonctionnaires nouvellement nommés, qui, dans leur position antérieure, auraient eu un traitement moindre ; on se reportera, selon l'article 23 du Règlement d'administration publique, au dernier prélèvement subi par le fonctionnaire, soit à titre de premier mois de traitement, soit à titre de premier douzième d'augmentation ; le traitement frappé de la dernière retenue sera comparé aux émoluments fixes et éventuels réunis du 1er au 31 décembre de l'année précédente, et de cette comparaison ressortira l'augmentation passible de la retenue du premier douzième, laquelle sera exercée avant celle du vingtième sur les premiers termes échus du *traitement fixe* du fonctionnaire. (Inst., 24 décembre 1853.)

Le fonctionnaire dont le traitement a éprouvé une réduction, et qui est remis en jouissance de son ancien traitement, n'est pas passible de la retenue du premier douzième d'augmentation, s'il l'a déjà subie une fois. (Circ., 20 janvier 1851.)

Le fonctionnaire qui, par suite de mesure disciplinaire ou par mutation volontaire d'emploi, est descendu à un traitement inférieur, subit la retenue du premier douzième des augmentations ultérieures. Il en est de même du fonctionnaire révoqué ou destitué, s'il est réadmis dans un emploi assujetti à la retenue. (Art. 25. Décr., 9 novembre 1853.)

Retenue du vingtième.

Après que les retenues du premier douzième annuel et du premier douzième d'augmentation ont été effectuées, les sommes qu'il reste à payer sont frappées de la retenue du vingtième. (Instr., 24 décembre 1853.)

La retenue du vingtième sera opérée sur toutes les sommes dues au fonctionnaire à mesure qu'elles lui seront payées. (Instr., 24 décembre 1853.)

Retenues pour absences et pour congés.

La retenue pour congé s'exerce sur les rétributions de toute nature constituant l'émolument personnel passible de la retenue du cinq pour cent; elle sera liquidée par le Ministre. (Art. 18. Décr. , 9 nov. 1853.) (Voir page 125.)

La retenue pour absences est égale à un jour de traitement fixe du Professeur ou Maître remplacé, fractions négligées, voir page 75. (Art. 3, Arrêté, 14 mars 1854.)

Les retenues pour absences ne devront pas être mentionnées sur les états mensuels d'émargement ; ces états continueront à comprendre la totalité de la somme due par mois , sauf la retenue pour les fonds de retraite. Elles seront opérées par l'Econome à la fin de chaque mois et versées à la caisse du Lycée au nom du Professeur ou Maître remplacé.

Cette opération aura lieu en vue d'un bordereau signé par le Proviseur, faisant connaître les jours pendant lesquels les Maîtres ou Professeurs ont été remplacés.

Le produit formera un article spécial dans les comptes de chaque établissement. (Circ., 28 mars 1854.) (Voir Recettes, chapitre IV, page 75.)

2° ÉTATS DES TRAITEMENTS NON SOUMIS AUX RETENUES.

Un état spécial sera dressé pour les Maîtres et Agents non soumis aux retenues; aucun d'eux ne sera compris dans l'état des fonctionnaires du Lycée. (Circ., 24 décembre 1853.)

Cet état contient six colonnes seulement; elles ont pour titre :

1re Emargements;

2° Noms;

3° Fonctions ;

4° Appointements et gages par an ;

5° Appointements et gages par mois ;

6° Observations.

A raison du grand nombre d'Agents de toute nature et des domestiques attachés au service des Lycées, il est nécessaire d'établir avec le plus grand soin la liste des personnes dont les traitements seront astreints aux retenues. Tous ne doivent pas la subir, parce que tous ne peuvent prétendre à la pension. Ce droit, et la retenue qui en est la conséquence, ne sont attachés qu'aux emplois qui peuvent être considérés comme constituant la carrière principale d'une personne et la rendant, à un degré quelconque, partie intégrante du cadre d'une administration publique. (Instr., 24 décembre 1853.)

Les agents inférieurs de toute espèce, tels que portiers, lingères, cuisiniers, infirmiers, garçons de salle, de salle de laboratoire, tailleurs, etc., etc., employés dans les Lycées et Colléges communaux en régie, ne sont pas soumis à la retenue au profit du Trésor. (Circ., 18 avril 1854.)

3° DÉCOMPTES ET ÉTATS DES TRAITEMENTS ÉVENTUELS DANS LES LYCÉES DE PARIS.

Les traitements éventuels sont payables par trimestres ou par fractions, s'il y a lieu, pendant les vacances. (Circ., 24 décembre 1850.)

Mais, par décision du 17 janvier 1853, le Ministre a autorisé les Proviseurs, des *Lycées de Paris*, à faire compter à tous les fonctionnaires qui participent à l'éventuel, des à-compte mensuels pour le paiement desquels on procédera ainsi :

Le mandat de paiement du *premier à-compte* mentionnera le montant probable du traitement éventuel des fonctionnaires pour le trimestre ; cette somme, divisée *par tiers*, servira à déterminer l'a-compte à payer, lequel devra toujours être moindre que le tiers du traitement.

On rappellera dans le mandat de paiement du *deuxième à-compte* le paiement du premier, et dans le mandat *pour solde* les deux premiers à-comptes.

Les à-compte mensuels devront toujours être inférieurs *d'un dixième* environ à la partie échue du traitement. (Décision, 17 janvier 1853.)

La quotité des à-compte mensuels ne devra pas excéder *le tiers* de la part attribuée à chaque ayant-droit dans la répartition faite au commencement du trimestre. (Circ., 15 décembre 1853.)

Le produit des prélèvements à opérer pour le fonds commun de l'éventuel sera versé dans la Caisse du Lycée Louis-le-Grand. (Circ., 15 décembre 1853.)

Les versements auront lieu en vertu de mandats de paiements délivrés par MM. les Proviseurs dans la forme ordinaire et figureront dans les comptes au *chapitre VI des dépenses.* (Circ., idem.)

Le Lycée Louis-le-Grand, lui-même, effectuera ses versements au fonds commun au moyen d'une opération d'ordre dans ses écritures. (Idem.)

MM. les Proviseurs sont autorisés à faire verser les ressources applicables à l'éventuel, en vue des décomptes qui seront établis ; la présente autorisation, qui est permanente, devra être rappelée en tête des mandats de paiement. (Idem.)

Au Lycée Louis-le-Grand, les recettes provenant des versements faits seront classées au Chapitre V. (Idem.)

Pour justifier auprès de l'administration supérieure des opérations qui auront été faites, il sera dressé, dans la forme indiquée par les modèles ci-joints, deux décomptes du produit des prélèvements, l'un *provisoire* au 20 du premier mois de chaque trimestre, l'autre *définitif* au 20 du dernier mois. Les *quatre cinquièmes en chiffres ronds*, du montant du premier décompte seront versés dans la caisse du Lycée Louis-le-Grand à la date du *20 janvier*, *20 avril*, *20 juillet*, *20 octobre* ; le solde résultant du versement effectué au commencement du trimestre, avec le montant du décompte définitif, sera versé dans la même caisse aux *20 mars*, *20 juin*, *20 septembre* et *20 décembre*. (Circ., idem.)

MM. les Proviseurs devront adresser, le jour même du versement, les décomptes provisoires ou définitifs, accompagnés l'un et l'autre d'une liste nominative des fonctionnaires ayant droit à l'éventuel dans chaque Lycée. (Circ., idem.)

Aussitôt que ces documents me seront parvenus, je ferai faire la répartition des sommes à payer à titre d'éventuel, j'ordonnancerai sur la caisse du Lycée Louis-le-Grand le montant des sommes à attribuer à chaque établissement, et j'ouvrirai des crédits spéciaux afin que le paiement à l'éventuel puisse être effectué. (Circ., idem.)

Les encaissements auxquels les versements donneront lieu seront portés dans les comptes des cinq Lycées au Chapitre V des Recettes et les paiements au Chapitre IV, 2me section des Dépenses. (Circ., id.)

Voir : Traitements éventuels, pages 121 et suivantes, 128 et suivantes, et Pièces trimestrielles, pages 241 et suiv.

4° ÉTAT DES ÉLÈVES PRÉSENTS.

Cet état doit être envoyé régulièrement, au plus tard le 5 de chaque mois, pour le mois précédent. Cette prescription est de rigueur. (Circ., 17 septemb. 1853.)

Il sera vérifié et certifié par le Recteur, dans les Lycées situés dans les chefs-lieux d'Académie ; et dans ceux situés hors du chef-lieu par le Président du Bureau d'administration ou par celui des Membres de ce Bureau désigné pour le remplacer. (Art. 135. Instr. gén., 1er novembre 1812.)

Ces états, destinés à tenir l'Administration au courant de toutes les mutations qui surviennent parmi les élèves des Lycées, servent de pièces justificatives pour la plupart des recettes. (Instr., 25 nov. 1841.)

Ils ne sauraient être dressés et vérifiés avec trop de soin ; on se conformera exactement à ce qui est prescrit à cet égard tant pour le tableau du nombre des élèves que pour le décompte de la pension des élèves à établir au recto de la seconde page. (Art. 136. Instr., 1er novembre 1812.)

L'état mensuel de présence fait connaître la répartition des élèves dans les diverses divisions de l'enseignement ; il doit être conforme au modèle indiqué. (Circul., 17 septembre 1853)

Le taux annuel des différents frais à payer pour les élèves est inscrit en tête de ces états pour qu'on puisse constater l'exactitude des décomptes mensuels qui sont établis au recto du 2° feuillet. (Instr., 25 novembre 1855.)

Le Censeur forme, d'après le registre d'entrées et de sorties des élèves (voir page 189 et suivantes), l'état des élèves entrés ou sortis pendant le mois. (Art. 133. Instr. gén., 1er novembre 1812.)

Tous les élèves internes ou externes entrés, sortis ou changés de position dans le courant du mois, devront être portés nominativement dans la partie intitulée *mouvement des élèves* ; on devra faire connaître s'ils sont exempts ou non des frais d'études. (Instr., 13 octobre 1829.)

Si l'espace ne suffit pas pour indiquer tous les mouvements des élèves, on se bornera à porter sur l'état de présence le nombre total des internes et des externes entrés, sortis ou changés de position dans le courant du mois, et on joindra à cet état une liste nominative de tous les élèves entrés, sortis, changés de position pendant le mois. Cette liste est certifiée par le Censeur. (Idem.)

Les élèves qui sortent dans le courant du trimestre devant être maintenus dans les contrôles de présence jusqu'à la fin du trimestre, il y a deux époques à constater, celle de la sortie réelle et celle de la radiation des contrôles. Ces dates sont portées dans des colonnes spéciales. (Instr., 25 novembre 1841.)

Les élèves qui sont exclus ou qui meurent dans le courant d'un trimestre doivent être maintenus sur les états trimestriels et sur les états mensuels jusqu'à la fin du trimestre commencé. (Circ., 6 avril 1835.)

Les boursiers impériaux, transférés d'un Lycée dans un autre, sont seuls exemptés de cette règle ; ils doivent cesser de figurer sur les états de présence à partir du jour fixe pour le transfèrement, et si la date de ce jour ne coïncidait pas exactement avec celle de la sortie, on opérerait comme pour les élèves retirés définitivement. (Instr., 25 novembre 1841.)

Il y a alors défaut de concordance entre les états trimestriels sur lesquels les élèves sont portés pour le trimestre entier et les états mensuels où ils ne se trouvent portés que jusqu'au jour de la sortie. On doit expliquer la cause de cette différence par une note sur le dernier état mensuel du trimestre. (Circ., 6 avril 1835.)

Le nombre d'élèves formant la différence entre le dernier état de présence d'un trimestre et le premier état du trimestre suivant devra concorder, sauf les admissions nouvelles, avec le relevé des élèves portés comme sortis définitivement dans les trois états du trimestre écoulé. (Instr., 25 novembre 1841.)

Quant aux élèves qui changent de position dans le courant d'un mois ou d'un trimestre, ils seront portés comme sortis en leur ancienne qualité, et comme entrés en leur nouvelle qualité, et on se bornera à constater le jour de la radiation et celui de l'inscription. (Idem.)

Le décompte des sommes dues pour le mois devront correspondre avec le taux des sommes à payer annuellement et avec les subdivisions d'élèves indiquées dans la première partie de l'état. Il doit y avoir autant de décomptes distincts, partiels ou généraux, qu'il y a de catégories d'élèves et de taux différents pour les sommes à percevoir. (Instr., idem.)

5° ÉTAT DES SOMMES PAYÉES D'AVANCE POUR LES ÉLÈVES ENTRÉS PENDANT LE MOIS.

On devra annexer aux états de présence l'état des sommes payées d'avance pour les élèves entrés pendant le mois, et dont le modèle est joint à la circulaire du 28 mai 1828. (Instr., 25 novembre 1841.)

Cet état contient huit colonnes qui ont pour titre :

1re Noms des élèves ;

2e Qualités ;

3e Date de l'entrée ;

4e Indication du laps de temps pour lequel les frais de pensions et autres ont été payés d'avance ;

5e Sommes payées d'avance pour frais de pension ;

6e Sommes payées pour trousseau ;

7e Total général des sommes payées ;

8e Observations.

Cet état est certifié par l'Économe et visé par le Proviseur.

Pièces trimestrielles

1° ÉTAT DU PRODUIT ET DE L'EMPLOI DES PRÉLÈVEMENTS POUR FORMER L'ÉVENTUEL.

Le décompte de l'éventuel (1) est établi à la fin de chaque trimestre. On fera en même temps tous les calculs relatifs au supplément de l'éventuel qui sera également réglé par trimestre. La subvention à allouer à chaque Professeur représentera exactement la différence entre le minimum et le total des sommes qui auront concouru à l'éventuel pendant la partie de l'année déjà écoulée. (Circul. , 29 juin 1847 ; et 6 juin 1851.)

Dans les Lycées où, pour une cause quelconque, il n'aurait pas été pourvu à des emplois de Censeur ou de Professeur, la part d'éventuel applicable à ces emplois sera néanmoins supputée et elle demeurera acquise à l'Etablissement. (Circ. , 28 octobre 1853.)

Voir *Recettes*, pages 64 et 58, et *Dépenses*, p 121 et 128

Nota.—Tous les élèves pensionnaires sont comptés comme habillés par le Lycée pour la formation de l'éventuel.

2° ÉTAT DES TRAITEMENTS ÉVENTUELS.

L'état des traitements éventuels sera dressé selon le modèle n° 3. Il rappellera les paiements antérieurs qui auront eu lieu au profit des fonctionnaires , de manière à ce que l'on puisse connaître chaque tri-

---

(1) Pour le décompte du produit de l'éventuel et de son paiement dans les Lycées de Paris , voir pièces mensuelles , page 234 et suivantes.

mestre le total des sommes acquittées. Ainsi l'état de décembre, ou si l'éventuel est payé par trimestre, celui du quatrième trimestre offrira le chiffre total du traitement éventuel d'une année du premier janvier au 31 décembre. (Circul., 24 décembre 1855.)

L'éventuel est soumis aux trois retenues. (Voir traitements fixes, page 228.)

La retenue du premier mois et celle du premier douzième d'augmentation se font sur les premiers termes échus du traitement *fixe*, et ne sont pas, par conséquent, portées sur l'état de ces traitements. (Circ., 24 décembre 1853.)

Les états d'émargement de l'éventuel ne porteront, d'après ce qui précède, que la retenue du vingtième, parce que la retenue du premier mois et celle du premier douzième auront été imputées en totalité sur les traitements fixes. (Circ., idem.)

Un certificat du Payeur du Trésor public contenant la déclaration qu'il a opéré les retenues et s'en est chargé en recettes, accompagnera toujours l'état des traitements à envoyer. (Même Circulaire.)

3° ÉTAT RÉCAPITULATIF DES TRAITEMENTS, APPOINTEMENTS ET GAGES.

On doit, lorsqu'il y a eu mutation dans le personnel des Fonctionnaires, Professeurs et Maîtres, ou lorsque les traitements sont restés disponibles pendant tout ou partie du trimestre, donner des explications à ce sujet dans la colonne d'observations, et faire connaître, soit la date de la cessation des fonctions de l'ancien titulaire, soit celle de l'installation du nouveau, soit le motif pour lequel le traitement n'a pas été payé. (Circ., 12 octobre 1835.)

4° COPIE TEXTUELLE DU LIVRE-JOURNAL DE CAISSE.

Au commencement de chaque trimestre, et dans le délai de huit jours, l'Econome doit transmettre au Ministre la copie textuelle du livre-journal de caisse du trimestre précédent. (Art. 218. Règl., 16 décembre 1841.)

La copie textuelle du livre-journal de caisse peut être faite tous les jours, et si l'Econome a eu cette précaution, il sera en mesure pour envoyer cette pièce dans les premiers jours du trimestre suivant. (Instr., 13 octobre 1829.)

5° PROCÈS-VERBAL DE VÉRIFICATION DE CAISSE.

Les Recteurs vérifient tous les trois mois les caisses des Lycées et les écritures des Economes ; ils peuvent faire faire cette vérification par un Inspecteur de l'Académie ou tout autre délégué. Procès-verbal est dressé de cette délibération. (Art. 31. Arr., 13 octobre 1839). Il est adressé au Ministre par le Recteur, qui y joint un rapport dans lequel il fait connaître si le Proviseur a vérifié la caisse et arrêté les écritures aux époques déterminées. (Art. 217, Règl., 16 décembre 1841.)

6° BORDEREAU DES RECETTES ET DES DÉPENSES.

Au commencement de chaque trimestre, et dans le délai de huit jours, les Economes sont tenus de transmettre au Ministre le bordereau de toutes les recettes et de toutes les dépenses qu'ils ont effectuées pendant le trimestre précédent. (Art. 218. Règl., 16 décembre 1841.)

Si le sommier est tenu au courant comme il doit l'être, le bordereau qui n'en est que le résumé n'exigera pas un long travail. (Instr., 13 octobre 1829.)

Ce bordereau fait connaître sommairement les recettes et les dépenses faites pendant le trimestre précédent ainsi que les opérations cumulées depuis le premier janvier jusqu'à la fin de ce trimestre, telles qu'elles ont été détaillées sur le sommier d'après le journal de caisse. (Circ., 13 novembre 1829.)

Le solde en caisse et en portefeuille qui est en tête du bordereau présente les valeurs, soit en numéraire, soit en effets à recevoir, qui se trouvaient en caisse à l'époque du 31 décembre de l'année précédente. (Circul., idem.)

Ce solde est immuable toute l'année et doit se représenter à la première ligne du bordereau au commencement de chaque trimestre. (Circul., idem.)

Il y a trois sections pour les recettes et trois pour les dépenses :

On porte à la première les recettes et les paiements effectués antérieurement au trimestre dont on présente la situation ;

Dans la deuxième, les recettes ou les paiements faits pendant ce trimestre ;

Dans la troisième, le total des recettes ou des paiements jusqu'à la fin du trimestre, c'est-à-dire toutes les opératons faites depuis le 1er janvier jusqu'au dernier jour du trimestre.

La situation du 1er trimestre ne présentera que les opérations faites pendant ce trimestre (janvier , février, mars.) Il n'y aura rien , par conséquent , dans la colonne des opérations antérieures. Au second trimestre , on portera dans la section réservée aux opérations antérieures les recettes ou les paiements qui auront été effectués pendant le 1er trimestre ; au troisième trimestre , les recettes ou les paiements cumulés des deux premiers trimestres , et au quatrième trimestre , les recettes ou les paiements cumulés des trois premiers trimestres. (Inst. , 13 octobre 1829.)

Dans chaque section on fait connaître les recouvrements ou les paiements appartenant soit à l'exercice ouvert le 1er janvier de l'année précédente , soit à l'exercice ouvert le 1er janvier de l'année courante ; on y indique en outre les recouvrements faits par anticipation sur l'exercice qui sera ouvert le 1er janvier de l'année suivante. (Inst., 25 novembre 1841.)

7° ÉTAT DES CRÉANCES.

Au commencement de chaque trimestre l'Econome transmet, avec les autres pièces de comptabilité , l'état des créances du Lycée à la fin du trimestre précédent. (Art. 219. Règl. , 16 décembre 1841 , et Circ. , 25 novembre 1841.) Il est certifié véritable par l'Econome et visé par le Proviseur. (Art. 151. Instr. , 1er novembre 1842.)

Cet état doit présenter le développement des restes à recouvrer portés dans les comptes. Il est divisé comme les comptes eux-mêmes par chapitres et par exercices. (Règ. gén. , 25 novembre 1841.)

L'état détaillé des créances doit faire connaître le nom de chaque élève national, communal, pensionnaire ou externe sur lequel le Lycée a une créance, qu'elle est la nature de cette créance et sa date. On indiquera chaque créance par *mauvaise, douteuse, bonne*; on portera de plus sur cet état le nom des communes qui sont redevables des portions de bourse à leur charge. Cet état présentera, dans une colonne d'observations, l'indication, la date et le résultat des poursuites, ou des réclamations faites pour obtenir la rentrée des créances. (Art. 144. Inst. gén., 1er novembre 1812.)

Il importe autant pour dégager la comptabilité des Lycées d'une foule d'écritures que pour faire ressortir des pièces trimestrielles la situation exacte du Lycée. (Circ., 27 novembre 1851.)

1° De passer en non valeurs les créances irrécouvrables ;

2° De proposer l'annulation des dettes arriérées. (Circ., idem.)

A cet effet, on dressera un état détaillé, divisé par exercice, dans lequel on indiquera dans des colonnes spéciales la date et l'origine de chaque créance, les circonstances qui en ont empêché le recouvrement, l'état des poursuites judiciaires auxquelles elles ont donné lieu et si on conserve quelque espoir de les recouvrer. On proposera de passer en non valeurs les créances irrécouvrables. (Circ., idem.)

8° ÉTAT DES DETTES.

Au commencement de chaque trimestre, l'Économe

transmet au Ministre, avec les autres pièces de comptabilité, l'état des dettes du Lycée à la fin du trimestre précédent. (Art. 219, 16 décembre 1841, et Circ., 25 novembre 1841.)

Cet état présente les développements des restes à payer portés dans les comptes; il est divisé comme les comptes eux-mêmes par chapitres et par exercices. (Règl. gén., 25 novembre 1841.)

Il doit indiquer exactement le nom des créanciers de l'établissement ainsi que la nature et la date de leur créance. (Art. 148. Instr. gén., 1er nov. 1812.)

On demandera l'annulation des dettes arriérées. (Circ., 27 novembre 1851.)

Cet état est certifié véritable par l'Econome et visé par le Proviseur. (Art. 151. Instr. gén., 1er novembre 1812.)

(Voir État des créances, page 245.)

9° SITUATION DES CRÉDITS.

La situation des crédits comprend toutes les dépenses. On y suivra pour la classification des crédits le même ordre que pour les comptes d'administration et des deniers, dont elles faciliteront beaucoup l'examen et la vérification. Les *paiements* et la *dépense nette* doivent être renfermés dans les crédits alloués. (Instr., 25 novembre 1841.)

Les crédits ouverts au chapitre III pour le renouvellement et les trousseaux ne doivent pas être considérés comme n'en formant qu'un seul. La situation de chacun des crédits alloués doit toujours être présentée séparément. Les achats devront être combinés de manière que les paiements puissent être imputés, selon les besoins, sur l'un ou l'autre crédit. (Idem.)

Les crédits alloués sont les limites pour *la dépense nette et pour les paiements effectués* ; c'est pourquoi la situation des crédits est divisée en deux sections : dans la première les crédits sont comparés à la dépense nette ; dans la deuxième on les compare aux paiements. (Circ., 25 novembre 1841.)

Première section. — La marche à suivre pour la première section est extrêmement simple, on rappelle le crédit, on fait connaître la dépense faite sur le crédit, c'est-à-dire le montant des droits constatés pour l'exercice au profit des créanciers du Lycée à la fin du trimestre dont on présente la situation ; s'il y a eu augmentation dans les approvisionnements pendant le trimestre, l'augmentation est admise en réduction de la dépense ; s'il y a eu diminution, la dépense s'accroît au contraire d'une somme égale à la diminution des approvisionnements. La dépense nette est ensuite comparée au crédit dont on constate le restant disponible. (Circ., idem.)

La *deuxième section* ne présente aucune difficulté.

Les crédits supplémentaires seront portés dans les chapitres auxquels ils se rattachent, afin de rendre plus facile la vérification des comptes. (Circ., idem.)

Nota — Les noms des élèves auxquels des remboursements sont faits par suite de dégrèvements ou de remises doivent toujours être portés sur les états de situation des crédits en regard des allocations qui les concernent. (Réclamation dans un accusé de réception, 1er février 1855.)

10° INVENTAIRE DES DENRÉES ET MARCHANDISES EN MAGASINS.

Les Economes étant chargés des denrées et des matières, doivent faire connaître à l'administration centrale la situation des approvisionnements et les mouvements qui ont lieu dans les magasins Ils constateront cette situation et ces mouvements, tous les trois mois, par un inventaire dressé sous les formes prescrites le dernier jour de chaque trimestre. Il est transmis avec les pièces de comptabilité de chaque trimestre (Iust., 13 octobre 1829), dans le délai de huit jours. (Art. 36. Arrêt, 13 octobre 1829.)

Le dernier jour de chaque trimestre, l'Econome fait la balance de tous les comptes ouverts sur le registre de magasin, et il dresse un inventaire de tous les approvisionnements qui existent dans les magasins. (Art. 683. Arrêt, 31 mai 1838.)

Cet inventaire constate les approvisionnements dont l'Econome est responsable, attendu qu'ils font partie des valeurs actives du Lycée. (Instr., 13 novembre 1829.)

Cet inventaire, qui ne doit renfermer que les objets qui existent en magasin d'après la balance du registre de magasin, ne peut comprendre aucune partie du mobilier, ni les effets d'habillement réformés, ni ceux des effets encore en usage, même lorsqu'ils seraient remis à neuf, parce qu'ils font partie du trousseau des élèves, ou qu'ils remplacent les parties réformées de ces mêmes trousseaux. On ne doit y faire figurer que les marchandises en pièces ou les objets d'habillement confectionnés, mais neufs et non encore livrés aux élèves. (Inst., 13 octobre 1829, et art. 150, Inst., 1er novembre 1812.)

On ne doit faire figurer comme valeur en magasin que les livres neufs; ceux qui sont entre les mains des élèves ne représentent plus qu'une valeur mobilière; ils doivent être portés sur une des subdivisions de l'inventaire général du Lycée et utilisés autant que possible au moyen des reliures nouvelles. (Circ., 27 novembre 1851.)

L'inventaire doit présenter le détail de chaque article séparément, et les évaluations ne doivent être faites que d'après les prix des factures et des marchés régulièrement approuvés. (Inst., 13 octobre 1629, et art. 149, Inst., 1er novembre 1812.)

Il sera certifié véritable par l'Econome, visé par le Proviseur, et de plus certifié par les membres du Conseil académique ou du Bureau d'administration qui auront assisté à sa formation. (Art. 151, idem.)

Le Proviseur et les membres du Conseil académique, délégués à cet effet, constateront qu'ils ont vérifié :

1° Si les objets portés dans l'inventaire existent dans les magasins ;

2° Si les résultats de l'inventaire sont les mêmes que ceux que présente la balance des divers comptes ouverts au livre de magasin. (Inst., 13 oct. 1829.) (1).

(Voir Livre de magasin, page 203.)

____

(1) Il importe de radier de l'inventaire des denrées et marchandises les objets dont on ne fait plus usage et d'en effectuer la vente au profit de l'établissement. A cet effet, on demandera des autorisations de ventes. (Cir., 27 nov. 1851.)

11° SITUATION GÉNÉRALE.

L'Économe transmet, au commencement de chaque trimestre , dans le délai de huit jours, avec les autres pièces de comptabilité, la situation générale du Lycée. (Circ. , 25 novembre, et Arrêt. , 16 décembre 1841 , art. 219.)

Elle présente le *bilan* du Lycée à la fin de chaque trimestre.

Elle se divise en deux parties :

La première réunit les opérations faites pour les différents exercices en cours d'exécution ; la seconde fait connaître la part afférente à chaque exercice dans les éléments dont se compose la première; elle reproduit nécessairement les mêmes résultats. (Inst. gén., 25 novembre 1841.)

1° *Première partie.* — Dans la première partie on porte sommairement à l'*actif* le solde en caisse, les créances , la valeur des denrées et marchandises en magasin; au *passif*, les dettes. Le solde en caisse est exprimé de la même manière que dans le bordereau récapitulatif des recettes et des dépenses , on reprend en première ligne, dans chaque état trimestriel , le solde au 31 décembre de l'année précédente , on inscrit ensuite , dans les colonnes qui leur sont assignées , les recouvrements et les paiements effectués pendant les trimestres écoulés , on les compare entre eux , et de la différence qui résulte de cette comparaison , rapprochée du solde en caisse au 31 décembre de l'année précédente , on tire le solde en caisse à la fin du trimestre pour lequel la situation est produite. (Inst. gén. Id.)

2° *Deuxième partie.* — Dans la deuxième partie qui est destinée à faire connaître la part afférence à chaque exercice en cours d'exécution dans les résultats que présente la situation générale, les articles *solde en caisse*, *créances et dettes* sont subdivisés par exercices. La première subdivision est réservée pour l'exercice qui est à sa seconde année, la deuxième pour l'exercice qui est à sa première année. Il y a en outre, dans l'article *solde en caisse*, une troisième subdivision pour les recouvrements effectués par anticipation sur l'exercice qui sera ouvert le 1er janvier de l'année suivante. (Inst. gén., 25 novembre 1841.)

La première subdivision est remplie jusqu'à la clôture de l'exercice qu'elle concerne, époque à laquelle les valeurs actives et passives provenant de cet exercice sont reportées à l'exercice suivant. La deuxième est remplie pendant toute la durée de l'année ; quant à la troisième subdivision de l'article *solde en caisse*, elle n'est remplie que lorsque des recouvrements par anticipation ont été effectués. (Inst. gén. Idem.)

Pour établir le *solde en caisse*, on inscrit dans la 2e partie de la situation tous les recouvrements, et tous les paiements faits sur chaque exercice en cours d'exécution, soit pendant la durée de l'exercice, soit par anticipation. On les balance entre eux. Si le résultat des opérations de caisse de l'exercice antérieur a déjà été reporté à l'exercice, on compare à ce report le produit de la balance et les différences qui résultent de ces calculs, modifiées les unes par les autres, procurent un solde en caisse égal à celui qui est porté dans la 1re partie.

Afin de compléter la situation générale du Lycée on mentionne avec exactitude à l'actif les achats de rentes et d'immeubles que le Lycée a faits ; au passif, les dépenses extraordinaires régulièrement autorisées qu'il reste encore à faire. (Inst. gén., 25 nov. 1841.)

Si le Lycée ne possède ni rentes ni immeubles, s'il n'y a pas de dépenses extraordinaires régulièrement autorisées restant à effectuer, on doit écrire le mot *néant* dans les cadres destinés à contenir ces renseignements. (Circ., 21 décembre 1846.)

12° BORDEREAUX PAR ARTICLE DE CRÉDIT ET PAR CHAPITRE DES MANDATS ACQUITTÉS PENDANT LE TRIMESTRE.

Dans le délai de huit jours, au commencement de chaque trimestre, les Economes joignent au bordereau des recettes et des dépenses tous les mandats acquittés par les parties prenantes, avec les pièces à l'appui. (Art. 218. 26 décembre 1841.)

Ils doivent réunir les pièces relatives à chaque paiement, de manière à ce qu'elles ne puissent plus être séparées, et les classer ensuite dans l'ordre des chapitres. (Inst., 13 octobre 1829.)

C'est dans cet ordre qu'ils les transmettent à l'Administration centrale ; elles y sont examinées avec soin, et si on y découvre des omissions, des erreurs ou des irrégularités, on les signale à l'Econome, on lui indique les rectifications à faire, pour que les pièces soient admises à la Cour des Comptes. (Idem.)

Les crédits étant ouverts par article et par chapitre, il est devenu indispensable de classer de la même manière les mandats acquittés, afin qu'on puisse vérifier si les paiements effectués ont été renfermés dans les limites des crédits. Les mandats acquittés pendant chaque trimestre seront donc classés par article de crédit et par exercice, et réunis ensuite dans un second bordereau qui en présentera la récapitulation par chapitre. (Circ., 25 novembre 1841.)

Les Économes doivent indiquer d'une manière sommaire, sur les bordereaux récapitulatifs dans lesquels sont classés les mandats et pièces justificatives, envoyées à la fin de chaque trimestre, la nature ou l'objet de la dépense. (Nom. spéc., 16 déc. 1841.)

1° *Bordereaux par article.* — Le tableau qui est en tête du bordereau a pour objet de bien déterminer le crédit auquel les mandats et pièces de dépenses doivent être rattachées.

La désignation du crédit doit être libellée exactement de la même manière que dans le budget et dans les comptes.

Dans la colonne destinée à en présenter le montant, on portera pour les frais de nourriture, de blanchissage, de raccommodage et de renouvellement de l'habillement : 1° *L'allocation par tête;* 2° *l'allocation totale* pour tous les élèves d'après les bases admises par le Budget.

On indiquera dans la deuxième colonne du bordereau les fournitures, travaux, services, dont le mandat a acquitté le prix.

Il y aura un bordereau récapitulatif pour *chaque article de crédit;* les crédits supplémentaires ne forment pas d'article distinct , ils sont cumulés avec les crédits primitifs, mais on doit faire connaître la décision qui les a alloués.

Toutefois, attendu le grand nombre d'articles dont se compose le chapitre IV , il n'y aura que trois bordereaux pour ce chapitre , savoir : un pour les traitements fixes , un autre pour les traitements éventuels, et un troisième pour les indemnités , gratifications , secours. Dans ces trois bordereaux l'on indiquera le montant total des crédits pour les traitements fixes , pour les traitements éventuels , on portera à la suite les uns des autres dans le dernier bordereau les crédits individuels qui auront été alloués pour indemnités , gratifications , secours.

On ne perdra pas de vue :

1º Que, comme il y a deux exercices en cours d'exécution pendant le premier trimestre de chaque année , il devra y avoir pendant ce trimestre double bordereau par article ;

2º Que chaque bordereau doit présenter les éléments dont est formé un article de la situation des crédits en ce qui concerne les paiements effectués et concorder avec lui. (Inst , 25 novembre 1841.)

3º Que les crédits étant spéciaux , on doit établir autant de bordereaux qu'il y a de remboursements pour les remises et les dégrèvements. (Accusé de réception , 9 mars 1850.)

2º *Bordereaux par chapitre.* — Les bordereaux par chapitre présentent sommairement le relevé des bordereaux récapitulatifs par articles. On y porte le total de chacun des bordereaux par article et on forme un total général pour le chapitre.

Ils servent d'éléments pour former les bordereaux trimestriels de dépenses avec lesquels ils doivent concorder. (Inst., 25 novembre 1844.)

(Voir page 243.)

13° ÉTATS DE DÉCOMPTE DE LA PENSION DES BOURSIERS IMPÉRIAUX ET COLONIAUX.

Cet état se dresse au commencement de chaque trimestre pour le trimestre dans lequel on entre. Il fait connaître les sommes à payer au Lycée le dit trimestre pour la pension des boursiers impériaux et coloniaux seulement. Il est daté du premier jour du trimestre.

Il est exempt du timbre. (Circ., 28 mai 1847.)

L'état de décompte des boursiers impériaux est envoyé en double expédition au Préfet. (Circ., 29 décembre 1840.)

L'état de décompte des boursiers coloniaux est envoyé directement à M. le Ministre de la marine.

(Voir chapitre Ier, Recettes sur le Trésor, art. 2, pag. 56.)

14° ÉTATS DE LIQUIDATION DES BOURSES COMMUNALES, DÉPARTEMENTALES, IMPÉRIALES ET COLONIALES.

Cet état se dresse à la fin de chaque trimestre pour faire connaître les sommes dues au Lycée pendant le trimestre qui vient de s'écouler pour la pension des boursiers impériaux, départementaux, communaux et coloniaux. Il est daté du dernier jour.

Dans les états trimestriels de liquidation des frais

de pension à la charge du Trésor, on calculera le décompte des sommes dues au Lycée au prorata du temps pendant lequel les élèves auront occupé leur bourse. Les élèves régulièrement absents, en vertu de congé, pendant tout le trimestre, devront être inscrits sur les états, mais pour mémoire seulement.

Les sommes représentant le produit des vacances de bourses pendant un trimestre devront être portées sur un état dans lequel on aura soin d'indiquer le nom de l'élève titulaire de la bourse qui sera restée vacante, l'époque de la sortie de l'élève par congé, et, s'il y a lieu, celle de la rentrée. Le produit des vacances des bourses devra toujours être égal au prix de ces bourses pour le temps pendant lequel elles n'auront pas été occupées. Circ., 2 août 1847.)

On doit placer dans la colonne d'observations desdits états pour le 4ᵉ trimestre une annotation conçue ainsi qu'il suit :

LIQUIDATION DES DÉPENSES DE L'ANNÉE 18...

Sommes dues.

1ᵉʳ Trimestre.	2000
2ᵉ Trimestre.	2350
3ᵉ Trimestre.	2225
4ᵉ Trimestre.	2225

8800

TOTAL. . . 8800

Sommes ordonnancées.

1ᵉʳ Trimestre.	1500
2ᵉ Trimestre.	2000
3ᵉ Trimestre.	2000
4ᵉ Trimestre.	««

5500

TOTAL. . . 5500

Sommes restant à ordonnancer.

1er Trimestre.	500	
2e Trimestre.	350	3300
3e Trimestre	225	
4e Trimestre.	2225	

TOTAL. . . 3300

Ces états sont envoyés en double expédition comme les états de décompte dans les cinq premiers jours du trimestre. (Circ., 10 janvier 1825.)

Pour les bourses communales, il est envoyé aux Maires des communes qui entretiennent des bourses. (Circ., 29 décemb. 1840.)

(Voir Recettes, pages 56 et 59.)

15° ÉTAT DES REMISES A DEMANDER.

(Voir chapitre VI, Dépenses, page 149.)

Le Proviseur fait dresser tous les trimestres un état des demandes qu'il a reçues, et il l'envoie au Ministre qui prononce la remise s'il y a lieu. (Circ., 12 mars 1847.)

Les familles peuvent réclamer les remboursements des sommes qu'elles ont payées ou dont elles ont été débitées depuis le jour de l'exclusion ou décès, jusqu'à la fin du trimestre. (Idem.)

Des remises sont accordées sur les frais de pension aux familles des élèves qui ont été retirés momentanément des Lycées pour cause de maladie; elles sont prononcées pour tout *le temps de l'absence et comprennent la totalité des frais.*

La pension est due pour le temps des vacances; aussi lorsqu'un élève a été retiré momentanément du Lycée pour cause de maladie , son séjour dans la famille est forcé, et alors il n'y a pas de réduction à faire sur les remises pour le temps des vacances. (Circ., 22 avril 1836.)

Quant aux frais d'habillement, il serait difficile de déterminer la défalcation qui pourrait être faite au profit des Lycées sur les remises accordées à des élèves malades ou alités chez leurs parents , et on doit éviter toute discussion qui porterait atteinte à la considération dont jouissent les Lycées ; il est donc préférable de ne pas élever de prétentions à cet égard. (Idem.)

Les parents ont la faculté de traiter chez eux leurs enfants malades , mais pour qu'il y ait lieu à prononcer des remises , il faut que l'état des élèves soit bien constaté par le médecin du Lycée qui déclarera si la demande lui paraît suffisamment justifiée ; sa déclaration sera inscrite sur le registre de l'infirmerie. On la communiquera à la famille en lui faisant connaître que suivant cette déclaration , elle sera fondée ou non, plus tard, à solliciter une remise. On l'avertira que, lorsqu'elle ramènera l'élève au Lycée, elle devra produire le certificat du médecin qui l'aura traité. La déclaration et le certificat seront joints aux propositions de remises , le tout avec les observations que le Proviseur jugera utiles de faire soit dans l'intérêt des familles , soit dans l'intérêt du Lycée. (Idem.) (1)

---

(1) *Nota.* Les états de remises doivent être divisés par exercices , un pour chaque exercice.

16° ÉTATS MORAUX TRIMESTRIELS DES BOURSIERS.

Ces états servent de renseignements pour les promotions, substitutions, transfèrements, dégrèvements, etc., etc., qui peuvent être demandés par les parents des boursiers,

Ils sont envoyés tous les trois mois du ministère pour être remplis. Ces cadres doivent être remplis dans toutes leurs parties, ils doivent renfermer les notes des élèves et doivent être envoyés *directement* dans les quinze jours qui suivent le trimestre auquel ils se rapportent. (Janvier, avril, juillet, octobre.)

S'il y a dans le Lycée des enfants titulaires de bourses attribuées aux jeunes créoles des colonies françaises, le Proviseur adressera tous les trois mois au Ministre de la marine des notes sur ces élèves. (Circ., 14 mars 1836.)

Ces états sont disposés de manière à recevoir outre les notes des élèves du gouvernement, celles des boursiers départementaux et communaux qui étaient portés sur des états distincts, plus une liste des élèves pensionnaires, demi-pensionnaires et externes. (Circ., 30 décembre 1847.)

Pour l'inscription des boursiers nationaux, départementaux et communaux, il faut se conformer à l'ordre alphabétique. (Circ., 7 octobre 1850.)

Dans la colonne destinée à recevoir les noms des boursiers, il faudra porter tous les noms inscrits dans les lettres d'avis, de nomination et dans les actes de naissance ; beaucoup d'enfants ont deux ou trois noms de baptême, l'omission d'un de ces noms pourrait donner lieu à de graves inconvénients. (Circ., 30 décembre 1847.)

Il faut avoir soin d'inscrire dans la colonne réservée à cet effet : la date de la nomination des boursiers , comme demi-boursiers , ensuite la date de la promotion à trois quarts de bourse , et enfin celle de la promotion à bourse entière et pour les élèves à trois-quarts de pension , la date de la nomination à demi-bourse et celle de la promotion à trois-quarts de bourse. (Circ., idem.)

Il faut éviter l'emploi dans la colonne relative aux mœurs des expressions vagues: *douteuses*, *suspectes*. Les termes doivent être plus précis. (Circ. , 16 mars 1836.)

Dans la division réservée aux places , il faudra mentionner le nombre des élèves de la classe où se trouve chaque boursier. (Idem.)

Le Proviseur joint à ces états un rapport indiquant les principaux faits qui résultent des notes fournies sur les élèves. (Circ., 30 décembre 1847.)

Toutes les fois que les faits signalés sont de nature à provoquer une répression ou une récompense, le Proviseur ne doit point se borner à les exposer , mais il doit les accompagner de propositions expresses et formelles. (Circ., 26 mars 1855.)

Enfin cet état sera accompagné d'un relevé numérique des notes méritées par les élèves des diverses catégories. Il se compose des colonnes suivantes :

1° Trimestre ; 2° catégories d'élèves ; 3° religion, subdivisée ainsi : très-bien , bien , assez bien , mal ;

4° mœurs, deux subdivisions : bonnes, mauvaises ;
5° conduite, et 6° Progrès, subdivisées toutes deux
ainsi : très-bien, bien, assez bien, mal. (Circ., idem.)

17° NOTES TRIMESTRIELLES SUR LES ÉLÈVES.

Les Proviseurs et Principaux adresseront aux parents, tous les trois mois, une note sur la conduite,
les progrès, la tenue et l'état de santé de leurs
enfants. (Art. 11. Statut, 4 septembre 1821.)

18° ÉTAT DES RETENUES OPÉRÉES POUR ABSENCES DES PROFESSEURS.

A la fin de chaque trimestre, le Proviseur fera
dresser l'état des retenues opérées pour absences de
professeurs et maîtres chargés de classes et proposera
le remboursement de celles qu'auront subies les
Professeurs et Maîtres dont la maladie aura été régulièrement constatée, ou l'absence aura eu lieu par
suite de circonstances extraordinaires, ce qui devra
être justifié. (Art. 5. Arrêté, 14 mars 1851.)

L'état des retenues et les propositions du Proviseur
seront transmises au Ministre par l'intermédiaire du
Recteur, qui y joindra son avis.

Les retenues dont le remboursement n'aura pas
été autorisé demeureront acquises au Lycée. (Art.
5. Idem.)

(Voir page 74.)

Pièces semestrielles.

1° ÉTAT DE LIQUIDATION DES SOMMES DUES PENDANT LE.... SEMESTRE 185... POUR LES BOURSIERS DES LYCÉES AUX PARENTS DESQUELS M. LE MINISTRE A MANIFESTÉ L'INTENTION D'ACCORDER DES DÉGRÈVEMENTS.

La liquidation des dégrèvements est calculée par dixièmes : six dixièmes pour le premier semestre et quatre dixièmes pour le second.

Les *boursiers impériaux* qui obtiendraient un dégrèvement de tout ou partie de leur trousseau devront en être pourvus par les *Lycées de Paris* pour la somme de 500 fr. La partie due par les parents de ces élèves se paiera d'après le même taux. (Lettre du Rect. de la Seine, 1er avril 1854).

(Voir page 69.)

L'indemnité de trousseau après transfèrement sera désormais fixée à 110 fr. pour les *boursiers impériaux* qui en obtiendraient le dégrèvement. (Arrêté, 1er février 1854).

2° ÉTATS MORAUX SEMESTRIELS DES PENSIONNAIRES ET DEMI-PENSIONNAIRES.

Tous les six mois, *en janvier et juillet*, il sera adressé au Ministre des états nominatifs et moraux des élèves pensionnaires et demi-pensionnaires. (Circ., 14 mars 1836 et 7 octobre 1850.)

Les états moraux contiennent pour chaque trimestre les notes des boursiers impériaux, départementaux et communaux, et celles des pensionnaires et demi-pensionnaires tous les semestres. (Circ. , 30 décembre 1847.)

(Voir page 260.)

Pièces annuelles.

BUDGET (voir page 213 et suivantes.)

1° COMPTE DE DENIERS.

Dans les dix premiers jours du mois de janvier de chaque année , l'Econome établit le compte des recettes et des dépenses qu'il a faites pendant l'année précédente. Art. 220. Règl. , 16 décembre 1841.)

Pour justifier de leurs opérations de caisse et de l'emploi des objets de consommation., les Economes présentent chaque année un compte de deniers et un compte de matières. (Instr. , 19 décembre 1850.)

Le compte de deniers est le compte des recouvrements et des paiements d'une année ; il doit en faire connaître l'ensemble et présenter néanmoins ceux qui se rattachent à chacun des deux exercices en cours d'exécution pendant les trois premiers mois de chaque année , ainsi que les recettes qui ont pu être faites par anticipation pour un exercice non encore ouvert. Des sections distinctes sont destinées à chaque exercice ; les sommes qu'elles comprennent sont ensuite totalisées par chapitre de recettes et de dépenses. (Circ. , 25 novembre 1841.)

Il faut que le compte de deniers fasse connaître les paiements effectués sur chacun des crédits ouverts. (Idem.)

Ce compte se divise donc par exercices et par chapitres de recettes et de dépenses ; il constate :

1° Les valeurs qui se trouvaient en caisse et en portefeuille au 31 décembre de l'année antérieure à celle du compte ;

2° Le montant de toutes les sommes reçues et payées pendant l'année et les différentes natures de recettes et de dépenses auxquelles elles s'appliquent ;

3° Les valeurs restant en caisse et en portefeuille au 31 décembre.

Rédigé en double expédition, ce compte est certifié par l'Econome ; le Proviseur constate au bas dudit compte qu'il est conforme aux écritures. (Art. 224. Regl. 16 décembre 1841.)

Pendant le cours d'une année il peut être fait des recouvrements pour trois exercices différents et des paiements pour deux exercices, savoir : (Inst., 25 novembre 1841.)

1° Pour le compte de l'exercice qui est à sa seconde année et qui se prolonge jusqu'au 31 mars. (Id.)

2° Pour le compte de l'exercice qui prend le nom de l'année pour laquelle le compte est à rendre et qui en embrasse toute la durée ; (Idem.)

3° Il peut y avoir en outre des recouvrements par anticipation pour le compte d'un exercice non encore ouvert. (Idem.)

La *première division*, soit pour les recettes, soit pour les dépenses, comprend les opérations faites pendant le 1er trimestre de l'année pour l'exercice clos le 31 mars. (Idem.)

Les restes à recouvrer et à payer à cette époque étant arrêtés en fin d'exercice sont définitifs et doivent être d'accord avec les créances et les dettes portées au compte d'administration. (Idem.)

La deuxième division comprend les opérations faites pour le nouvel exercice pendant l'année entière; elle ne peut présenter que les restes à recouvrer et à payer, *connus au 31 décembre*, trois mois avant la clôture de l'exercice, et par conséquent susceptibles d'être modifiés par suite d'opérations de caisse ou de liquidations nouvelles jusqu'au 31 mars suivant. Ces restes à recouvrer et à payer, arrêtés provisoirement au 31 décembre, ne peuvent concorder avec les créances et les dettes résultant du compte d'administration et arrêtés définitivement au 31 mars. Ce n'est qu'en fin d'exercice et lorsque le compte de deniers de l'année suivante a été rendu, qu'il doit y avoir concordance. (Idem.)

La troisième division des recettes, destinée aux recouvrements effectués par anticipation sur un exercice non encore ouvert, n'est remplie que lorsqu'il y a été fait des recouvrements de cette nature. (Idem.)

Afin de mettre la Cour des Comptes à même d'apprécier, à la fin de chaque gestion, l'ensemble des opérations faites pour chacun des exercices en cours d'exécution pendant l'année, on a dû rappeler les recouvrements et les paiements antérieurs qui se rattachaient à ces exercices. (Idem.)

La première division devient donc un compte complet d'exercice; la seconde présente tous les résultats connus au 31 décembre pour le nouvel exerciée; elle sera complétée dans la première division du compte de gestion de l'année suivante. (Idem.)

La récapitulation des recouvrements et des paiements, divisée par exercices, fournit les moyens, en présentant l'ensemble des opérations de caisse de l'année, de contrôler les recouvrements et les paiements portés au compte d'administration. (Idem.)

La récapitulation générale est un compte sommaire par exercice ; elle fait connaître les droits constatés au profit du Lycée ou de ses créanciers; les recouvrements et les paiements effectués sur ces droits ; les restes à recouvrer ou à payer. (Idem.)

Les comptes annuels de deniers et de matières sont jugés par la Cour des comptes. (Art. 678. Ord. , 31 mai 1838.)

2° COMPTE DE MATIÈRES.

(Voir Compte de deniers, page 264.)

Dans les dix premiers jours du mois de janvier de chaque année , l'Econome établit le compte des matières. (Art. 220. Régl., 16 décembre 1841.)

Ce compte fait connaître :

1° La quantité des approvisionnements qui se trouvaient dans les magasins au 31 décembre de l'année antérieure à celle du compte ;

2° La quantité des approvisionnements entrés dans les magasins pendant l'année ;

3° La quantité des objets consommés pendant l'année ;

4° La quantité et la valeur des objets qui se trouvaient dans les magasins au 31 décembre. (Art. 223 Régl., 16 décembre 1841.)

Le comptable doit justifier non seulement des deniers, mais des matières dont il a eu la manutention pendant l'année. Sous le nom de matières, on comprend les objets de toute nature achetés ou récoltés dans les jardins des Lycées pendant l'année, ou qui existaient en magasin au 1ᵉʳ janvier, le compte des matières en indique l'emploi. Il est divisé par chapitres et par articles de crédit, comme le compte de deniers avec lequel il doit concorder pour les achats faits pendant l'année.

Il complète, avec le compte de deniers, la justification de tous les faits dont se compose la gestion de l'Econome en sa qualité de comptable. (Circ., 25 novembre 1841.)

Ce compte qui est le résumé du livre de magasin doit être entièrement conforme aux résultats qu'il présente et aux inventaires dressés à la fin de chaque trimestre. Les objets et approvisionnements sont estimés d'après les marchés, s'il y en a, et d'après les factures et mémoires, s'il n'y a pas de marché. (Inst., 18 octobre 1829.)

Les éléments de ce compte se trouvent dans les pièces justificatives de dépenses qui accompagnent le compte de deniers. (Inst., 25 novembre 1841.)

Le compte de matières doit concorder avec le compte de deniers; c'est pourquoi il ne faut pas omettre de porter au compte de matières les achats de viande de boucherie, de pain, de poisson, de légumes, etc., etc., ainsi que les autres dépenses qu'on faire ressortir la concordance qui doit exister entre ce compte et le compte des deniers. (Circ. , 18 décembre 1850.)

Le compte de matières doit comprendre non seulement les denrées, marchandises et autres objets de consommation achetés pour le service de l'établissement, mais encore les autres dépenses qui figurent au compte de deniers dans les chapitres I, II, III, V et VI, afin que les résultats généraux des deux comptes soient les mêmes, sauf le chapitre IV. (Circ., Idem.)

Pour obtenir cette concordance, il convient de diviser en deux sections les chapitres du compte de matières. On porte dans la première section les denrées et marchandises achetées pendant l'année, leur valeur, et à la seconde l'on inscrit les autres dépenses afférentes au chapitre. On réunit ensuite les totaux des deux sections, qui doivent présenter pour chaque chapitre un chiffre égal à celui qui est mentionné au compte de deniers. (Circ. , idem.)

Remarque. — Il n'est point compris dans ce compte, ni les objets mobiliers, ni les effets d'habillement réformés, ni ceux de ces effets remis à neuf, parce qu'ils font partie du trousseau des élèves.

Rédigés en *double expédition*, ces comptes (deniers et matières) sont certifiés par l'Econome. (Art. 224. Règl., 16 décembre 1841.)

Toutes les colonnes de ces comptes doivent être totalisées exactement, surtout celles qui font connaître les valeurs en argent des objets ou matières. (Idem.)

Le Proviseur constate que lesdits comptes sont conformes aux écritures, et tient la main à ce que les comptes et les pièces à l'appui soient envoyées au Ministre avant le 20 janvier. (Art. 225. Idem.)

L'Econome doit en conserver une minute. (Instr., 18 octobre 1829.)

Lorsqu'il y a mutation d'Econome pendant l'année, chaque Econome qui sort doit rendre ses comptes de deniers et de matières jusqu'au jour où il cesse de remplir ses fonctions. (Inst., 25 novembre 1841.)

(Voir Compte de clerc à maître.)

Pièces à annexer aux comptes de deniers et de matières.

Indépendamment des pièces indiquées dans la nomenclature après chaque article de recettes et de dépenses dont l'envoi doit être fait pour les recettes à la fin de chaque année, avec les comptes de gestion, et pour les dépenses par trimestre, les Economes sont tenus de joindre à leurs comptes de gestion (deniers et matières), qu'ils rendent dans les dix premiers jours du mois de janvier, celles dont le détail suit : (Nom. spéc., 16 décembre 1841.) (1)

---

(1) *Remarque.*—Le tableau récapitulatif des décomptes établis sur les états de présence de toute l'année, et qui est produit comme pièce justificative jointe à ces états à l'appui des comptes de deniers et de matières, n'est pas autre que le tableau des frais dus au Lycée d'après les décomptes établis sur les états mensuels de présence, tableau qui se trouve au bas de la 2ᵉ page des comptes de deniers et d'administration. C'est pourquoi la demande faite par certaines économies d'une copie séparée de ce tableau nous paraît fort inutile.

1° REGISTRES A SOUCHES DES QUITTANCES TIMBRÉES OU NON TIMBRÉES DÉLIVRÉES DEPUIS LE 1er JANVIER JUSQU'AU 31 DÉCEMBRE.

L'Econome joint à l'appui du compte de deniers les registres à souches des quittances délivrées par lui depuis le 1er janvier jusqu'au 31 décembre et arrêté *en somme totale* au 31 décembre. (Nom. spéc., 16 décembre 1841.)

Ce registre, certifié par l'Econome, est visé par le Proviseur. (Art, 222, 16 décembre 1841.)

Les livres-souche constatent toutes les sommes que l'Econome a reçues depuis le jour de son installation jusqu'au 31 décembre. S'il était en exercice avant le 1er janvier, le procès-verbal de caisse dressé le 31 décembre de l'année précédente constate les sommes dont il était responsable ledit jour, et le livre-souche fait connaître les sommes qu'il a reçues depuis le 1er janvier jusqu'au 31 décembre suivant. (Inst., 13 octobre 1829.)

Ce livre, additionné page à page, avec le report à la page suivante, et en somme totale au 31 décembre, est produit à la Cour des Comptes comme pièce justificatives des recettes de l'année. (Idem.)

L'Econome a donc le plus grand intérêt à ce que ce livre soit en concordance parfaite, soit avec les autres écritures, soit avec son compte de gestion. (Idem.)
(Voir page 193.)

2° BORDEREAU RÉCAPITULATIF DES REGISTRES A SOUCHE.

Ce bordereau présente pour chaque article de recettes, et par exercices, la date et le montant de chacune des quittances et le total des sommes reçues pendant l'année. (Nom. spéc., 16 décembre 1841.)

Les bordereaux récapitulatifs feront connaître la division par article et par chapitre, pour chaque exercice qui aura été en cours d'exécution pendant la gestion. (Circ., 23 novembre 1841.)

Le bordereau sera divisé en trois sections, si outre les recettes afférentes aux deux exercices en cours d'exécution pendant la gestion, il a été fait des recouvrements par anticipation sur un exercice non encore ouvert. Il n'aura que deux sections si aucune somme n'a été reçue par anticipation. (Inst., 29 novembre 1841.)

On portera successivement sur le bordereau tous les articles des livres-souche ; on y inscrira le numéro de la quittance, la date du versement et la désignation de la recette ; on classera ensuite, dans les différentes colonnes, suivant la nature des recettes, le montant des versements. (Idem.)

Il sera nécessaire d'observer l'ordre des inscriptions des livres-souche de manière que les numéros se suivent dans chaque section, sauf les lacunes résultant de la division par exercices. (Idem.)

On fera ensuite les additions par colonnes et par exercices ; chaque total devra correspondre à un article de comptes et offrir des résultats identiques. (Id.)

On formera des totaux par chapitre au moyen d'accolades placées sous les totaux par article. (Idem.)

Enfin la récapitulation placée au bas du bordereau

présentera d'une manière sommaire les recettes de la gestion entière, classées par chapitres et par exercices ; elle devra concorder exactement avec la récapitulation de même nature que comprend le compte de deniers.

Ce bordereau ne sera dressé qu'une fois par an. (Inst., 25 novembre 1841 .)

3° ÉTATS DE PRÉSENCE DE L'ANNÉE.

4° PROCÈS-VERBAL DE VÉRIFICATION DE CAISSE.

Le procès-verbal de vérification de caisse dressé le 31 décembre de l'année précédente constate les sommes dont l'économe était responsable ledit jour. (Inst., 13 octobre 1829.)

(Voir page 243.)

5° INVENTAIRE DES DENRÉES ET MARCHANDISES EN MAGASINS AU 31 DÉCEMBRE.

(Voir page 249.)

6° EXTRAIT, DUMENT CERTIFIÉ, DE LA DÉLIBÉRATION DU CONSEIL ACADÉMIQUE.

Qui détermine, pour l'année, les fournitures à mettre en adjudication et celles à faire au moyen de marchés à l'amiable ou d'achats de gré à gré. (Nom. spéc., 16 décembre 1841.)

7° BORDEREAU SOMMAIRE DES MARCHÉS

Passés avec les fournisseurs ou entrepreneurs, en cours d'exécution pendant l'année pour laquelle le compte est rendu, faisant connaître la durée et le prix des adjudications ou marchés, ainsi que la date de la décision qui les a approuvés. On doit indiquer sur le bordereau dont il s'agit le numéro des mandats de paiements auxquels les copies des marchés sont jointes. (Nom. spéc., 16 décembre 1844.)

8° ÉTAT DES IMMEUBLES POSSÉDÉS PAR LE LYCÉE.

Parmi les pièces que l'Econome doit fournir à l'appui de ses comptes de gestion figure l'état des immeubles appartenant au Lycée.

Cet état doit faire connaître la nature des immeubles, à quel titre l'établissement en est devenu propriétaire, leur valeur, leur affectation, et, s'il y a lieu, la date et le prix des acquisitions et constructions nouvelles. (Nom. spéc., 16 décembre 1844.)

Si le Lycée ne possède pas d'immeubles, on produira un état négatif. (Circ., 17 décembre 1850.)

Nota. Le modèle de l'état est joint à la circulaire précitée.

9° COPIE DE L'ÉTAT DÉTAILLÉ DES CRÉANCES AU 31 DÉCEMBRE DERNIER.

Cet état, ainsi que celui des dettes, ne peut être que la reproduction détaillée des éléments portés dans les comptes. (Circ., 12 mars 1847.)

L'état des créances doit indiquer la nature des titres, leur date, celle des inscriptions hypothécaires prises pour leur conservation, et, s'il y a lieu, les procédures entamées, la position où elles se trouvent. (Nom. spéc., 16 décembre 1844.)

Si le Lycée ne possède pas des créances, on produira un état négatif. (Idem.)

(Voir page 245.)

10° COPIE DE L'ÉTAT DÉTAILLÉ DES DETTES AU 31 DÉCEMBRE DERNIER.

(Voir copie de l'état des créances , n° 8° et page 246.)

Si le Lycée n'a pas de dettes on produira un état négatif. (Nom. spéc. , 16 décembre 1841.)

11° ÉTATS DES CRÉDITS SUPPLÉMENTAIRES ET EXTRAORDINAIRES.

Alloués sur les fonds des deux exercices en cours d'exécution pendant l'année. (Nom. spéc. , 16 décembre 1841.)

Cet état doit comprendre tous les crédits accordés sur les fonds de l'exercice en dehors de ceux qui ont été alloués au budget et par suite desquels des dépenses ou des paiements ont été effectués. (Inst. gén. , 25 novembre 1841.)

Réuni au budget , cet état complète le relevé des crédits d'après lesquels ont lieu toutes les opérations qui sont mentionnées dans le compte de deniers et dans le compte d'anministration. (Idem.)

Les divers crédits ouverts pour remboursements à faire par suite de remises ou de dégrèvements forment un seul article , soit au chapitre VI , soit au chapitre VII ; on renvoie pour les développements aux états particuliers contenant le détail des remises et des dégrèvements. (Idem.)

A l'exception de ces crédits, tous ceux qui ont été alloués doivent être inscrits séparément sur l'état. A l'appui du compte d'administration, un seul état, embrassant toute la durée de l'exercice, doit être produit; mais à l'appui du compte de deniers il est nécessaire d'en produire deux, l'un pour l'exercice qui a été clos (1er janvier au 31 mars, 15 mois), l'autre pour l'exercice qui a commencé pendant la gestion (1er janvier au 31 décembre). (Inst. gén., 25 novemb. 1841.)

12° ÉTATS COLLECTIFS DES EXEMPTIONS ET REMISES.

Cet état fait connaître le montant des exemptions et remises qui ont été prononcées et donne le moyen de contrôler les sommes qui sont portées dans les comptes, soit en diminution des droits constatés, soit à titre de remboursement. (Inst. gén., 25 nov. 1841.)

1° *Exemptions.* — Les exemptions de frais d'études ont généralement pour effet de dispenser l'administration du Lycée de constater les droits sur lesquels elles portent au moyen d'une déduction qui est opérée dans les états de présence sur le nombre des élèves qui en sont passibles. Il arrive cependant que les exemptions remontent à une époque où les élèves ont été portés sur les états de présence comme étant passibles des droits ; dans ce cas, elles donnent lieu à une réduction sur les droits constatés, si les sommes dont l'exemption a été prononcée étaient dues par les familles, et à un remboursement pour lequel un crédit doit être ouvert, si elles avaient été acquittées. (Inst., idem.)

Les sommes représentant les droits non constatés par suite des exemptions (au moyen d'une déduction faite sur les états de présence), sont portées dans la première section de l'état ; les élèves pour lesquels elles sont inscrites doivent être en nombre égal à celui des élèves exemptés qui est mentionné sur les états de présence. Celles qui représentent les droits constatés à l'époque où l'exemption a été prononcée sont portées dans la 2ᵉ section. Les unes et les autres réunies forment le montant des frais d'études que les élèves ont été dispensés de payer en conséquence des exemptions. (Idem.)

2° *Remises.* — On porte en outre, dans la 2ᵉ section, toutes les remises qui sont prononcées sur les droits constatés pour frais de pension, livres classiques, etc., etc. ; les sommes non acquittées comprises dans les remises sont portées dans la 3ᵉ section ; celles qui avaient été acquittées, et dont le remboursement a été autorisé, sont portées dans la 4ᵉ. Il doit y avoir concordance entre ces trois dernières sections, la 3ᵉ et la 4ᵉ n'étant que des subdivisions de la seconde. Les opérations auxquelles les exemptions et les remises ont donné lieu sont indiquées dans un résumé qui termine l'état. (Idem.)

Les exemptions et les remises qui sont prononcées depuis le 1ᵉʳ janvier jusqu'au 31 mars, et qui portent soit sur l'exercice qui finit, soit sur l'exercice qui commence, soit sur les deux exercices à la fois, sont classées pour la part qui leur est afférente, dans les comptes de l'exercice auquel elles se rattachent. (Idem.)

Les créances arriérées n'étant reportées à l'exercice qui commence qu'à partir du 1ᵉʳ avril, les remises prononcées jusqu'au 31 mars, sur les exercices antérieurs, sont nécessairement comprises dans les comptes de l'exercice qui finit; celles qui sont prononcées postérieurement font partie des opérations du nouvel exercice. (Idem.)

Pour rendre plus facile l'application de ces règles, on a fait figurer dans le modèle quelques remises, calculées pour un Lycée de troisième classe.

A l'appui du compte d'administration, un seul état, embrassant toute la durée de l'exercice, doit être produit. (Idem.)

Mais à l'appui du compte de deniers, il est nécessaire d'en produire deux, les opérations qui se rattachent à chacun des exercices qui ont été en cours d'exécution pendant l'année, devant être présentées d'une manière distincte. Pour l'exercice qui a été clos pendant la gestion, l'état est semblable à celui qui a été joint au compte d'administration; pour l'exercice qui a commencé avec la gestion, l'état comprend seulement les exemptions et remises, qui, d'après les règles rappelées ci-dessus, devaient faire partie des opérations afférentes à cet exercice. (Idem.) (1)

---

(1) *Remarque.* — Lorsque le prix de la pension des bourses départementales, communales ou par fondations particulières n'est pas égal au prix de la pension réglé par l'art. 2 du décret du 16 avril 1853, parce que ces bourses ont été fondées antérieurement à ce décret, il arrive alors que les recettes effectuées sont inférieures aux décomptes des états de présence. Pour établir la concordance dans les comptes, il faut nécessairement porter la différence sur l'état des remises, à moins que les États de présence n'aient conservé l'ancien taux dans ses décomptes.

Cet état doit être parfaitement d'accord :

1° Avec le chapitre III de la recette pour les remises afférentes à des frais dus pour l'exercice ;

2° Avec le chapitre VI de la dépense pour les remises prononcées sur des frais acquittés propres à l'exercice ;

3° Avec le chapitre VII (1re section), pour les remboursements ayant pour objet des frais arriérés ;

4° Avec le chapitre VII (2e section), pour les remises prononcées sur des frais arriérés se rattachant à des exercices clos. (Circ. , 12 mars 1847.)

13° ÉTATS DES DÉGRÈVEMENTS ACCORDÉS.

Tous les dégrèvements accordés, et dont le montant est porté dans les comptes, doivent être inscrits avec détail dans cet état. (Inst. gén., 25 novembre 1841.)

L'état des dégrèvements doit cadrer avec les articles portés au chapitre III de la recette et VI de la dépense pour les dégrèvements ayant donné lieu à des remboursements de frais applicables à l'exercice. (Circ., 12 mars 1847.)

Il doit cadrer avec le chapitre VII de la recette et de la dépense (1re section), pour les dégrèvements relatifs à des frais se rattachant à des exercices clos et ayant donné lieu à des remboursements. (Idem.)

A l'appui de compte d'administration, on doit, comme pour les remises, produire un seul état qui embrasse toute la durée de l'exercice. Mais a l'appui du compte de deniers, il est nécessaire d'en produire deux, l'un pour l'exercice qui a été clos, l'autre pour l'exercice qui a commencée pendant la gestion. (Inst., 25 novembre 1841.)

14° CERTIFICAT DU RECOLEMENT DU MOBILIER DES FONCTIONNAIRES.

Délivré par le Directeur, l'Inspecteur ou le Vérificateur de l'Enregistrement et des Domaines. (Inst. et Nom. spéc., 16 décembre 1841.)

Ce certificat sera annexé aux pièces principales produites à l'appui des comptes de gestion. (Circ., 19 décembre 1850.)

Ce document, ainsi que les trois pièces qui suivent, nos 14, 15 et 16, étant les éléments justificatifs de la gestion des Economes, doit être établi à la fin de chaque année comme les comptes de gestion. (Id.)

On constate dans le certificat de recolement que tous les objets mentionnés dans les relevés précédemment établis existent bien réellement à l'époque du recolement. (Idem.)

Les certificats de recolement du mobilier affecté au service de l'Etablissement, du linge, des livres, des instruments de physique et des collections scientifiques, doivent être signés par les deux membres du Conseil académique qui assistent au recolement, ainsi que par les Proviseurs et Economes. (Art. 56 et 57. Règl., 1er novembre 1812.)

15° COPIE TEXTUELLE DU SUPPLÉMENT DU CATALOGUE DE LA BIBLIOTHÈQUE.

Cette copie accompagne celle du supplément de

l'inventaire fait au 31 décembre. (Instr., 19 décembre 1850.)

(Voir page 209.)

16° COPIE TEXTUELLE DU CATALOGUE SUPPLÉMENTAIRE DES INSTRUMENTS DE PHYSIQUE ET DES COLLECTIONS SCIENTIFIQUES.

Une copie, dûment certifiée, des catalogues supplémentaires des instruments de physique et des collections scientifiques doit accompagner le supplément de l'inventaire fait le 31 décembre. (Inst., 19 décembre 1850.)

(Voir page 209.)

17° COPIE TEXTUELLE DU SUPPLÉMENT DE L'INVENTAIRE DU MOBILIER GÉNÉRAL.

Ce document étant un des éléments justificatifs de la gestion des Economes, doit être établi à la fin de chaque année comme les comptes de gestion. (Circ., 19 décembre 1850.)

Les Economes rendent compte du mobilier usuel et scientifique au moyen d'un inventaire général et de certificats annuels de recolement. (Inst., 19 décembre 1850.)

(Voir page 207.)

18° PIÈCES DIVERSES. (1)

1°Outre les pièces indiquées ci-dessus, les Economes

---

(1) *Remarq.*—Ces pièces diverses varient selon les Lycées ; il est facile de trouver à la vue des recettes et des dépenses portés dans les comptes qu'elles sont les justifications dont on a besoin, il n'y a qu'à parcourir la nomenclature spéciale

doivent joindre à leurs comptes de gestion toutes les pièces nécessaires pour justifier les recettes et les dépenses dont les justifications ne sont pas comprises dans les pièces ci-dessus indiquées et dans celles qui ont été envoyées dans le courant de l'année.

2° L'Econome, avec les pièces annuelles, remettra toutes celles qui lui ont été renvoyées comme irrégulières, ou qui lui ont été réclamées par les accusés de réception mensuels et dont il n'a pas encore fait l'envoi. (Nom. spéc., 16 décembre 1841.)

3° Une note particulière annexée aux comptes fera connaître si l'Econome a satisfait aux injonctions de la Cour des comptes pour les gestions antérieures. (Idem).

4° Les Econonomes installés pendant l'année doivent, en outre, produire les copies des pièces qui justifient de leur nomination et du versement ou de la réalisation de leur cautionnement. (Idem.)

3° Compte d'administration.

(Voir *budget*. Le commencement, page 218.)

Dans les quinze premiers jours du mois d'avril, le Proviseur doit remettre au Recteur, avec les pièces à l'appui , le compte d'administration du Lycée pour l'exercice précédent. (Art. 204. Règl., 16 déc. 1841.)

Ce compte est jugé par le Ministre en Conseil Impérial. (Art. 203. Idem).

---

qui se trouve après chaque article de recette et de dépense pour connaître aussitôt le mode de justification exigée. Pour les recettes et les dépenses qui n'ont point de justification indiquée dans la nomenclature , on les justifie comme les recettes et les dépenses analogues.

Le Recteur transmet au Ministre le compte, le rapport du Proviseur, le rapport fait au Conseil académique par la Commission chargée du compte et la délibération du Conseil académique; il y joint ses observations, s'il y a lieu. (Art. 206. Idem.)

Le compte d'administration comprend les opérations de l'exercice pour lequel il est rendu. Ce compte, qui est destiné à mettre le Conseil de l'Université à même d'apprécier l'administration économique, fait connaître les droits constatés à la charge des redevables et au profit des créanciers du Lycée, les recouvrements et les paiements effectués, les sommes restant à recevoir et à payer. Les dépenses faites sur chaque crédit ouvert y sont portées avec détail. Ce compte présente la situation de l'Etablissement à la fin de l'exercice; il s'accorde avec le compte de deniers et celui de matières dont il reproduit les éléments. Le mouvement des approvisionnements, sans lequel la dépense nette ne peut être évaluée, y est indiqué. (Cir., 25 novembre 1841).

Ce compte embrasse les recettes et les dépenses d'un exercice entier et, en outre, celles qui proviennent des exercices clos et qui ont été régulièrement rattachées à cet exercice. (Inst., 25 novembre 1841.)

Les six premiers chapitres comprennent les opérations faites pour l'exercice même; le septième est réservé pour les opérations relatives aux exercices clos. (Idem).

Un des points sur lesquels on doit appeler l'attention, c'est la concordance qui doit exister entre les comptes d'administration et le compte de deniers relativement aux opérations de caisse. Le premier embrasse un exercice entier et le second s'applique à une année seulement ; dès-lors, il faut distinguer dans le compte d'administration les recouvrements et les paiements effectués pendant chaque année. (Inst., 12 mars 1847.)

Les comptes de deniers rendus par gestion annuelle sont néanmoins divisés par exercices ; d'un autre côté, les comptes d'administration, rendus par exercice, sont établis de manière à présenter distinctement les recouvrements et les paiements de chacune des années pendant lesquelles des opérations de caisse peuvent avoir eu lieu pour l'exercice. Ainsi, il est toujours facile de rapprocher les comptes d'administration des comptes de deniers et de s'assurer qu'il y a une parfaite concordance des uns avec les autres. (Inst., 12 mars 1847.)

Il ne faut pas oublier que toutes les parties du compte d'administration ont une liaison rigoureuse ; qu'elles doivent concorder entre elles et fournir les moyens de les contrôler les unes par les autres. (Idem).

Voici les divisions du compte d'administration.

1° TABLEAU RÉCAPITULATIF DES ÉTATS
DE PRÉSENCE ;

Dont l'objet est de faire connaître le nombre des élèves de toutes les catégories , tant pour le Lycée que pour les écoles annexes. (Idem).

Ce tableau est la base des deux autres : il se doivent être tous trois la reproduction exacte des états de présence dressés dans le courant de l'année et se trouver en rapport avec le nombre des élèves et les sommes portées au chapitre III de la recette. (Id.)

Les comptes sont disposés de façon que toutes les opérations peuvent y prendre place sans que ce rapport soit interrompu ; en effet, les droits constatés résultant des tableaux récapitulatifs doivent toujours être invariablement inscrits, pour leur montant intégral, dans la colonne du chapitre III, intitulée : *Sommes à recevoir*. (Voir chapitre III.) (Idem.)

2° TABLEAU DES FRAIS DUS AU LYCÉE.

(Voir tableau récapitulatif des états mensuels de présence.)

3° SITUATIONS DU LYCÉE A L'ÉPOQUE DE LA CLOTURE DE L'EXERCICE.

On doit reporter comme premier article du compte la situation du Lycée à la fin de l'exercice précédent et constater à la suite du compte la situation du Lycée à la fin de l'exercice.

On ne doit comprendre dans ces situations que les valeurs afférentes à l'exercice auquel elles s'appliquent ; les opérations du nouvel exercice ne doivent jamais y figurer.

Elles se composent donc :

1° Du résultat, à la clôture de l'exercice dont on rend compte, des opérations de caisse faites pour l'exercice et les exercices antérieurs. Ce résultat s'obtient en comparant l'excédant des recouvrements sur les paiements à l'époque de la clôture de l'exercice précédent, avec l'excédent des recouvrements sur les paiements ou des paiements sur les recouvrements de l'exercice ;

2° Des créances et des dettes à l'époque de la clôture de l'exercice ;

3° Des approvisionnements au 31 décembre.

(Tous les mouvements qui ont lieu dans les approvisionnements après le 31 décembre se rattachent au nouvel exercice.)

On y porte pour mémoire des achats de rentes et d'immeubles. (Inst., 25 novembre 1841.)

La situation en tête du compte doit être la reproduction exacte de celle qui a été fixée dans l'arrêté relatif au compte précédent. Il n'est pas loisible au comptable de modifier, de quelque manière que ce soit, les éléments de cette situation ; il ne doit la compliquer par aucune addition ou explication. (Circ., 12 mars 1847.)

Les éléments de cette situation doivent ensuite être répartis dans le compte sans qu'aucun changement y soit fait, savoir : le résultat des opérations de caisse dans la situation qui termine le compte de l'exercice ; les créances, dans la deuxième section du chapitre VII de la recette ; la valeur des denrées et marchandises, dans le tableau récapitulatif de la dépense nette ; et les dettes dans la deuxième section du chapitre VII de la dépense. (Idem.)

Si des décisions postérieures à la clôture de l'exercice précédent donnent lieu à des réductions de créances ou de dettes, comprises dans la situation reportée en tête du compte, ou même à des opérations de caisse, il ne s'ensuit pas qu'on doive changer les chiffres qui composent cette situation. Ces décisions ne peuvent avoir pour effet d'empêcher que la situation du Lycée n'ait été, au 31 mars de l'année précédente, pour l'exercice, telle qu'elle a été présentée. Mais en regard du montant des créances, on inscrit à la recette, 2e section du chapitre VII, dans la colonne qui lui est consacrée, les remises à en défalquer, et on porte ensuite sur la même ligne le chiffre des droits définitivement constatés, de manière qu'on ne perde pas la trace des fixations résultant du compte précédent et arrêtées en Conseil impérial. On procédera de la même manière pour les dépenses, au moyen d'une note placée dans la colonne des observations au chapitre VII, 2e section. On y mentionne, s'il y a lieu, les annulations des dettes qui ont été autorisées. (Idem.)

Quant aux opérations de caisse auxquelles donnent lieu les créances et les dettes arriérées, elles sont décrites dans la même section du chapitre VII, soit de la recette, soit de la dépense. (Idem.)

4° RECETTES.

On porte dans les six premiers chapitres les recettes déterminées par le Budget; on y inscrit également, selon leur nature, les recettes non prévues. (Id.)

Chapitres I et II. — Ne présentent aucune difficulté.

Chapitre III. — Contient un petit tableau destiné à comprendre toutes les sommes payées à titre de rétribution spéciale pour les élèves, suivant les cours annexes et les renseignements dont le but est de fournir les moyens d'apprécier les ressources propres des écoles annexes. (Idem.)

Le chapitre III contient un article intitulé : *Sommes à recevoir du Trésor pour dégrèvements de pension et de trousseaux accordés à des familles qui avaient acquitté les frais à leur charge.* Il est essentiel de ne pas confondre les dégrèvements portant seulement sur des droits constatés et ceux qui ont pour objet des sommes acquittés pour l'exercice dont on rend compte.

Les premiers ne donnent pas lieu à un article de recette dans le compte même, le montant des droits constatés n'éprouve aucune réduction, seulement le Trésor paie au lieu et place des familles. (Idem.)

Quant aux dégrèvements relatifs à des sommes déjà acquittées, il est impossible de ne pas leur consacrer un article spécial, puisqu'ils entraînent pour le Lycée un recouvrement supplémentaire, mais ils doivent être balancés par un article d'égale quotité inscrit au chapitre VI de la dépense, d'après un crédit régulièrement ouvert pour remboursement aux familles qui ont obtenu des dégrèvements : ils ne constituent en réalité que des opérations d'ordre. (Id.)

Les sommes reçues par anticipation des familles, c'est-à-dire antérieurement à l'ouverture de l'exercice, sont portées en recettes aux chapitres III et V en regard des droits constatés et cumulés avec les autres recouvrements effectués pour l'exercice, lorsqu'à l'époque de sa clôture. (Inst., 29 nov. 1841.)

Chapitre IV. — Ne présente aucune difficulté.

Chapitre V. — On doit placer dans ce chapitre les recettes qui, d'après leur nature, ne trouvent pas place dans les chapitres précédents. Plusieurs de ces recettes ne sont pas en réalité des recettes extraordinaires, mais seulement des recettes accidentelles au moyen desquelles l'établissement rentre dans les avances faites par lui. (Circ., 12 mars 1847.)

On classe dans ce chapitre le produit des ventes d'effets hors de service, de vieux matériaux, etc. On doit faire autant d'articles isolés qu'il y a d'espèces différentes de ventes, pour qu'on puisse toujours reconnaître l'origine de ces ressources spéciales. (Idem.)

On entend par recettes extraordinaires celles dont la gestion a profité indépendamment des ressources communes à tous les Lycées. Toutes les recettes portées au chapitre V n'ont pas ce caractère. Le remboursement de quittances timbrées, les remboursements pour dégradations et objets perdus, le produit de la vente de la desserte, quoique placés au chapitre V, ne sont pas des recettes extraordinaires. On n'en fait pas déduction dans l'appréciation des comptes d'administration. On regarde comme recettes extraordinaires dans un Lycée les intérêts des fonds déposés à la Caisse des dépôts et consignations, les arrérages de rentes, le produit des ventes d'objets hors de service ou de vieux matériaux, le prix provenant des aliénations de ventes ou d'immeubles, les loyers et fermages, etc., etc. Ces recettes et toutes celles de même nature sont véritablement des recettes extraordinaires, attendu qu'elles sont spéciales à

13.

certains établissements et que tous n'en profitent pas. (Circ., 12 mars 1847.)

Sont encore considérées comme recettes extraordinaires dans l'appréciation des comptes, le traitement supplémentaire du Proviseur et la gratification de l'Econome, lorsqu'ils n'ont pas été payés. (Idem.)

Chapitre VI. — Ce chapitre doit comprendre l'évaluation en argent des objets récoltés dans le jardin et dans les propriétés du Lycée *et réservés pour la consommation de l'établissement.* L'évaluation inscrite à ce chapitre doit toujours concorder avec celle qui est mentionnée à la dépense. (Idem.)

Chapitre VII. (Première section.) — *La première section* comprend les droits constatés pour des exercices clos postérieurement à la clôture de l'exercice précédent, c'est-à-dire les ressources nouvelles dont l'origine remonte à des exercices clos, mais qui, n'ayant pas encore figuré dans les comptes, doivent faire partie intégrante des ressources de ce nouvel exercice. (Circ., 12 mars 1847.)

La deuxième section comprend les droits constatés antérieurement à la clôture de l'exercice précédent, c'est-à-dire les créances arriérées qui ont été reportées sur l'exercice. Celles de ces créances dont la remise ou la non valeur a été prononcée doivent être déduites des droits constatés ou sommes à recevoir. On les inscrit dans la colonne qui est réservée pour les remises. (Inst génér., 25 novembre 1844.)

Les sommes que comprend cette section ne sont rattachées que pour ordre au compte de cet exercice et afin qu'on puisse trouver dans chaque compte tous les éléments de l'actif des Lycées. Elles doivent être la reproduction exacte des créances arriérées résultant du compte de l'exercice précédent, sauf les remises qui peuvent avoir été prononcées et qu'on doit inscrire dans une colonne spéciale. (Circulaire, 12 mars 1847.)

En conséquence :

La première section du chapitre VII est destinée aux droits constatés, apurés pendant la durée de l'exercice, mais se rattachant à des exercices clos. La deuxième section du chapitre VII est réservée pour les droits apurés pendant les exercices clos, mais dont le recouvrement a été effectué pendant l'exercice dont on rend compte. Ces dernières opérations restent en dehors de celles qui sont propres à l'exercice. (Circ., 12 mars 1847.)

Ainsi au moyen des six premiers chapitres de la recette et des deux sections du chapitre VII, il est facile de présenter avec méthode et clarté tous les faits de recette survenus pendant la durée de l'exercice pour lequel le compte est rendu. Les six premiers chapitres sont consacrés aux droits constatés propres à l'exercice, et l'un d'eux comprend les recettes en nature, qui, bien que d'une espèce particulière, ne sont pas moins de véritables recettes.

5° RÉCAPITULATION GÉNÉRALE DES DROITS CONSTATÉS.

La récapitulation générale des droits constatés n'est autre que le résumé exact des sept chapitres de recettes, dont elle doit produire les résultats généraux d'une manière succinte, mais sans aucune modification. (Circ., idem.)

6° DÉPENSES.

Le système de comptabilité impose l'obligation de renfermer les *paiements* et la *dépense nette* dans les crédits alloués. Les crédits sont spéciaux par article, d'où résulte la nécessité de rendre le compte d'administration de manière que la *dépense nette* puisse être appréciée par article de crédit, et rapprochée de l'allocation sur laquelle elle est imputable. (Inst. 25 novembre 1841.) (1).

On omet quelquefois d'indiquer dans les chapitres I , II , III et V la quantité des objets fournis et le prix de l'unité. Ces renseignements sont essentiels et doivent toujours être exactement donnés. (Idem.)

Chapitre Ier. — Le crédit pour la nourriture est alloué par élève et il n'y a dans ce chapitre qu'un article de dépense. Pour apprécier la dépense nette de ce chapitre, on porte en première ligne les approvisionnements qui existaient en magasin au commencement de l'exercice ; on inscrit ensuite les achats et les dépenses effectués pendant l'année qui donne son nom à l'exercice, on totalise et on déduit du total les approvisionnements au 31 décembre. (Idem.)

On divise la dépense nette du chapitre par le nombre moyen des élèves, tel qu'il résulte du tableau récapitulatif des états de présence en comptant comme

---

(1) *Remarque.* — On ne peut compenser ni un excédant de paiement par un excédant de valeurs dans les approvisionnements , ni augmenter les crédits de la valeur des approvisionnements qui existaient en magasin au commencement de l'exercice. (Circ. 25 nov. 1841.)

au Budget deux demi-pensionnaires pour un élève et un commensal de la table commune pour un élève et demi. (Inst., 25 novembre 1841.)

Chapitre II. — Le crédit pour le blanchissage et le raccommodage est alloué par élève, le tableau placé au bas du chapitre II présente l'ensemble de la dépense nette en somme totale et par élève afin qu'on puisse la comparer au crédit. (Idem.)

Chapitre III. — Renferme deux sections.

La première section (renouvellement ordinaire de l'habillement), consiste dans le renouvellement du linge et des vêtements déterminé par les règlements, dans l'entretien de la coiffure et de la chaussure. (Id.)

La deuxième section (trousseaux,) Comprend tous les frais auxquels donnent lieu les trousseaux. Ainsi les sommes dépensées pour achats de peignes et de brosses, de timbales et couverts d'argent, pour baraques en bois, seront portés au chapitre III. (Id.)

Les tableaux auxiliaires de ce chapitre présentent le rapport entre les étoffes employées et les vêtements confectionnés. Il est également nécessaire d'y ajouter les détails prescrits par la circulaire du 22 janvier 1821, qui font connaître la partie afférente aux trousseaux et celle qui a pour objet le renouvellement ordinaire de l'habillement. Le modèle exige quelques renseignements supplémentaires afin que l'on puisse apprécier, par élève, cette dernière dépense. (Idem.)

Chapitre IV. — Se compose d'un grand nombre de crédits ; la dépense nette n'est autre que les *services faits.* Il suffit donc de relater tous les crédits et de mettre en regard la somme imputable sur chacun d'eux.

La classification est la même qu'au budget ; il y a trois sections : 1° traitements fixes ; 2° traitements éventuels ; 3° indemnités, gratifications, secours. (Inst., 25 novembre 1841.)

Dans les Lycées où il y a des Écoles préparatoires, les traitements des Professeurs de ces écoles sont portés à la suite mais d'une manière distincte. (Idem).

Chaque section ayant un total séparé, il a été établi un tableau récapitulatif pour avoir le total du chapitre. (Idem).

On doit mentionner les noms des fonctionnaires, et, quand il y a eu mutation, présenter d'une manière distincte, les décomptes revenant à chaque ayant-droit, en indiquant le temps auquel ils s'appliquent. (Circ., 12 mars 1847.)

Le relevé des sommes qui ont concouru à l'éventuel doit être établi avec beaucoup de soin et concorder avec les recettes portées au chapitre III du compte. (Idem).

Chapitre V. — Se divise en plusieurs crédits, et les dépenses qui s'y rapportent donnent presque toutes lieu à des approvisionnements ; il est indispensable de suivre le mouvement de ces approvisionnements par nature de dépenses imputables sur le même crédit. Quatre colonnes fournissent les moyens de constater la différence entre les approvisionnements au commencement et à la fin de l'année qui donne son nom à l'exercice et de constater la dépense nette, dont on porte le chiffre dans la cinquième. La sixième présente le rapport entre cette dépense et le crédit alloué. On voit qu'il y a une corrélation nécessaire entre toutes ces colonnes. Il doit y avoir un total séparé par crédit et un total général pour le chapitre. (Inst., 25 novembre 1841.)

Chapitre VI. — Par dépenses extraordinaires, il ne faut pas entendre toutes celles qui sont classées au chapitre dit des dépenses extraordinaires, mais celles seulement qui ne se représentent pas chaque année et qui imposent à la gestion pendant laquelle elles sont effectuées une charge extraordinaire comparativement aux autres gestions : telles sont, par exemple, les acquisitions faites pour accroitre les bibliothèques et les colections scientifiques, le renouvellement du mobilier, les travaux effectués dans les bàtiments, etc., etc. Le chapitre VI contient les frais de la distribution des prix, ceux d'entretien du cabinet de physique, les remboursements par suite de remises et de dégrèvements; ces dépenses, qui se reproduisent chaque année, n'ont pas le caractère de dépenses extraordinaires, on ne doit pas en faire déduction dans l'appréciation du compte. (Circul., 12 mars 1847.)

On assimule aux dépenses extraordinaires les frais afférents aux exercices clos compris dans la 1re section du chapitre VII, autres que le traitement supplémentaire du Proviseur et la gratification de l'Econome, qui sont des charges habituelles de chaque gestion. (Idem.)

Il peut arriver que les traitements supplémentaires

et les gratifications de deux années figurent dans le même compte. Comme il ne peut y avoir qu'un traitement supplémentaire et qu'une gratification par année, le second traitement et la seconde gratification sont alors considérées comme dépenses extraordinaires dans l'appréciation des comptes. (Idem.)

Ce chapitre comprend des dépenses de diverses natures pour lesquelles des crédits spéciaux ont été alloués ; il est établi de la même manière que le précédent. (Inst., 25 novembre 1844.)

Pour les dépenses qui ne donnent pas lieu à des approvisionnements, on mettra des guillemets dans les colonnes qui seront destinées à cet objet. (Idem.)

Il est essentiel pour ce chapitre de faire autant d'articles séparés qu'il y a d'allocations spéciales. (Circ., 12 mars 1847.)

(Voir pour les dégrèvements, chap. III, *Recettes*, pag. 288.)

Chapitre VII. — La première section doit comprendre les dépenses sur des droits constatés postérieurement à la clôture de l'exercice précédent. (Id.)

La deuxième section doit être la reproduction exacte, et sans aucune modification, des dettes arriérées résultant du compte précédent qui ont été portées sur l'exercice. (Idem)

Celles de ces dettes dont la radiation aurait été autorisée ne doivent pas être portées dans les droits à acquitter ; une note sommaire dans la colonne des observations expliquera les différences qui existeront relativement aux dettes arriérées entre la situation établie à la fin de l'exercice précédent et les sommes comprises dans la deuxième section du compte ; on relatera la date des décisions qui auront autorisé la radiation. (Inst., 25 novembre 1841.)

6° TABLEAUX A LA FIN DU COMPTE.

On trouve après le chapitre des dépenses des tableaux qui, en classant les résultats de l'exercice dans un ordre méthodique, rendent plus facile l'appréciation de la gestion. (Idem.)

La récapitulation générale qui suit les sept chapitres de dépenses ne fait que les reproduire d'une manière abrégée. Par conséquent, aucune différence ne peut exister entre les résultats des chapitres des dépenses et les éléments de cette récapitulation. Il ne faut pas oublier d'inscrire parmi les dépenses celles qui ont été faites en nature et auxquelles une colonne spéciale est réservée. (Circ., 12 mars 1847.)

La récapitulation générale des recouvrements et des paiements ne comprend que les opérations de caisse. Elle en fait ressortir les résultats pour l'exercice; ce résultat est reporté dans la situation qui termine le compte; c'est en le combinant avec celui de l'exercice précédent qu'on obtient l'excédent final des recouvrements ou des paiements qui est le premier article de la situation en fin d'exercice. (Idem.)

On a placé ensuite *un état récapitulatif de la dépense nette.* Cet état est destiné à fournir les moyens d'apprécier les dépenses nettes de l'exercice pour toutes les branches du service. Pour ce motif, il ne se compose que des résultats des six premiers chapitres et de la première section du chapitre VII, augmentés ou diminués suivant l'accroissement ou la réduction des approvisionnements en magasin. (Circ., 12 mars 1847.)

Le tableau comparatif de la recette et de la dépense nette rapproche le montant des droits constatés au profit du Lycée, pendant l'exercice dont on rend compte, de la dépense nette établie dans le tableau précédent, et fait ressortir le boni ou le déficit résultant des opérations de l'exercice. (Idem.)

La situation à la fin de l'exercice est le résumé des opérations du compte et des comptes antérieurs. Elle a pour point de départ les éléments de la situation reprise en tête du compte, modifiés d'après les opérations décrites dans ce document. (Idem.)

Ainsi, comme on l'a déjà remarqué, toutes les parties des comptes ont entre elles une liaison indispensable; elles se contrôlent et s'expliquent mutuellement, et le résultat de la comparaison de la recette et la dépense nette doit toujours être égal à la différence qui existe entre les deux situations générales au commencement et à la fin de l'exercice dont on rend compte, déduction faite des remises ou des non-valeurs qui peuvent avoir été prononcées sur les créances ou sur les dettes arriérées. (Idem.)

7° Pièces à annexer au compte d'administration.

La circulaire du 19 avril 1843 a rappelé les pièces qui doivent être transmises avec les comptes à l'administration centrale. Ces pièces, pour la plupart, sont destinées à présenter, sur les résultats consignés dans les comptes, des détails qui ne peuvent trouver place dans ces documents. Elles doivent donc concorder exactement avec les articles des comptes auxquels elles servent de développement. Aucune différence, quelque minime qu'elle soit, ne doit exister entre les uns et les autres. (Circ., 12 mars 1847.)

1° ÉTAT DES CRÉANCES A LA FIN DE L'EXERCICE.

(Voir pièces jointes au compte de gestion, page 274.)

2° ÉTAT DES DETTES A LA FIN DE L'EXERCICE.

(Voir pièces jointes au compte de gestion, page 275.)

3° INVENTAIRE DES DENRÉES ET MARCHANDISES EN MAGASIN A LA FIN DE LA 1re ANNÉE DE L'EXERCICE.

(Voir pièces trimestrielles, page 249.)

Les états de créances et de dettes et l'inventaire des denrées et marchandises en magasin ne peuvent être que la reproduction détaillée des éléments portés d'une manière sommaire dans les comptes. (Circ., 12 mars 1847.)

4° ÉTAT DES EXEMPTIONS ET REMISES PRONONCÉES PENDANT L'EXERCICE. (Idem.)

(Voir page 276.)

5° ÉTAT DES DÉGRÈVEMENTS PRONONCÉS PENDANT L'EXERCICE. (Idem.)

(Voir page 279.)

6° ÉTAT DES CRÉDITS SUPPLÉMENTAIRES ET EXTRAORDINAIRES OUVERTS POUR L'EXERCICE. (Idem.)

(Voir page 275.)

7° TABLEAU RÉCAPITULATIF DES DÉPENSES DU LYCÉE.

Ce tableau a été complété. On fera désormais ressortir la part des internes et celle des externes dans
les dépenses, de manière que les calculs des moyennes, pour les internes, ne comprennent que les dépenses propres à cette catégorie d'élèves. Le chiffre
exact des principales consommations faites par les
élèves, les maîtres et les gens de service, devra en
outre être indiqué. Il est essentiel que ce tableau,
qui met le Conseil académique et l'Administration
centrale à même d'apprécier la gestion financière des
Lycées, soit établi avec le plus grand soin. (Circ., 17
septembre 1853.)

Ce tableau renferme en marge l'instruction à suivre pour l'établir. (Imprim. Dupont, n° 43. Nouveau.)

8° DUPLICATA DES PIÈCES JUSTIFICATIVES DE DÉPENSES.

(Voir page 253.)

9° RAPPORT DU PROVISEUR SUR LE COMPTE
D'ADMINISTRATION (1).

Afin que les comptes puissent être appréciés sous
le double rapport de l'administration économique, et
du bien-être des élèves, il est nécessaire que le Proviseur y joigne un rapport détaillé sur toutes les parties du service. (Inst., 13 octobre 1829.)

Dans ce rapport le Proviseur constatera, comme aux

______

(1) Le Proviseur joint au compte d'administration un rapport détaillé sur les différentes parties du service en général
et sur celles qui sont plus particulièrement confiées à l'Économe. (Art. 204. Règl., 18 décembre 1811.)

recettes, si elles sont faites avec exactitude ; il donnera des explications sur les sommes qu'il reste à recouvrer, et sur les causes qui ont pu retarder ou empêcher le recouvrement. (Idem.)

Quant aux dépenses, il examinera successivement les diverses consommations et les comparera avec celles de l'année précédente, en expliquant les différences. Il indiquera les améliorations qu'il a introduites et celles qui lui paraissent pouvoir être adoptées plus tard. (Idem.)

Enfin, il comparera les résultats généraux de l'année précédente, et fera connaître les causes qui ont pu contribuer à augmenter ou à diminuer les recettes. (Idem.)

Le rapport devra présenter tous les détails et tous les documents propres à éclairer le Conseil académique et le Conseil impérial. (Idem.)

10° RAPPORT FAIT AU BUREAU D'ADMINISTRATION SUR LE COMPTE PAR LA COMMISSION CHARGÉE DE SON EXAMEN. (Circ., 12 mars 1847.)

11° DÉLIBÉRATION DU BUREAU D'ADMINISTRATION. (Circ., 12 mars 1847.)

8° Mode d'appréciation des résultats du compte d'administration.

L'appréciation des résultats des comptes, faite par l'Administration centrale, est basée sur la comparaison des dépenses d'un exercice avec celles de l'exercice précédent dans le même Lycée, et avec les dépenses analogues des autres Lycées placés dans les mêmes conditions. Pour faire cette comparaison d'une manière exacte, il est nécessaire de dégager les résultats des comptes de tout ce qui constitue, pour une gestion, des charges ou des ressources exceptionnelles et indépendantes de l'administration du Lycée. (Circ , 12 mars 1847.)

On commence par faire défalcation des recettes et des dépenses extraordinaires, de manière à faire ressortir ce que le résultat du compte aurait été sans ces recettes et ces dépenses. (Idem.)

(Voir Compte d'administration. Recettes, chapitre V, page 289, et Dépenses, chapitre VI, page 293.) (Idem.)

Cette défalcation faite, il faut tenir compte des variations qu'ont éprouvé d'une année à l'autre les charges imposées au Lycée pour les traitements des Professeurs, en comparant les moyennes par élève portées dans le tableau récapitulatif annexé au compte, et en ayant égard à l'augmentation ou à la diminution de la subvention allouée par l'Etat. (Idem.)

Par cette double opération, on fait ressortir le résultat que la gestion aurait produit, s'il n'y avait eu ni recettes ni dépenses extraordinaires, et si les charges imposées à l'Etablissement pour les traitements n'avaient pas varié pendant les deux années. (Idem.)

On compare alors les dépenses des chapitres I, II, III, V et celles portées dans les autres chapitres qui ont le caractère de dépenses ordinaires, avec les dépenses correspondantes de l'exercice précédent et des Lycées placés dans des conditions semblables ; on se rend un compte exact des augmentations ou des diminutions survenues dans ces dépenses ; on apprécie si elles ont été ce qu'elles pouvaient être, et si tous les détails du service ont été réglés avec l'ordre et l'économie qui devaient y présider. (Idem.)

Particulièrement pour la nourriture, on examine si les consommations des principales denrées sont restées dans les limites qu'elles devaient avoir. On a égard à l'influence que la baisse ou le renchérissement du prix des denrées a dû exercer sur les dépenses. (Idem.)

Tels sont les principes d'après lesquels l'Administration supérieure juge les comptes d'administration. Tels doivent être ceux qui doivent diriger l'examen fait par les Bureaux d'administration. (Idem.)

9° Chapitres additionnels au Budget.

A l'époque du 31 mars, on fait le bilan de l'exercice clos, et toutes les valeurs actives et passives qui en proviennent sont reportées au Budget du nouvel exercice, en vertu d'une décision spéciale. (Circ., 25 novembre 1841.)

Les valeurs actives et passives provenant des exercices clos seront reportées au Budget de l'exercice en cours d'exécution, dans des chapitres additionnels à ce Budget, qui seront établis par le Proviseur, vérifiés par les Bureaux d'administration et par les Conseils académiques, dans les quinze premiers jours du mois d'avril. Les Recteurs les adresseront immédiatement au Ministre, afin qu'ils puissent être définitivement arrêtés. (Art. 8. Arrêt., 20 juillet 1841.)

Ils doivent être adressés *en triple expédition* comme les Budgets primitifs. (Circ., 27 avril 1841.)

10° État des boursiers impériaux qui ont complété leur 18° année.

A l'expiration de l'année scolaire, les Proviseurs sont tenus de faire connaître immédiatement le nom des boursiers impériaux sortant, après avoir terminé leurs études, ou qui, ayant atteint avant le 1er octobre l'âge de 18 ans, ne se trouvent pas dans les conditions prescrites par l'arrêté du 8 avril 1853, pour obtenir, sans une décision spéciale, une prolongation d'études. Ces prolongations, dans le cas d'inscription du boursier au tableau d'honneur, ne sont jamais de droit, elles sont accordées par le Ministre sur la demande des familles. Si les Proviseurs conservaient dans leurs Lycées des élèves boursiers non autorisés par le Ministre, le prix de la bourse auquel ces enfants n'ont plus droit resterait à leur charge. (Circ., 28 mai 1853.)

11° Tableau d'honneur des boursiers.

Les Proviseurs des Lycées et les Principaux des Colléges adresseront au mois de juillet de chaque année, un tableau dit *d'honneur* sur lequel ils inscriront les boursiers nationaux, départementaux et communaux, qui se seront fait remarquer, constamment, pendant l'année classique écoulée, par leur bonne conduite, leur travail et leurs progrès. (Art. 1er. Arrêté, 8 avril 1852.)

Ce tableau sera adressé en *double original* au Recteur, qui en enverra un exemplaire au Ministre et au autre au Préfet du département. (Art. 2. Idem.)

Les promotions à des bourses de degré supérieur

auront lieu dans les limites dudit tableau d'honneur ainsi que les prolongations d'études , soit par le Ministre pour les boursiers impériaux, soit par le Préfet pour les boursiers départementaux et communaux. (Art. 3 , idem.)

Ce tableau d'honneur doit être transmis du 1er au 15 juillet. MM. les Proviseurs et Principaux doivent se montrer de plus en plus circonspects sur le choix des enfants qu'ils y feront figurer. Il ne suffit pas qu'un boursier se distingue par des succès dans les concours pour mériter d'être inscrit au tableau d'honneur ; si d'ailleurs il laisse à désirer sous le rapport de la conduite et de la régularité dans le travail. Les chefs d'établissement ne devront pas hésiter entre l'élève intelligent , mais inégal , et l'élève d'une intelligence moins prompte , mais persévérant dans le travail et d'une conduite irréprochable. La bourse accordée en raison des services publics rendus par les familles, étant une faveur exceptionnelle, cette faveur ne peut être augmentée ou prolongée au-delà du terme fixé par les règlements que par des motifs tout-à-fait personnels à l'élève titulaire de cette bourse. S'il veut la conserver ou l'accroître , il est plus que jamais obligé de faire plus et mieux que ses condisciples , auxquels il doit servir d'exemple. (Cir., 28 mai 1853.)

On ne doit faire figurer sur le tableau d'honneur que les boursiers compris par la moyenne des places de compositions, dans la première série de leur classe respective , si toutefois ils ont reconnu chez ces enfants des habitudes laborieuses et d'excellentes dispositions morales. (Cir., idem.)

12° Procès-verbaux de présence à la distribution des prix et à la rentrée des classes.

Immédiatement après la distribution des prix dans chaque Lycée, un procès-verbal de présence sera signé par tous les fonctionnaires de l'établissement.

Ce procès-verbal sera envoyé au Ministre et terminera la série des rapports hebdomadaires. (Cir., 4 août 1838.)

Au jour déterminé pour la rentrée des classes dans chaque Académie, les fonctionnaires chargés de l'administration et de l'enseignement, se réuniront auprès du chef de l'établissement, procès-verbal sera dreseé de cette séance, constatant le nombre des membres présents, et, s'il y a lieu, les motifs d'absence. Ce procès-verbal sera signé de tous les fonctionnaires présents, adressé sur-le-champ au Recteur de l'Académie pour être transmis au Ministre. (Arrêté, 23 septembre 1838.)

L'époque de la distribution des prix et de l'ouverture des vacances sera fixée par chaque Conseil académique, suivant les convenances locales, sans que jamais la durée des vacances puisse excéder six semaines. Dans l'Académie de Paris la distribution aura lieu vers le milieu du mois d'août ; le jour précis sera déterminé par le Conseil académique et la rentrée aura lieu le premier lundi d'octobre. (Cir., 19 février 1831.)

13° État des exemptions à demander.

Tous les élèves sans distinction de classes qui se sont fait remarquer par leur aptitude peuvent être exempts des frais d'études. (Cir., 4 novembre 1853.)

Les exemptions de frais d'études s'appliquent aussi aux suppléments pour conférences, répétitions et examens et pour admission dans les salles d'études. (Idem.)

Ces exemptions peuvent être intégrales ou partielles. *Un dixième* des élèves externes pourra être degrevé de tous droits et *un cinquième* de la moitié seulement. (Idem.)

La dispense du paiement des frais d'études ne pourra être proposée en faveur des élèves des institutions et pensions, suivant comme externes les classes du Lycée, qu'autant qu'il aura été justifié de leur admission gratuite dans ces établissements. Il faudra surtout que lesdits établissements envoient au Lycée tous les élèves qu'ils peuvent y envoyer. (Cir., 4 novembre 1853.)

Les exemptions de quelque nature qu'elles soient ne seront jamais valables que pour l'année courante. Les Proviseurs adresseront au Recteur au commencement de chaque exercice, le renouvellement des demandes avec leur avis assez détaillé sur chaque élève pour qu'on puisse juger, si, les motifs étant les mêmes on doit continuer l'exemption. (Art., 66. Règl., 1er novembre 1812.)

14° État des améliorations faites pendant l'année.

On portera dans des colonnes distinctes les dépenses relatives :

1° Aux bâtiments ;

2° Au mobilier ;

3° Aux bibliothèques et aux collections scientifiques.

On totalisera par colonne et il y aura un total général.

On indiquera sommairement la nature et l'objet de la dépense.

Un tableau semblable doit être adressé *en double expédition* avant le 15 janvier de chaque année pour l'année précédente (Cir., 9 décembre 1842.)

Il ne faut pas perdre de vue que les renseignements demandés s'appliquent exclusivement aux *améliorations* et qu'on doit laisser de côté tout ce qui se rattache aux dépenses ordinaires, telles que les réparations locatives. (Cir., idem.)

15° Prospectus des Lycées.

Le prospectus du Lycée doit être quant à la forme d'une extrême simplicité. Comme il s'agit d'un établissement de l'Etat qui ne fait pas de vaines promesses, qui ne peut avoir d'autre intérêt que l'intérêt général, il serait superflu de recourir à des artifices de langage que le sujet ne comporte pas. Ce qu'il faut, c'est l'exposé net et précis du système d'éducation et d'instruction pratique dans les Lycées ; d'où résultera cette conséquence que les sacrifices réclamés des familles sont plus que compensés par les avantages que l'on assure à leurs enfants. (Instruction, 30 avril 1853.)

MM. Les Proviseurs ont désormais le droit d'affirmer que tous les Lycées sont de même ordre (art. 1er. Décret, 16 avril 1853.), c'est-à-dire que chacun de ces établissements possède les mêmes ressources pour diriger l'éducation morale et physique des élèves, et qu'il est pourvu de tous les moyens d'enseignement qui, suivant la vocation des jeunes gens, doivent les conduire par la voie la plus courte et la plus sûre, soit au baccalauréat ès-lettres, soit au baccalauréat ès-sciences lesquels ouvrent l'accès des professions commerciales et industrielles. (Idem.)

Le prospectus de chaque Lycée se conformera pour la fixation des diverses rétributions dues par les élèves aux dispositions de l'article 2 du décret du 16 avril 1853, et avec la mention que ces rétributions ne sont susceptibles ni de réduction, ni d'augmentation ; que le produit en est exclusivement employé dans l'intérêt des élèves, l'administration du Lycée étant étrangère à toute idée de spéculation et de profit. (Idem.)

Il importerait en outre de faire remarquer que les internes sont admis de droit aux conférences, répétitions et examens qui complètent l'enseignement quotidien ; que le travaille des enfants est surveillé et encouragé par des soins en quelque sorte individuels et que les professeurs mêmes du Lycée sont chargés de diriger ces exercices complémentaires dont l'efficacité a déjà été constatée par une année d'expérience. (Idem.)

Les mêmes avantages sont offerts aux externes moyennant le supplément de rétribution déterminé par l'article 2 du décret du 16 avril 1853. (Idem.)

Il devra être tenu compte des dispositions sur les objets de trousseau dont la liste sera empruntée à l'arrêté du 22 septembre 1848. (Inst., 30 avril 1853.)

(Voir les Dépenses page 110, et les Recettes page 62.)

16° Compte d'ordre.

Lorsqu'un Proviseur sera remplacé, il ne pourra quitter le Lycée sans avoir rendu à son successeur un compte d'ordre présentant la situation économique et comptable de l'Etablissement. (180. Inst. gén., 1er novembre 1812.)

Dans ce compte, le nouveau Proviseur reconnaîtra avoir reçu de son prédécesseur les instructions, circulaires et lettres, les registres de correspondance, les minutes des états de présence et généralement toutes les pièces et états concernant l'administration, dont les doubles doivent être conservés dans le bureau du Lycée ; il lui en donnera décharge et se déclarera respensable de la suite de la gestion administrative. (Art. 181, idem.)

Ce compte sera signé des deux parties, qui en garderont chacune un double, et sera visé par le Recteur ou l'Inspecteur chargé d'installer le nouveau Proviseur. (Art. 182, idem.)

Une expédition sera remise au Recteur pour être adressée au Ministre avec le procès-verbal de l'installation. (Art. 183.)

17° Compte de clerc à maître.

1.° NOMINATION DE NOUVEAUX ÉCONOMES.

Les Economes reçoivent ampliation de l'arrêté ministériel qui les nomme par l'intermédiaire du Recteur de l'Académie dans le ressort de laquelle est situé le Lycée où ils doivent remplir leurs fonctions. (Art. 1er. Règle, 16 octobre 1854.)

Ils sont installés par les Proviseurs sur l'ordre qui en est transmis par le Recteur aussitôt qu'ils se présentent pour remplir le poste qui leur est assigné. (Art. 2. Idem.)

Les Economes doivent prêter serment entre les mains du Recteur ou d'un Fonctionnaire délégué par lui, et fournir un cautionnement. (Art. 3)

Ils ne peuvent être installés qu'après avoir rempli la première de ces obligations, s'ils sont transférés d'un Lycée dans un autre, ils doivent seulement justifier qu'ils l'ont précédemment accompli. (Art. 4)

Le cautionnement doit être réalisé dans les huit jours qui suivent l'installation de l'Econome. (Art. 5.)

Quant au cautionnement, s'ils ne l'ont pas fourni dans le délai de deux mois après le jour de leur installation, ils sont immédiatement remplacés. (Arrêt., 2 mars 1810. Art. 6.)

Les pièces qui justifient de la prestation du serment et du dépôt du cautionnement sont transmises au Ministre par le Recteur. (Art. 5. Arrêt., 23 juillet 1811.)

Le service est remis aux nouveaux Economes le

jour même de leur installation, mais tant qu'ils n'ont pas justifié de leur cautionnement, ils ne peuvent s'immiscer dans le maniement des deniers du Lycée qu'en suivant les règles qui sont indiquées pour les Economes intérimaires. (Art. 6. Idem.)

(Voir page 315.)

2° INSTALLATION DES ÉCONOMES.

Lorsqu'un Econome est remplacé, le Proviseur, en installant son successeur, arrête, conjointement avec l'ancien et le nouvel Econome, tous les registres de comptabilité, tant en matières qu'en espèces, et constate par un procès-verbal de paraphement que les écritures ont été laissées au courant par l'ancien Econome. (Art. 184. Règl., 1er novembre 1812.)

L'ancien Econome dresse ensuite, sous la surveillance du Proviseur et d'un délégué du Recteur, un compte de *clerc à maître* qui doit présenter les résultats de sa gestion depuis le dernier compte trimestriel rendu. (Art. 185. Idem.)

Ce compte de *clerc à maître* doit être appuyé des pièces justificatives, certifiées par lui et vérifiées par le Proviseur et le délégué du Recteur, constatant le montant de l'actif et du passif, telles que le procès-verbal des espèces trouvées en caisse, l'état des créances, l'état des dettes et l'inventaire des deniers et marchandises existant en magasin. (Art. 186. Idem.)

Il y joindra également l'inventaire du mobilier de la maison et celui des registres, états, doubles de comptes trimestriels et annuels, et autres pièces comptables dont il doit faire la remise à son successeur. (Art. 187. Idem.)

Il est accordé un mois au nouvel Econome pour s'assurer si les approvisionnements de toute nature ont été portés à leur juste valeur dans l'inventaire estimatif du magasin et pour faire la vérification des autres parties qui composent l'actif et le passif portés au compte de *clerc à maître*. (Art. 188. Idem.)

Après cet examen, il arrête ce compte et donne décharge à l'ancien comptable, tant du solde en caisse dont il reconnaît avoir reçu le montant que de la remise des approvisionnements, du mobilier des registres et autres pièces comptables. (Art. 189. Id.)

Au moyen de cette reddition de comptes, l'ancien Econome est quitte et libéré, et son successeur, devenu comptable de la gestion, se trouve chargé de de la reddition des comptes du trimestre et de l'exercice courant. (Art. 190.)

Les *comptes de clerc à maître* sont visés par le Proviseur et le délégué du Recteur présents à la reddition ; chacun des comptables en garde une expédition, et une troisième expédition est transmise dans le délai d'un mois par le Recteur au Ministre en même temps que le procès-verbal de paraphement. (Art. 191. Idem.)

Les nouveaux Proviseurs et Économes pourront requérir, à leur entrée en fonctions, qu'il soit dressé procès-verbal de la situation des trousseux et de la lingerie ; cette opération aura lieu en présence du Recteur ou d'un de ses délégués. (Art. 192, id.)

L'Econome doit recevoir de l'administration du Lycée une expédition conforme de tous les baux ,

14.

inscriptions de rentes, contrats, jugements, déclarations et autres titres concernant les revenus dont la perception lui est confiée, et il est autorisé à demander au besoin que les originaux de ces divers actes lui soient remis, sur ses récépissés. (Art. 208. Régl., 16 déc. 1841.)

L'Économe sortant, à moins d'ordre contraire (et dans ce cas il confère un pouvoir en règle au premier Commis d'Économat), ne doit quitter son poste qu'après avoir fait la remise du service à son successeur et lui avoir rendu le compte de *clerc-à-maître*. (Circ., 18 oct. 1846.)

18° Compte de deniers et de matières (gestion scindée.)

Lorsqu'il y a mutation d'Économe pendant l'année, chaque Économe qui sort doit rendre son compte de gestion en deniers et matières jusqu'au jour où il a cessé de remplir ses fonctions. Ce compte doit être adressé au Ministre dans le délai d'un mois et *en double expédition*. (Art. 11, arrêté, 23 juillet 1841.)

Si l'Économe était en exercice au commencement de l'année, le compte doit être établi suivant le modèle du compte annuel; il suffit de substituer l'indication du laps de temps pour lequel le compte est rendu à celle de l'année entière. (Circ., 25 nov. 1841.)

Mais si l'Économe est entré en fonction pendant l'année, le compte doit, tout en rappelant les faits accomplis jusqu'à la fin de sa gestion, pour les différents exercices qui ont été en cours, faire connaître d'une manière distincte la part qui lui est afférente dans les opérations qui y sont relatées. (Idem)

Le dernier compte, rendu pour une année, présente nécessairement l'ensemble des recouvrements et des paiements faits par les différents Economes qui ont concouru à la gestion.

Dans le compte à rendre par l'Économe qui est entré en fonctions pendant l'année, on doit non seulement changer quelques-unes des dates indiquées par le modèle de compte annuel, mais modifier les titres des colonnes et des récapitulations. (Idem.)

Le solde au 31 décembre appartient à la gestion du prédécesseur; il ne peut être reproduit au commencement du compte du nouvel Économe, attendu que, tout en rappelant les faits relatifs à la gestion précédente, ce comptable ne prend charge que des opérations afférentes à sa gestion particulière. Il n'y a donc lieu de porter en tête du compte que le montant des valeurs qui existaient en caisse à l'époque de son installation. (Circ., 16 oct. 1846.)

Ce document doit être accompagné des pièces ci-après désignées :

1° Procès-verbal de l'état de la caisse le jour de la remise du service ;

2° L'état des créances au même jour ;

3° L'état des dettes au même jour ;

4° L'inventaire des denrées et marchandises en magasins au même jour. (Circ., 18 octob. 1846.)

Nota. Quant aux changements à faire dans les colonnes des comptes de deniers et de matières, il est inutile d'en faire le tableau, attendu qu'ils se trouvent dans les comptes imprimés pour la gestion à plusieurs comptables. (Chez M. Dupont, imprimeur.)

19° Intérim pendant la vacance d'un emploi d'Économe.

Lorsqu'un emploi d'Économe devient momentanément vacant, soit par suite de décès, soit parce que l'ancien titulaire, transféré dans un autre Lycée, est obligé de se rendre à son nouveau poste avant l'arrivée de son remplaçant, soit pour toute autre cause, le premier Commis est chargé de l'intérim. (Art. 12, arrêté, 23 juillet 1841.)

Pendant l'intérim, le Proviseur demeure dépositaire des deux clefs de la caisse. Chaque jour, il extrait de la caisse, pour les remettre à l'Économe intérimaire, les fonds nécessaires pour le service ; il y fait entrer les sommes recouvrées et se fait rendre compte des opérations qui ont eu lieu. (Art. 13, id.)

Le premier Commis qui remplit les fonctions d'Économe par intérim, est chargé de rendre le compte de clerc-à-maître, le compte de deniers, et le compte de matières pour l'Économe décédé ou transféré ; mais il doit être pourvu d'un pouvoir régulier qui lui ait été conféré, soit par les héritiers de l'Économe décédé, soit par l'Économe transféré. Ce pouvoir, dûment certifié, doit être annexé avec les autres pièces justificatives aux comptes de deniers et de matières qui sont envoyés à la Cour des Comptes. (Art. 14, id.)

Le nouvel Économe rend compte de la gestion économique à partir du jour où son prédécesseur a cessé ses fonctions ; s'il y a eu une gestion intérimaire, il comprend dans ses comptes les actes de cette gestion, afin qu'il n'existe point de lacune dans les documents qui Joivent être soumis au jugement de la Cour des Comptes. (Art. 15, id.)

Si la gestion intérimaire lui paraît devoir donner lieu à des réserves , il les consigne dans un procès-verbal qui est signé par lui et visé par le Proviseur et par le délégué du Recteur. (Art. 15, id.)

Ce procès-verbal est immédiatement transmis au Ministre par l'intermédiaire du Recteur qui y joint ses observations s'il y a lieu. (Idem.)

20° Vérification des Comptes.

La vérification des comptes fait connaître les erreurs de calcul ; la comptabilité centrale en opérera de suite le redressement et en donnera avis à l'agent-comptable afin qu'il s'y conforme. (Art. 50. Arrêté du 13 octobre 1839.)

Toute autre espèce d'erreur ainsi que les omissions et les modifications quelconques à apporter à un article de recettes ou de dépenses, nécessiteront un article spécial passé au livre journal de caisse du trimestre suivant, soit que la rectification ait été provoquée par la comptabilité centrale, soit qu'elle ait été reconnue par le comptable lui-même. (Art. 54, idem.)

La comptabilité centrale doit adresser chaque trimestre aux Économes des accusés de réception servant de décharge provisoire et des observations, s'il y a lieu, afin de leur faire connaître le résultat de la vérification de leurs éléments de comptes. (Art. 55 , idem.)

Les Économes réclameront les accusés de réception

s'ils ne leur étaient pas parvenus dans le trimestre qui suivrait celui de la dépense. (Art. 56, idem.)

Les pièces justificatives de la dépense resteront déposées à la division de comptabilité qui demeurera responsable de leur conservation et, après avoir été de trimestre en trimestre classées selon la distribution du compte annuel à rendre par l'Econome à la Cour des Comptes, elles seront à la fin de l'année rattachées à ce compte. (Art. 57, idem.)

La vérification des comptes annuels rendus par les Economes s'établit sur le livre-souche que chaque comptable joint à son compte, sur les copies du livre-journal de Caisse, sur les bordereaux de recettes et de dépenses qui seront transmis chaque trimestre et sur les relevés des pièces justificatives des dépenses. (Art. 58, idem.)

Si les comptes sont débattus et contredits par le Conseil académique, les débats seront communiqués au comptable par le Recteur, avec avertissement de fournir ses réponses dans un délai qui ne pourra être moindre de huitaine ni plus d'un mois, selon les distances de la demeure du comptable. (Art. 112. Déc., 15 novembre 1811.)

Faute par le comptable de fournir ses réponses dans le délai donné, il sera passé outre à l'apurement et à l'arrêté du compte. (Art. 113, idem.)

Les procès-verbaux et les rapports des Conseils académiques sont adressés au Ministre. (Art. 111, id.)

FIN DE LA CINQUIÈME PARTIE.

6ᴱ. PARTIE.

COLLÉGES COMMUNAUX.

6ᵉ. PARTIE.

COLLÉGES COMMUNAUX.

On a fait entrer dans cette sixième partie seulement ceux des règlements qui sont spéciaux aux Collèges communaux. Il sera facile au moyen de la table et d'une lecture attentive de trouver quels sont les règlements des Lycées, applicables et devant être appliqués aux Collèges. D'ailleurs on a indiqué autant que possible les parties principales à consulter.

Préliminaires.

Les Colléges communaux sont fondés et entretenus par les communes ; ils peuvent être subventionnés par l'État. (Art. 72, loi, 15 mars 1850.)

Toute ville qui veut établir un Collége communal doit satisfaire aux conditions suivantes :

1°. Fournir un local approprié à cet usage et en assurer l'entretien ;

2°. Placer et entretenir dans ce local le mobilier nécessaire à la tenue des cours et à celle du pensionnat, si l'établissement doit recevoir des élèves internes ;

3°. Garantir, pour cinq ans au moins, le traitement fixe du Principal et des Professeurs, lequel sera considéré comme dépense obligatoire pour la commune, en cas d'insuffisance des revenus propres au Collége, de la rétribution collégiale payée par les externes et des produits du pensionnat. (Art. 74, même loi.)

Les Colléges communaux se divisent :

1°. En Colléges communaux en régie, c'est-à-dire administrés au compte des villes. (Inst. 24 déc. 1853.)

Toutes les dépenses en sont acquittées directement par les villes qui encaissent les produits. (Arrêté, 28 fév. 1851.)

2°. En Colléges communaux au compte des Principaux avec subvention des villes. (Inst. 24 déc. 1853.)

Le pensionnat est alors au compte des Principaux qui perçoivent les pensions et se chargent des dépenses. (Arrêté, 28 fév. 1851.)

3°. En Colléges communaux au compte des Principaux sans subvention. (Inst., 24 déc. 1853.)

1° Bureau d'administration.

Les Bureaux d'administration des Colléges seront nommés par les Recteurs et présidés par un Inspecteur d'Académie. (Décret, 4 juin 1809, art. 24.)

2° Maires.

Les Maires auront la surveillance générale des Colléges communaux, sous l'autorité du Préfet et du Sous-Préfet. (Arrêté, 21 déc. 1805, art. 5.)

Voir page 17, Préfets et Sous-Préfets.

3° **Budget** (1).

Les dépenses des Colléges à la charge des communes, seront réglées chaque année , avant la rédaction du Budget, de ces communes, par le Conseil de l'Université , sur l'avis des Recteurs d'Académie et sur la proposition du Grand-Maître. (Cir., 31 janvier 1838.)

Lorsque le Bureau d'administration de chaque Collége aura délibéré sur la proposition du Principal, le résultat de cette délibération sera consigné au Budget à la colonne des dépenses à ce destinée. (Id.)

La colonne n° 1 sera remplie, car pour apprécier convenablement l'état présumé des recettes et des dépenses, il est nécessaire d'avoir sous les yeux le chiffre des crédits précédemment alloués. (Idem.)

La colonne n° 3 est destinée à recevoir les propositions du Recteur pour lesquelles il devra s'entendre avec le Bureau et lui faire connaître les motifs , et recevoir ses observations dans le cas où le Recteur aura à modifier ou à changer quelques-unes des propositions du Bureau. Les observations seront consignées dans la colonne à ce destinée. (Idem.)

La colonne n° 4 contiendra la décision du Conseil de l'Université et le règlement du Budget. (Idem.)

Les Principaux auront à faire connaître dans des colonnes spéciales le nombre des pensionnaires et externes qui suivent les cours de l'Etablissement, la quotité et la rétribution payée par chacun d'eux au

____

(1) Le modèle se trouve à l'imprimerie de Paul Dupont. , à Paris.

profit du Collége et le chiffre total de cette rétribution. Ils indiqueront si le pensionnat est au compte
du Principal, s'il est régi pour le compte de l'Établissement ou pour le compte de la ville. (Idem.)

Toute demande de fonds pour réparations extraordinaires à faire aux bâtiments du Collége devra être
appuyée d'un devis estimatif, approuvé par le Bureau
d'administration et le Conseil municipal. (Idem.)

L'état présumé des recettes et des dépenses (le
Budget) devra être dressé *en triple expédition*. (Idem.)

L'une sera transmise au Recteur avec la décision
prise par le Ministre en Conseil de l'Instruction publique ;

La seconde est destinée au Préfet du département ;

La troisième sera annexée au dossier du Collége.
(Idem.)

Les Budgets dressés en triple expédition d'après les
modèles annexés à la circulaire du 11 avril 1852
fourniront toutes les indications portées sur les cadres
sans oublier *les renseignements divers* de la première page. Les chiffres du Budget de l'année précédente doivent être soigneusement reproduits. La date
de la garantie quinquennale sera rappelée à la quatrième page.

Enfin il faudra joindre aux trois exemplaires les
délibérations :

1° Du Bureau d'administration ;
2° Du Conseil municipal ;
3° Du Conseil académique ;
L'absence d'une de ces pièces nécessiterait le .rens

voi du Budget à l'Académie et conséquemment un retard dans la décision de l'Administration supérieure. (Circ., 29 avril 1853.)

Les subventions accordées par l'Etat pour entretien de chaires ne doivent pas figurer en recettes ni en dépenses ; on en porte le chiffre pour mémoire à la colonne *des observations* du titre des dépenses en ajoutant ces mots : *Subvention de l'État.* (Circ., Id.)

Il faudra avoir soin d'indiquer :

1° En tête du Budget, si l'Etablissement est en régie ou au compte du Principal ;

2° De distinguer le traitement proprement dit des Principaux, des indemnités qui leur sont accordées dans certains cas par les villes, ou des sommes qui leur sont attribuées pour l'acquittement de dépenses spéciales.

Des renseignements précis sur ces différents points devront être consignés, s'il y a lieu, dans la colonne d'observations. (Inst., 30 août 1850.)

Les dépenses de l'Ecole primaire annexée au Collége ne doivent pas être confondues avec celles du Collége. Cette Ecole doit avoir son organisation particulière et ses ressources propres, quoiqu'elle ne cesse pas d'être placée sous l'autorité du Principal ; cette observation s'applique surtout aux Etablissements qui ont une Ecole primaire annexée par ordonnance. Il faut que le Budget de cette Ecole soit régulièrement dressé. On devra mentionner en marge du dit Budget la date de l'ordonnance en vertu de laquelle l'Ecole a été annexée au Collége. (Circ., 15 mars 1850.)

Le Budget dressé par le Principal et approuvé par le Bureau d'administration est examiné attentivement par le Recteur pour s'assurer s'il est régulier ; le Recteur l'adresse ensuite avec ses observations au Maire de la commune en l'invitant à les soumettre au Conseil municipal dans sa session ordinaire du mois de mai. (Idem.)

La garantie des traitements sera formellement exprimée dans la délibération des Conseils municipaux. (Idem.)

Les Budgets doivent être adressés au Ministre au plus tard dans *la dernière quinzaine de juin*, afin qu'ils puissent être arrêtés avant la rentrée des classes. (Circ., 29 avril 1853.)

4° Subventions aux Colléges.

Le fond d'encouragement aux Colléges commuest destiné à améliorer et à développer les diverses parties de l'enseignement dans ces Etablissements. Il est spécialement affecté :

1° A encourager par des subventions temporaires la création de chaires nouvelles selon les besoins des diverses localités ;

2° A subvenir à l'entretien et à l'augmentation des bibliothèques, collections et mobiliers scientifiques. Circ., 30 mai 1846.)

Lorsque des allocations seront accordées pour des acquisitions de livres destinés aux bibliothèques, ou d'instruments pour les cabinets de physique, on devra produire les factures des fournisseurs. La réception des objets acquis sera certifiée par le Principal du Collége ; la facture devra, en outre , être revêtue du certificat constatant la prise en charge et l'inscription sur les catalogues de l'Etablissement, suivant les prescriptions de l'article 37 du Règlement du 16 décembre 1841. (Circ. , 30 mai 1846.)

(Voir Lycées , Dépenses , chapitre VI , page 145.)

5° Registres.

L'article 3 du décret du 4 messidor an XIII autorise les Etablissements publics à tenir deux registres , l'un pour les actes de police intérieure et sans aucun rapport avec des personnes étrangères à l'Etablissement ; l'autre pour les actes d'administration temporelle et extérieure.

Le premier est exempt du timbre, le second y est soumis. Il est important pour les Principaux d'avoir, à l'instar des Lycées, un registre de caisse (voir Lycées , page 195), où ils inscriront toutes leurs recettes et toutes leurs dépenses, et qui sera assujetti au timbre. Ils pourront avoir , pour l'ordre de leur comptabilité et pour les actes d'administration intérieure , d'autres registres sur papier libre.

(Voir toute la quatrième partie de cet ouvrage.)

6° Rapport hebdomadaire.

(Voir Lycées , page 221.)

7° Traitements.

(Voir pages 118 à 134 , p. 168 , 182 et 183 et p. 223 à 233.)

Les fonctionnaires des Colléges ne peuvent , lorsqu'ils obtiennent un congé , conserver une partie de leur traitement qui est généralement trop faible pour ne pas être laissé tout entier à leurs suppléants. (Circ., 23 juillet 1847.)

RETENUES.

Sont soumis aux retenues :

1° Les Principaux ;

2° Les Aumôniers (pourvu que ceux-ci jouissent d'un traitement de 600 fr. au moins inscrit au Budget;)

3° Les Régents ;

4° Les Maîtres d'études de Colléges communaux. (Circ. , 20 juin 1851.)

Pour que les agents inférieurs soient admis au versement des retenues, il faudra, indépendamment des conditions déjà exprimées , que leur traitement soit porté sur les Budgets arrêtés par l'Administration supérieure. Dans le plus grand nombre de cas , les agents inférieurs des Colléges en régie seront seuls en mesure de jouir de cet avantage ; ceux des Colléges au compte des Principaux recevant généralement leur traitement de ces fonctionnaires , doivent être considérés comme étant à leur gages, et ne sont , par conséquent, passibles d'aucune retenue. (Circ. , 24 décembre 1853.)

(Pour les agents inférieurs, voir Lycées , page 234.)

SURÉVALUATION DES TRAITEMENTS.

Aucune surévaluation pour logement et pour nourriture ne sera établie et aucune retenue ne continuera a être perçue que sur décision spéciale du Ministre, et que lorsqu'elle établirait une compensation équitable dans le cas où une réduction proportionnelle à la nourriture et au logement aurait été opérée sur le traitement en argent des Régents. (Arrêt, 28 février 1851.)

1° *Traitement du Principal.* — Le traitement accordé au Principal pour le décompte de la retenue qu'il doit subir sera calculé sur le traitement du Régent le mieux rétribué, augmenté d'un quart. (Inst., 24 décembre 1853.)

Quand le Collége est en régie, le Principal, qui reçoit de la ville un traitement fixe comme tous les fonctionnaires de l'Établissement, acquitte la retenue d'après ce traitement. Les suppléments éventuels, les indemnités ou allocations diverses ne peuvent entrer dans le calcul de la retenue. La seule base à prendre est le traitement fixe dégagé de tous les avantages accessoires. (Arrêté, 28 février 1851.)

Dans le cas où la nourriture gratuite aurait été accordée au Principal d'un Collége en régie et où, par compensation, le traitement fixe aurait été réduit, il faudrait ramener ce traitement au taux normal en le surévaluant d'un quart, par application du principe admis pour les fonctionnaires des Colléges communaux, afin de régler le montant de la contribution de retraite. (Arrêté, 28 décembre 1851.)

Quand le Pensionnat est au compte du Principal, ce fonctionnaire n'a pas de traitement fixe ou n'en a qu'un incomplet. On prend pour base fictive pour déterminer la contribution du Principal au fonds de retraite le traitement du Régent le plus rétribué, surévalué d'un quart. (Arrêté, 28 février 1851.)

Le Principal du Collége où il n'y a que des externes est assimilé aux Principaux dont le Collége est en régie et doit verser la retenue d'après le traitement qui lui est alloué par le Budget de l'Etablissement, alors même que ce traitement lui serait attribué comme Régent. (Arrêt., 28 février 1851.)

Dans certains Colléges au compte des Principaux, ces fonctionnaires sont en même temps Régents ou Aumôniers et touchent comme tels un traitement. Ils doivent la retenue d'après le traitement du Régent le mieux rétribué, surévalué d'un quart. Si le Régent le moins rétribué cumule deux traitements, ou un traitement et une indemnité, on laisse en dehors des calculs le second traitement ou l'indemnité. (Circ., 20 janvier 1851.)

2° *Traitements des Régents.* — Pour les Régents, le traitement normal inscrit au Budget est la seule base à prendre. Quelquefois les Régents sont logés et nourris gratuitement et le traitement qui leur est payé en argent est réduit en proportion de ces avantages. Il y a lieu alors de surévaluer du 10° pour le logement gratuit, du quart pour la nourriture, du tiers pour le logement et la nourriture. (Circ., 20 juin 1851.)

Le traitement des Aumôniers pourra être surévalué pour cause de nourriture gratuite, sans toutefois que le montant de cette surélévation, en y ajoutant le traitement annuel, puisse égaler 1,000 fr.

Il n'y a pas lieu à surévaluation en raison du logement gratuit. (Arrêt., 26 mai 1851.)

8° Etat des traitements soumis aux retenues.

Les états de traitements des fonctionnaires soumis aux retenues seront dressés conformément au modèle n° 1 de la présente circulaire. (Cir., 24 décembre 1853).

(Voir Lycées, page 225.)

En tête de ces états, il faut toujours désigner la constitution régulière du Collége, soit comme établissement en régie, comme pensionnat au compte du Principal, ou comme externat. (Cir., 19 janvier 1852.)

Les retenues à la charge du principal seront réglées d'après un décompte spécial faisant suite à l'état des traitements. (Modèle n° 5.) (Cir. 24 décembre 1853.)

On porte sur l'état des traitements les surévaluations autorisées jointes à l'allocation budgétaire pour former le total du traitement annuel. La somme due, calculée d'après le total, doit être en rapport exact avec les retenues acquises à la caisse de retraites. Les différentes colonnes doivent être totalisées. (Cir., 20 janvier 1851.)

Les traitements des chaires dont l'Etat fait les fonds seront mandatés pour le brut par MM. les Préfets, et la retenue sera effectuée par le payeur. Dès lors, les Régents qui occupent ces chaires ne seront inscrits, que pour mémoire dans les états de traitement des fonctionnaires des Colléges et leurs traitements, rappelés seulement à la colonne d'observations, ne devront pas figurer dans la colonne des traitements annuels, laquelle doit toujours être totalisée et concorder avec celle des sommes à payer pendant le mois, sauf le cas où, par l'effet de diverses circonstances dont il serait fait mention, la totalité du traitement mensuel ne serait pas acquittée. Un état conforme au modèle n° 1, devra être joint au mandat du Préfet. (Inst., 24 décembre 1853.)

9° Perception des retenues.

1°. *Colléges en régie.*

Les retenues acquises au Trésor seront précomptées par le Receveur municipal lors du paiement des traitements, et par lui versées dans la caise du Receveur des finances, auquel il remettra, comme titre de perception, une expédition des états de traitements certifiée par le Principal et visée par le Recteur. (Cir., 24 décembre 1853.)

2°. *Colléges au compte du Principal avec subvention.*

Pour les Colléges dont le pensionnat est au compte du Principal, le montant des retenues est précompté par le Receveur municipal sur les différents termes de la subvention allouée par la ville à l'Etablissement. A cet effet, le Principal remet au Receveur, chaque mois ou chaque trimestre, selon que les états seront acquittés mensuellement ou trimestriellement, un état des traitements dressé en double expédition, certifié par lui et visé par le Recteur. (Cir., 24 décembre 1853.)

Une des deux expéditions est produite au Receveur

des finances par le Receveur municipal, pour justifier le versement des retenues. (Idem.)

Rien de plus simple dans la pratique que ces dispositions. Les subventions sont payables par douzième ou par quart. Avant de procéder au paiement du terme échu, le Receveur municipal se fera remettre les deux expéditions ci-dessus mentionnées, les vérifiera et paiera la somme revenant au Principal, après en avoir déduit le montant des retenues, dont il se chargera en recettes. (Idem.)

Si la subvention était payable d'avance, le premier terme serait acquitté intégralement, le second serait passible de la retenue qui aurait dû être faite sur le premier, et ainsi de suite jusqu'au paiement du dernier terme, qui ne pourra être effectué qu'après la la production des états et le versement du complément des retenues. (Cir,, 24 décembre 1853.)

3°. *Colléges au compte des Principaux, sans subvention.*

Dans les Colléges auxquels la ville n'alloue pas de subvention, les retenues sont précomptées par le Principal et par lui versées directement [avec sa retenue propre dans la caisse du Receveur des Finances, auquel il remet une expédition certifiée par lui et visée par le Recteur de l'état des traitements. (Circ., 24 décembre 1854.)

10° Etats des traitements non soumis aux retenues.

(Voir Lycées, page 233 et suivantes.)

11° Notes trimestrielles.

(Voir Lycées , page 262.)

12° Tableau d'honneur des boursiers.

(Voir Lycées , page 304 et suivantes.)

13° Comptes des dépenses.

Les comptes des dépenses des Colléges à la charge des villes seront rendus chaque année par le Principal à un Bureau composé du Maire président , d'un membre du Conseil d'Académie, ou un autre délégué du Recteur, de deux membres du Conseil départemental ou d'arrondissement, et de deux membres du Conseil municipal. Ces quatre derniers seront désignés chaque année par le Préfet. (Art. 13. Décret, 15 novembre 1811.)

FIN DE LA SIXIÈME PARTIE.

SUPPLÉMENT

A DIFFÉRENTES PARTIES DE LA COMPTABILITÉ DES LYCÉES.

SUPPLÉMENT.

1°. Dépensier.

(A ajouter à la page 30 , article Domestiques.)

Le droit de choisir ou de renvoyer ce domestique accordé à l'Econome par les Statuts des 19 septembre 1809 et 28 septembre 1814 était commandé par la nature des choses. En effet, l'Econome est responsable non-seulement du maniement des deniers, mais encore de l'emploi et de la conservation des objets de consommation. Ne pouvant présider à toutes les distributions, il faut qu'il se fasse seconder par un agent auquel il est obligé de confier les clefs des magasins. Sa responsabilité ne serait pas à couvert si cet agent, désigné sous le nom de *Dépensier*, n'était pas choisi par lui, et entièrement à sa disposition.

En ce qui concerne les autres domestiques, le Proviseur a le droit absolu de choisir, cependant il est convenable que l'Econome soit au moins consulté sur le choix d'agents dont il est chargé de surveiller le service, et dont les malversations compromettraient sa responsabilité. L'Econome ne pourrait pas d'ail-

15.

leurs se faire obéir par des hommes qui seraient entièrement hors de sa dépendance.

(Lettre de M. le Ministre au Recteur de l'Académie d'Aix, 4 décembre 1841.)

2°. Indemnité pour tranférement d'un pensionnaire libre dans les Lycées de Paris.

(A ajouter à l'article 12 , page 67.)

Lorsqu'un élève *non Boursier impérial* passe d'un Lycéc dc Paris dans un autre Lycée de Paris l'indemnité due est de 110 ; elle est de 220 lorsque l'élève vient d'un Lycée des départements. (Explication ministérielle, 10 avril 1854.)

3°. Ancienne division des Lycées par classes.

(A ajouter à la page 70 , article 1ᵉʳ.)

La pension des commensaux de la table commune étant réglée suivant l'ancienne division des Lycées, nous donnons ci-après cette division par classes:

LYCÉES DES DÉPARTEMENTS.

1ʳᵉ *classe :* Bordeaux, Caen, Lyon, Marseille, Nantes, Rennes, Rouen, Strasbourg, Toulouse.

2ᵉ *classe :* Amiens, Angers, Avignon, Besançon, Bourges, Brest, Clermont-Ferrand, Dijon, Douai, Grenoble, Lille, Limoges, Metz, Montpellier, Nancy, Nîmes, Orléans, Poitiers, Reims, Rhodez, Tournon, Tours.

3ᵉ *classe :* Alençon, Angoulême, Auch, Bastia, Cahors, Chaumont, Laval, Mâcon, Le Mans, Mou

<center>~~~~~~</center>

lins , Napoléon-Vendée , Pau , Périgueux , Pontivy , Le Puy , La Rochelle , Saint-Etienne , Saint-Omer , Vendôme.

Nota — Le Lycée de Versailles , dans l'ancienne division était assimilé à ceux de Paris.

4°. Paiement de la pension et des frais d'études.

(*A ajouter à la page 83 , Recettes sur les familles.*)

Conformément au Règlement du 27 novembre 1834 , la rétribution est due pour le *mois entier* lorsque l'élève entre au Lycée *avant le 15* , et pour *un demi mois* lorsqu'il n'entre que dans *le cours de la deuxième quinzaine*. Le Conseil royal a jugé , et Son Excellence a partagé cette opinion , que cette disposition devait être appliquée soit aux frais de pension, soit aux frais d'études *des nouveaux* élèves internes et externes des Lycées. (Lettre ministérielle , 17 octobre 1838.)

Le Ministre a décidé en Conseil , le 30 octobre 1838 , que pour les *élèves transférés* d'un Lycée des départements dans un Lycée de la capitale, et qui feraient leur entrée *le 15* , jour même de l'ouverture des classes , ne devraient la pension à Paris que pour la deuxième quinzaine du mois d'octobre.

5°. Mode de poursuites contre les débiteurs.

(*A ajouter à la page 83, art. Poursuites contre les débiteurs.*)

Le Tribunal de première instance de Paris , par jugement du 11 novembre 1832 , a refusé de se prononcer sur la demande formée contre des chefs d'institution pour frais d'études des élèves de leur pension, parce qu'il a pensé que l'article 11 du décret du 1er juillet 1809, qui accorde aux Lycées le droit de faire suivre sans frais à la Chambre du Conseil, comme pour les affaires du Domaine, les instances pour arriéré de pension, *n'était applicable qu'aux élèves Boursiers*, et que les demandes formées contre les Maîtres de pension et les chefs d'institutions devaient être suivies d'après les règles ordinaires du droit. (Extrait. Lettre ministérielle, 28 mars 1833.)

Il est certain, en effet, que l'article 11 du décret du 1er juillet 1809, qui autorise les Procureurs impériaux à poursuivre sans frais à la Chambre du Conseil le paiement *des sommes dues par les élèves Boursiers*, ne fait pas mention des sommes dues par les élèves externes pour les frais d'études. Ce n'est qu'en vertu d'une simple disposition règlementaire (les articles 77 à 84 de l'instruction du 1er novembre 1812), que l'art. 11 dont il s'agit avait été, jusqu'à ce jour, appliqué indistinctement à tous les élèves des Lycées, et le Tribunal a jugé qu'un arrêté du Grand-Maître de l'Université ne suffisait pas pour autoriser à faire cette application. (Idem.)

En conséquence, *le Lycée doit assigner les Maîtres de pension en paiement de leurs dettes, constituer avoué pour poursuivre*, suivre en un mot la marche tracée par le jugement du 11 décembre 1832, c'est-à-dire abandonner la marche précédemment suivie et se conformer aux règles ordinaires du droit commun. (Idem.)

6°. Médicaments, frais mortuaires, etc., etc.

(A ajouter à la page 137 , article 6.)

Tous les frais de médicaments quelconques, qui seront fournis à l'infirmerie d'un Lycée pour le traitement d'un élève malade, sont à la charge de l'Etablissement, pourvu qu'ils aient été prescrits par le médecin attaché à la maison. (Circ. , 8 mars 1827.)

A l'exception du remboursement de la valeur des livres perdus ou déchirés, ou de toute autre dégradation, aucune somme ne peut être exigée des parents des élèves *soit pour frais relatifs à la première Communion , soit pour frais de maladie, soit pour frais mortuaires même*, dans le cas de décès d'un élève dans la maison. Ces frais ne sont *jamais* à la charge des familles.

(Extrait d'une lettre du 17 mars 1851, du Recteur de l'Académie de Paris , annonçant la remise des frais d'inhumation payés par les parents d'un élève décédé au Lycée Napoléon.)

Nota. — Il est bien entendu que si les parents commandaient eux-mêmes les dépenses pour l'inhumation , ces dépenses seraient à leur charge comme les médicaments qui n'auraient pas été prescrits par le médecin de l'Etablissement.

7°. Limites des paiements.

(A placer à la page 153 , Limites des paiements.)

On ne doit point affecter, avant la clôture de l'exercice, les sommes reçues pour le nouvel exercice, à l'acquittement des dépenses faites pour l'exercice précédent. On ne peut le faire que lorsque le report au Budget de l'exercice courant, des valeurs actives ou passives provenant des exercices antérieurs, a été régulièrement autorisé. (Circ., 25 novembre 1841.)

FIN DU SUPPLÉMENT.

NOMENCLATURE

DES

PIÈCES A RÉDIGER PENDANT L'ANNÉE.

NOMENCLATURE

DES PIÈCES A RÉDIGER PENDANT L'ANNÉE.

Nota. Chaque pièce a été placée dans le mois dans lequel doit avoir lieu l'envoi.

Pièces hebdomadaires.

1. Menu des repas. (V. page 106.) *Chaque semaine.*

2. Rapport hebdomadaire du Proviseur. (V. page 221.) *Le samedi de chaque semaine.*

3. Situation de la caisse du Lycée. (V. p 222.) *Le samedi de chaque semaine.*

Pièce de quinzaine.

Bordereaux de quinzaine pour menues dépenses afférentes aux divers chapitres des Dépenses. (Page 222.) *A faire le 1er et le 15 de chaque mois.*

Pièces de chaque mois.

1°. MOIS DE JANVIER.

1°. *Pièces mensuelles.*

A transmettre le 6 de chaque mois pour le mois précédent.

1. État des traitements fixes soumis aux retenues. (V. p. 225.)

2. Certificat du payeur du trésor public contenant la déclaration du versement des retenues. (V. page 225.)

3. État des traitements non soumis aux retenues. (V. page 233.)

4. État des élèves présents. (V. page 237.)

5. État des sommes payées d'avance par les élèves entrés dans le mois. (V. page 240.)

2°. *Pièces trimestrielles.*

A transmettre dans les huit premiers jours du premier mois du trimestre, pour le trimestre précédent.

1. État du produit et de l'emploi des prélèvements pour former l'éventuel. (V. page 241.)

2. État du produit des recettes propres aux cours préparatoires annexés au Lycée. (Voir page 123.)

3. État des traitements éventuels et certificat du payeur public pour le versement des retenues. (V. page 241.)

4. État récapitulatif des traitements, appointements et gages. (V. page 242.)

5. Procès-verbal de vérification de caisse. (V. page 243)

6. Copie textuelle du livre-journal de caisse. (V. page 243.)

7. Bordereau des recettes et des dépenses. (V. page 243.)

8. État des créances. (V. page 245.)

9. État des dettes. (V. page 246.)

10. Inventaire des denrées et marchandises en magasins. (V. page 249.)

11. Situation générale. (V. page 251.)

12. Situation des crédits ouverts sur chaque exercice en cours d'exécution. (V. page 247.)

13. Mandats de paiement acquittés et pièces de dépenses à l'appui, joints aux bordereaux par article et par chapitre des paiements acquittés pendant le trimestre. (V. page 253.)

14. État de décompte de la pension des Boursiers impériaux et coloniaux. (2 expéditions.) V. page 256.

15. État de liquidation des bourses communales, départementales, impériales et coloniales. (2 expéd.) V. page 256.

16. État des remises à demander. (V. page 258.)

17. États moraux trimestriels des Boursiers. (V. page 260)

18. Notes trimestrielles sur les élèves. (V. page 262.)

19. État des retenues opérées pour absences des professeurs. (V. page 262.)

A envoyer le 20 janvier pour le trimestre courant.

20. Décompte provisoire de l'éventuel dans les Lycées de Paris. (V. page 236.)

3°. *Pièces semestrielles.*

A envoyer dans les quinze premiers jours du mois pour le semestre précédent.

1. État de liquidation des sommes dues pour dégrèvements pendant le semestre antérieur. (V. page 263.)

2. États moraux des pensionnaires et demi-pensionnaires. (Ces états ne font qu'un avec les états moraux des Boursiers.) (V. page 263.)

4°. *Pièces annuelles.*

A envoyer dans les 10 premiers jours du mois pour l'année précédente.

1°. Compte de deniers. (2 expéditions.) V. page 264.

2°. Compte de matières. (2 expéditions.) V. page 267.

Principales pièces à annexer aux comptes de gestion.

1. Registres à souches des quittances timbrées et non timbrées. (V. page 271.)

2. Bordereau récapitulatif des registres à souches. (V. page 271.)

3. Procès-verbal de vérification de caisse au 31 décembre. (V. page 273.)

4. Inventaire des denrées et marchandises en magasins au 31 décembre. (V. page 273.)

5. Copie des États mensuels de présence pendant l'année. (V. page 273.)

6. Tableau récapitulatif des décomptes établis sur les états de présence. (V. page 270 , *Remarque.*)

7. Extrait de l'ordonnance qui détermine le nombre de

bourses que la commune doit entretenir dans le Lycée. (V. page 61.)

8. Tableau des bourses communales fondées et entretenues au Lycée. (V. page 61.)

9. État des sommes reçues pour trousseaux. (V. page 68.)

10 État des commensaux de la table commune pendant l'année. (V. page 71.)

11. État des inscriptions de rentes possédées par le Lycée. (V. page 73.)

12. Copie certifiée des inscriptions de rentes achetées pendant l'année. (V, page 73.)

13. État des sommes reçues pour quittances timbrées. (V. page 78)

14. État des sommes reçues pour dégradations et objets perdus. (V. page 79.)

15. État des sommes reçues pour vente de la desserte et des eaux grasses. (V. page 78.)

16. État des sommes reçues pour intérêts des fonds placés à la caisse des dépôts et consignations. (V. page 76.)

17. Copie de l'État détaillé des créances au 31 décembre. (V. page 274.)

18. Copie de l'État détaillé des dettes au 31 décembre. (V. page 275.)

19. État des crédits supplémentaires et extraordinaires. (Voir page 275.)

20. États collectifs des exemptions et des remises, (V. page 276)

21. États collectifs des dégrèvements accordés. (V. page 279.)

Produire 2 états, l'un pour l'exercice qui a été clos, et l'autre pour l'exice qui a commencé pendant la gestion.

22. État des divers modes d'achat , avec l'extrait de la délibération du Bureau d'administration. (V. page 273.)

23. Bordereau sommaire des marchés. (V. page 273.)

24. Production ou extrait certifié des mercuriales pour tous les achats auxquels elles servent de base.

25. État des immeubles possédés par le Lycée. (V. p. 274.)

26 Copie textuelle du supplément du catalogue de la bibliothèque. (V. page 280.)

27. Copie textuelle du supplément du catalogue des instru-

ments de physique et des collections scientifiques. (V. page 281.)

28. Copie textuelle du supplément de l'inventaire du mobilier général. (V. page 281.)

29. Certificat du recolement du mobilier des fonctionnaires. (V. page 280.)

30. Et toutes les autres pièces nécessaires pour la justification des recettes et des dépenses, et qui n'auraient pas été fournies pendant l'année. (V. page 281.)

A envoyer avant le 15 janvier.

31. État des améliorations faites pendant l'année. (V. page 308.)

———

2°. FÉVRIER.

1°. *Pièces mensuelles.*

(V. pièces mensuelles de janvier.)

2°. *Pièce annuelle.*

Extrait du chapitre IV du budget. (Envoi avec les premiers états de traitement , après l'approbation du budget)

———

3°. MARS.

1°. *Pièces mensuelles.*

(V. pièces mensuelles de janvier ,)

2°. *Pièce trimestrielle.*

A envoyer le 20 mars.

Décompte définitif de l'éventuel dans les Lycées de Paris (page 236.)

———

4°. AVRIL.

1°. *Pièces mensuelles.*

(V. pièces mensuelles de janvier.)

2°. *Pièces trimestrielles.*

(V. pièces trimestrielles de janvier.)

A envoyer le 20 avril pour le trimestre courant.

Décompte provisoire de l'éventuel dans les Lycées de Paris (page 236.)

3°. *Pièces annuelles.*

A envoyer dans les quinze premiers jours d'avril.
Compte d'administration. (V. page 282.)
Pièces à annexer au compte d'administration.
1. État des créances à la fin de l'exercice. (V. page 274.)
2. État des dettes à la fin de l'exercice. (V. page 275.)
3. Inventaire des denrées et marchandises en magasin à la fin de la première année de l'exercice. (V. page 249.)
4. État des exemptions et des remises prononcées pendant l'exercice. (V. page 276.)
5. État des dégrèvements prononcés pendant l'exercice. (V. page 279.)
6. État des crédits supplémentaires et extraordinaires ouverts pendant l'exercice. (V. page 275.)
7. Tableau récapitulatif des dépenses du Lycée. (V. page 300.)
8. Duplicata des pièces justificatives de dépenses. (V. p. 300.)
9. Rapport du Proviseur sur le compte d'administration. (V. page 300.)
10. Rapport fait au Bureau d'administration sur le compte, par la commission chargée de son examen. (V. page 301.)
11. Délibération du Bureau d'administration. (V. page 301.)

Chapitres additionnels au budget. (3 expéditions.) *Dans les quinze premiers jours d'avril.* (V. page 303.)

5°. MAI.

Pièces mensuelles.

(V. pièces mensuelles de janvier.)

6°. JUIN.

1°. *Pièces mensuelles.*

(V. pièces mensuelles de janvier.)

2°. *Pièce trimestrielle.*

A envoyer le 20 juin pour le trimestre finissant.

Décompte définitif de l'éventuel dans les Lycées de Paris.
(page 236.)

7°. JUILLET.

1°. *Pièces mensuelles.*

(V. pièces mensuelles de janvier.)

2°. *Pièces trimestrielles.*

(V. pièces trimestrielles de janvier.)

A envoyer le 20 juillet pour le trimestre courant.

Décompte provisoire de l'éventuel dans les Lycées de Paris.
(page 236.)

3°. *Pièces semestrielles.*

(V. pièces semestrielles de janvier.)

4°. *Pièces annuelles.*

1. État des boursiers impériaux qui ont complété leur dix-huitième année avant le 1er octobre. (Page 304.) *Envoi avant l'expiration de l'année scolaire.*

2. Tableau d'honneur des boursiers. (2 expéditions.) *Envoi du 1 au 15 juillet,* (Page 304.)

8°. AOUT.

1°. *Pièces mensuelles.*

(V. pièces mensuelles de janvier.)

2°. *Pièce annuelle.*

Procès-verbal de présence à la distribution des prix. (Page 506.) *Envoi immédiatement après la distribution des prix.*

9°. SEPTEMBRE.

1°. *Pièces mensuelles.*

(V. pièces mensuelles de janvier.)

Remarque sur les états de présence.— Les frais de pension et d'études étant portés par dixièmes sur les états de présence, il en résulte que dix de ces états suffisent pour le décompte de ces frais ; c'est pourquoi on n'en dresse point pendant les vacances. Si , pendant ce laps de temps , il entre des élèves nouveaux , on les porte par rappel sur le premier état de présence dressé après la rentrée des classes.

2°. *Pièce trimestrielle.*

A envoyer le 20 septembre pour le trimestre finissant.

Décompte définitif de l'éventuel dans les Lycées de Paris (V. p. 236.)

—

10°. OCTOBRE.

1°. *Pièces mensuelles.*

(V. pièces mensuelles de janvier.)

Nota.—*Voir au mois de septembre la remarque.* (Page 352.)

2°. *Pièces trimestrielles.*

(V. pièces trimestrielles de janvier.)

A envoyer le 20 octobre pour le trimestre courant.

Décompte provisoire de l'éventuel dans les Lycées de Paris. (V. page 236.)

3°. *Pièces annuelles.*

1. Procès-verbal de présence à la rentrée des classes. (Envoi le jour même de la rentrée. (Page 306.)

2. Budget et pièces qui l'accompagnent. (Dans les quinze premiers jours après la rentrée des classes.) (Page 213 et s.)

3. État des exemptions à demander pour frais d'études. (Page 307.)

REMARQUE.— *Le Budget doit être adressé en triple expédition. Les pièces qui l'accompagnent sont :*

1° *Un seul exemplaire d'un tableau de divers renseignements à fournir.* (Voir page 220.)

2°. *La délibération du Bureau d'administration sur le Budget.*

3°. *La délibération du Conseil académique sur le Budget.*

11°. NOVEMBRE.

1°. *Pièces mensuelles.*

(V. pièces mensuelles de janvier.)

2°. *Pièce annuelle.*

Etat des divers modes d'achats. (Remis au Recteur avant de renouveller les marchés. (Voir achats, page 93.)

12°. DÉCEMBRE.

1°. *Pièces mensuelles.*

(V. pièces mensuelles de janvier.)

2°. *Pièce trimestrielle.*

A envoyer le 20 décembre pour le trimestre finissant.

Décompte définitif de l'éventuel dans les Lycées de Paris. (Page 236.)

FIN DE L'APPENDICE ET DE LA COMPTABILITÉ DES LYCÉES ET COLLÉGES.

TABLE

ALPHABÉTIQUE ET ANALYTIQUE

DES MATIÈRES.

A.

TABLE

ALPHABÉTIQUE ET ANALYTIQUE

DES MATIÈRES.

A.

F.

16.

N.

P.

FIN DE LA TABLE ET DE LA COMPTABILITÉ DES LYCÉES
ET DES COLLÉGES.

Douai. — ADAM D'AUBERS , imprimeur.